미래의 나를 만난 후 오늘이 달라졌다

미래의 나를 만난 후 오늘이 달라졌다

5년 뒤 나를 바꾸는 퓨처 셀프의 비밀

할 허시필드 지음 · 정윤미 옮김

YOUR
FUTURE
SELF

비즈니스북스

옮긴이 **정윤미**

경북대학교 영어교육학과를 졸업하고 외국어고등학교에서 교편생활을 했다. 현재 번역 에이전시 엔터스코리아에서 번역가로 활동하고 있다. 옮긴 책으로 《컨테이저스 전략적 입소문》, 《크로스오버 씽킹》, 《월마트, 두려움 없는 도전》, 《테슬라 전기차 전쟁의 설계자》, 《위대한 투자자 위대한 수익률》, 《2050 패권의 미래》 등 다수가 있다.

미래의 나를 만난 후 오늘이 달라졌다

1판 1쇄 발행 2024년 5월 21일
1판 3쇄 발행 2024년 6월 18일

지은이 | 할 허시필드
옮긴이 | 정윤미
발행인 | 홍영태
편집인 | 김미란
발행처 | (주)비즈니스북스
등 록 | 제2000-000225호(2000년 2월 28일)
주 소 | 03991 서울시 마포구 월드컵북로6길 3 이노베이스빌딩 7층
전 화 | (02)338-9449
팩 스 | (02)338-6543
대표메일 | bb@businessbooks.co.kr
홈페이지 | http://www.businessbooks.co.kr
블로그 | http://blog.naver.com/biz_books
페이스북 | thebizbooks
ISBN 979-11-6254-372-6   03190

나의 현재와 미래를 즐겁게 만들어준
제니퍼, 헤이스, 스미스에게 이 책을 바칩니다.

미래의 나를 만나면
정말 지금의 내가 바뀔까?

울창한 숲길을 걷다 보니 눈앞에 철문이 나타난다. 입구에 투박한 느낌의 표지판이 있고 거기에 '미래로 가는 길'이라고 쓰여 있다. 반대편에는 나무 사이로 구부러진 자갈길이 보인다. 당신은 호기심이 발동해 그 길로 발걸음을 옮긴다.

철문을 열고 길을 따라 걷다 보니 금세 차가워진 공기가 느껴진다. 얼마 가지 않아서 원래 머물던 동네로 돌아와 있다. 하지만 시간은 이미 20년이나 흐른 뒤다. 집에 갔더니 누군가 현관문을 열고 나온다. 자세히 보니 그 사람은 바로 당신 자신이다. 20년 후의 자기 모습을 본 것이다. 긴 세월이 지났음을 한눈에 알아볼 수 있을 정도로 모습이 달라져 있다. 뱃살이 많이 늘었고 얼굴에는 주름이 가득하다. 걸음걸이 역시 느리고 힘이 없다.

미래의 나에게 한 걸음 한 걸음 다가가는 동안 머릿속이 수많은 생각들에 압도당한 것처럼 복잡해진다. 오랜만에 만난 옛친구에게 무슨 말부터 건네야 할지 몰라 어색해지는 것과 비슷한 상황이다. 아마 많은 것이 궁금할 것이다. 배우자와 자녀는 어떤 사람인지, 주변 세상은 어떻게 변했는지 말이다. 20년이라는 세월을 따라잡으려면 할 말이 얼마나 많겠는가. 그중에서도 건강, 돈, 직업 만족도, 개인적인 행복에 관해 가장 먼저 물을 가능성이 높다.

인생에 대해 무엇을 배웠죠? 인생의 어떤 면에서 보람이나 자부심을 느끼나요? 어느 지점에서 인생의 의미와 기쁨을 발견했어요? 후회스러운 점이 있나요? 실망스러운 기억은요? 인생이 다 끝날 무렵에는 어떤 유산을 남길 거라 생각하나요?

하지만 여기서 잠깐 멈춰보자. 미래의 나에게 질문 세례를 퍼붓기 전에, 20년 후의 자신과 자신의 삶에 대해 얼마나 많이 알고 싶은지 먼저 생각해보길 바란다. 미래의 어떤 부분은 비밀로 남겨두는 편이 더 낫지 않을까? 미래의 나와 대화를 나눈 뒤, 마법의 문을 통해 지금의 자리로 되돌아온다면 어떻게 될까? 그 일은 현재의 당신이 생각하고 살아가는 방식에 어떤 영향을 줄까?

지금까지 살펴본 것은 테드 창Ted Chiang의 단편소설《상인과 연금술사의 문》Merchant and the Alchemist's Gate에서 가져온 내용이다.[1] 화자인 상인은 연금술사를 방문한다. 그리고 소설 제목으로 이미 알 수 있듯이 연금술사는 과거, 현재, 미래의 나를 만나게 해주는 마법의 문을 가지고 있다. 공상과학 소설이지만 내가 UCLA에서 마케팅과 행동 의사결정을 가르칠 때 학생들에게 읽어보라며 과제로 내주는 책이다. 친구와 가족들에게도 필독서로 추천하고 있다.

그렇게 하는 이유는 이 소설이 시간 여행의 개념에 새로운 빛을 비추기 때문이다. 사람들은 시간 여행을 놀랄 정도로 잘 해낸다. 수많은 공상과학 소설의 등장인물이 하는 멋진 시간 여행을 말하는 게 아니다. 우리의 생각 속에서 이루어지는 시간 여행을 말하는 것이다. 믿기 어렵겠지만 우리는 모두 이미 마법의 문을 지나온 상태다.

시간 여행을 떠나 미래의 자신을 만난다면 어떨까?
—

뇌 영상 분석 연구의 초창기에는 연구원들이 아주 기본적이지만 중요한 문제를 연구하는 데 매달렸다. 그중 하나는 구체적인 어떤 것을 생각하지 않고 그냥 쉴 때 두뇌에서 어떤 일이 벌어지느냐에 대한 것이다. 이 질문에 대한 답을 찾기 위해 피실험자에게 스캐너 안에 가만히 누워서 마음을 편히 하라고 요청했다. 실험 초반에 과학자들은 전원을 끈 텔레비전 화면처럼 두뇌가 아무 활동을 하지 않을 것이라고 예상했다. 하지만 실험 결과는 그들의 예상과 달랐다. 그리고 그 결과는 '디폴트 네트워크'default network 상태라 불리게 되었다.[2]

지금 제작 중인 프레젠테이션을 생각하는데 디폴트 네트워크가 작동하는 상황을 예로 들어보자. 프레젠테이션에 대해 생각하다 보면 이 프레젠테이션이 나의 경력에 어떤 영향을 미칠지에 대해서도 생각하게 된다. 그러다가 동료에게 프레젠테이션에 필요한 연구 조사 자료를 보내주기로 한 걸 깜빡 잊었다는 게 생각난다. 곧이어 오늘까지 꼭 처리해야 할 다른 업무가 번뜩 떠오른다.

거기서 끝이 아니다. 갑자기 다음 주 아버지 생신을 맞아 카드를 사야 한다는 생각으로 이어지고, 생각은 계속 꼬리에 꼬리를 문다. 어릴 때 아버지가 자신들을 어떻게 대했는지 과거의 기억을 더듬어보게 된다. 그러고 나서 10년쯤 뒤에 내 자녀가 사춘기에 접어들면 무엇을 가르쳐야 할지 생각한다.

우리의 생각은 단 몇 초 만에 현재에서 가까운 미래나 먼 미래로 갔다가, 다시 현재로 돌아와서 과거를 회상하다가, 다시 먼 미래로 왔다 갔다 할 수 있다. 이런 것을 '정신적 시간 여행'mental time travel이라 한다. 이 여행은 아주 자연스럽게 이루어지기 때문에 이것이 얼마나 중요한지 미처 깨닫지 못할 때가 많다. 아무것도 안 하고 쉬는 것처럼 보일 때에도 사실 디폴트 네트워크는 정신적 시간 여행을 열정적으로 도와주고 있다.

과학저술가 스티븐 존슨Steven Johnson은《뉴욕타임스》기사에서 정신적 시간 여행을 다루는 능력이 '인간 지능을 정의하는 속성'이라고 했다.[3] 심리학자 마틴 셀리그먼Martin Seligman과 공동저자 존 티어니John Tierney는 여기서 한 걸음 더 나아간다. 그들은 인간을 다른 종과 구분하는 것은 '미래를 깊이 생각할 수 있는 능력'이며 '인간은 미래를 생각하기 때문에 나날이 발전하는 것'이라고 주장한다.[4]

때때로 우리는 의도적으로 정신적 시간 여행을 시도한다. 샤우디 라흐바르Shawdi Rahbar의 사례를 생각해보자. 2020년 5월 6일 그녀는 책상에 앉아서 자신의 인간관계와 행복을 찾으려는 노력에 대해 편지를 쓰기 시작했다. 평소에 쓰던 일기도, 친한 친구에게 보내는 편지도 아니었다.

그것은 1년 뒤의 자신에게 보내는 편지였다. 그날 이런 편지를 쓴 사람은 라흐바르를 포함해서 1만 8,000명이 넘는다.[5]

퓨처미FutureMe라는 매우 인기 있는 플랫폼에서 지금까지 1,000만 명이 넘는 사람들이 자기 자신에게 보내는 편지를 썼다. 이 플랫폼은 타임캡슐에서 아이디어를 얻었다. 아마 대다수 사람이 초등학생 시절 편지, 사진, 기념품 등을 상자에 넣어 타임캡슐을 만든 다음 땅에 묻고 5~10년 후에 꺼내기로 한 경험이 있을 것이다.

퓨처미에 올라온 편지들은 다양한 주제를 다루며 폭넓은 감정을 담고 있다. 어떤 이는 어느 방향으로 가야 할지 모르겠다며 인생의 큰 그림을 그리는 데에 혼란을 느낀다.[6] "너무 무서워요. 정말 너무너무 무서워요. 인생에는 수많은 길이 있는데 어느 길이 나에게 맞는지 모르겠어요."라며 답을 구한다. 어떤 편지에는 격려의 말이 담겨 있다.[7] "하지만 이 점은 꼭 알아두기를 바라. 내가 항상 널 응원하고 있어." 유머러스한 편지도 있다.[8] "미래의 나에게, 너와 나의 차이가 뭔지 알아? 네가 더 늙었어."

자신에게 보내는 편지를 쓰는 것은 한때 고등학교에서 많이 했던 통과의례였다. 고등학교 1학년 때 졸업식을 맞을 미래의 자신에게 보내는 편지를 쓰는 것 말이다. 사실 언제부터인가 편지를 쓰는 일은 일상에서 많이 사라지고 있었다. 그러다 코로나바이러스의 유행을 계기로 편지쓰기 역시 다시 유행하는 분위기다. 아마 요즘 사람들이 그 어느 때보다 앞날을 막막해하며 미래를 궁금하게 여기기 때문이리라. 그리고 잠시 일상이 멈춘 시간을 활용해서 미래의 내가 걸어갈 길을 바꾸고 싶은지도 모를 일이다.

머릿속 여행이라 해도 인생에 큰 영향을 미칠 수 있다

━

퓨처미의 창립자 맷 슬라이Matt Sly는 초등학생 때 스무 살의 자신에게 보내는 편지를 썼는데, 스무 살이 되어도 그 편지를 받지 못했다는 사실을 깨닫고 매우 실망한 나머지 이 플랫폼을 만들게 되었다고 설명해주었다. 초등학교 때 담임 선생님이 편지를 챙겨두었다가 나중에 보내줄 수도 있었을 텐데 그러지 못했을까?

그는 현재의 나와 미래의 내가 서로 의사소통할 수 있다면 어떤 느낌일지 궁금해했다. 사실 이런 궁금증은 모든 사람이 갖고 있다. 퓨처미는 바로 그 점에 착안해 기획된 사이트다. 사실 맷 슬라이는 퓨처미 프로젝트를 추진하는 것이 본업이 아니었다. 그래서 이 사이트에 투자할 마케팅 예산이 하나도 없었다. 그럼에도 2019년에는 하루 4,000통의 편지가 업로드되던 것이 1년 후에는 2만 5,000통으로 폭발적으로 늘어났다. 인생을 바라보는 관점을 정립하고 현재의 자아를 미래의 자신과 연결하려는 사람이 그만큼 많다는 의미였다.

2020년 한 해에만 퓨처미를 통해 발송된 편지가 500만 통 이상이었다. 이를 통해 많은 사람이 미래를 알고 싶어 하는 마음이 간절하다는 점을 알 수 있다. 제7장에서 자세히 살펴보겠지만, 편지 쓰기는 이러한 욕구를 표현하는 여러 가지 방법 중 하나다. 비록 머릿속에서 이루어지는 여행이긴 하지만 시간 여행을 할 줄 아는 것이 감정을 조절하고, 돈이나 건강 같은 중요한 사안에 관해 현명한 결정을 내리는 데 어떤 식으로 도움이 될까? 내 연구는 바로 이 질문에 초점을 맞추고 있다.

사실 돈과 건강 문제만 보더라도 우리가 당장 원하는 것과 장기적으로 바라는 것이 정면으로 충돌한다. 어떤 사람은 예산을 조금 초과해도 더 멋진 차를 사고 싶어 한다. 또는 칵테일을 한 잔 더 마시거나 맛있게 생긴 디저트를 한 입 더 먹고 싶어 한다. 하지만 그 순간에도 자신의 재정 상태가 안정되길 바라며 몸도 건강하면 좋겠다고 생각한다.

과거와 현재, 미래의 나를 연결하고 이 연결고리를 강화하면 무엇이 중요한지를 새로운 시각으로 판단할 수 있다. 나아가 자신이 원하는 미래에 한 걸음 더 가까이 다가갈 수 있다. 이것이 바로 이 책의 핵심 내용 중 하나다.

머릿속으로만 떠나는 시간 여행이라고 해서 현실을 바꿀 수 없는 것은 아니다. 미래에 대해 어떻게 생각하느냐에 따라 현재와 미래의 자아에 큰 영향을 미칠 수 있다.

현재의 나와 미래의 나는 같은 사람일까?
—

자, 이 책에서 말하는 '미래의 자신'future self이란 무엇을 뜻할까? 통상적으로 보자면 우리는 평생 단 한 사람의 나로 살아간다. 부모님이 지어주신 이름, 기억, 취향과 호불호 등은 시간이 흘러도 거의 달라지지 않는다. 물론 신체를 구성하는 세포는 새것으로 대체되며 패션 감각도 달라진다. 친구 관계에도 변화가 생기고 나이 들수록 얼굴도 변지만 '나는 여전히 나'라고 생각한다. 하지만 내가 연구 조사한 결과는 조금 달랐다. 나의 내면에는 하나의 중심 자아가 자리를 잡고 있는 것이 아니다. 서로 다른 별개의 뚜렷한 자아가 하나로 뭉친 집합체가 바로 나라는 존재다. 알고 보면 내 안에 많은 자아가 공존한다는 뜻이다.

우리가 살아가는 동안 만나게 되는 자신의 다양한 모습을 한번 생각해보자. 밤늦게까지 텔레비전을 보는 밤 시간의 자아가 있다. 그런가 하면 이른 아침에 개를 산책시키거나 운동하거나 그날 해야 할 일을 생각하며 일상을 걱정하는 아침의 자아도 있다. 더 나아가 바로 지금 이 순간의 자아도 있다. 동료들과 친구들에게 둘러싸인 일터에서의 나도 존재한다. 그리고 10년 전에는 지금과 전혀 다른 내가 존재했다. 그때는 학생이었거나 사회초년생이었을지 모른다. 그리고 앞으로 10~20년이 지나면 또 다른 나로 살게 된다. 그때의 나는 경험이 더 많고 실력이나 기술이 더 발전된 상태이며 감정적으로도 더 성숙한 사람일 것이라고 쉽게 상상할 수 있다.

미래의 나를 생각하며 정신적 시간 여행을 할 때 세부 사항이 크게 작용한다. 5년 후에 건강하고 날씬한 모습으로 지금처럼 계속 아이들과 재미있게 놀아주고 싶다면, 지금보다 다섯 살 많은 미래의 나를 머릿속에 그려보자. 5년이라는 시간 동안 수많은 미래의 자아가 생겨날 수 있다.[9] 바로 여기에 정말 중요한 문제가 있다. 일부 심리학자가 말하듯 미래의 내 모습에서 보이는 특징이 지금 내가 하는 행동과 얼마나 연관되느냐 하는 점이다.

더 건강해지기 위해 내일 아침에 일어나면 달리기부터 해야겠다고 생각할지 모른다. 아침의 자아는 5년 후 자아와 전혀 다른 존재가 아닌데도, 내일 아침 자아의 감정에 실제로 닿기가 어려울 수 있다. (새벽 5시 30분에 알람을 설정해두었다 해도 내일 아침의 자아와 연락이 닿지 않을 수도 있다!) 아침에 눈 뜨자마자 달리기를 하러 나가려면, 내일 아침의 자아가 어떤 기분일지 알아야 한다. 피곤하고 축 늘어져서 이불 밖으로 나가기 싫다면 어떻게 할 것인가? 쉽게 말해서 운동하려는 지금의 확고한 의지가 내일 아침의 나에게 전달되려면 어떻게 해야 할까? 커피메이커가 5시 25분에 켜지도록 설정해두면 도움이 될까?

여기에서 얻을 수 있는 중요한 깨달음이 있다. 시간 여행을 효과적으로 하는 법을 배우면, 미래의 여러 가지 자아를 생각하고 능숙하게 다룸으로써 더 나은 미래를 만드는 데 도움이 된다는 것이다. 자선단체 홍보물을 자세히 들여다보자. 대부분 사람을 전면에 내세워서 눈길을 끌수록 기부할 가능성이 커진다. 이 원리를 적용해 미래의 자아에 대해 생각해보면 어떨까? 좀 더 생생한 이미지를 떠올리게 도와준다면 미래의 자아를 더욱 능숙하게 다루는 데 도움이 되지 않을까?

생생한 이미지를 떠올리는 데 도움이 될 한 가지 방법이 있다. 연구조사 과정에서 사람들에게 그들이 미래에 어떤 모습일지 사진으로 보여주었다. 실험 참가자들의 무표정한 얼굴을 찍은 다음 소프트웨어를 활용해 나이가 든 모습의 아바타를 만든 것이다. 나이를 먹을 때 생기는 온갖 흥미로운 변화를 그 아바타에 모두 반영해 머리카락 색을 희게 바꾸고, 귀가 축 늘어지고, 눈 밑은 푹 꺼지게 했다.

실제적인 느낌을 주기 위해 가상현실 프로젝터를 사용해서 가상 거울로 참가자들의 모습을 보여주었다. 참가자의 절반에게는 현재의 모습을 그대로 보여주고 나머지 절반에게는 미래의 늙은 모습을 보여주었다. 참가자들은 거울 이미지를 본 후에 설문지를 작성했다. 놀랍게도 미래의 자기 모습을 본 참가자들은 현재의 모습만 본 참가자들보다 가상의 저축 계좌에 더 많은 돈을 입금하려 했다.[10] 이와 비슷한 실험을 수

천 명에게 실시한 다음 그들이 힘들여 번 돈을 어떻게 쓰려 하는지 알아보았다.[11]

이것은 여러 방법 중 생각해볼 만한 한 가지일 뿐이지만, 우리는 여기서 중요한 교훈을 얻을 수 있다. 미래에 더 행복하기 위해 지금 더 현명한 결정을 하려면 현재의 나와 미래의 나 사이의 간격을 좁혀야 한다는 점 말이다. 시간 여행을 더 쉽게 하는 방법을 찾고, 마법의 문을 통과하는 데 필요한 도움은 무엇이든 얻어야 한다. 그것이 바로 이 책의 목표다.

우리의 운명은 정해져 있지 않다

타임머신을 개발하는 대신, 나는 인생을 살면서 자기 자신에 관해 생각하는 방법을 잘 이해하도록 이 책을 통해 도와주고자 한다. 책의 앞부분에서는 이 여행의 바탕을 이루는 철학 및 과학 이론을 소개한다. 머릿속에서 먼 미래로 여행할 때, 미래의 여러 자아가 바로 지금 독자가 가지고 있는 여러 가지 모습과 연결된다는 점을 확신하게 될 것이다.

사람은 영원한 것을 갈구하기 때문에 시간이 지나면 여러 가지 자아를 갖게 된다는 말이 그다지 달갑지 않게 들릴 수도 있다. 그러나 미래의 내가 지금과는 전혀 다른 사람이 될 것이라는 주장은 사실 우리에게 위안이 된다. 나는 이 점을 강조하고 싶다. 먼 미래의 자아가 낯설게 느껴진다면 생각을 바꿔보자. 평소 나와 친한 사람, 내가 좋아하고 아끼며 어떤 일이든 기꺼이 도와주고 싶은 사람처럼 대할 수 있다면 어떨까?

분명 미래의 나를 위해 더 나은 선택을 하고, 결국 현재와 미래의 삶이 훨씬 나아질 것이다.

반대로 미래의 나를 '타인'으로 느낀다는 사실은 우리가 목표를 세우고도 번번이 실패하는 이유를 이해하는 데 도움이 된다. 제2부에서는 그 점을 집중적으로 다룰 것이다. 특히 여기서는 우리가 시간 여행을 할 때 흔히 저지르는 세 가지 실수를 살펴보려 한다.

첫 번째 실수는 '비행기를 놓치는 것'이다. 달리 말해 현재의 걱정거리에 너무 집착한 나머지 미래를 전혀 생각하지 않는 태도다. 두 번째 실수는 '여행 계획을 제대로 세우지 않는 것'이다. 미래가 어떤 모습일지 깊이 생각하지 않고 수박 겉핥기식으로 대충 넘어가는 태도다. 세 번째는 '옷을 잘못 챙기는 것'이다. 현재 자아의 기분이나 환경에 지나치게 의존하며 미래의 나에게도 같은 감정이나 환경을 대입하는 태도다. 그러나 실제로 미래의 나는 지금의 나와 다른 감정을 느끼거나 다른 생각을 할 가능성이 크다.

물론 실수가 무엇인지 이해하는 것과 실수를 만회하기 위한 조처를 하는 것은 전혀 별개의 사안이다. 그래서 마지막 제3부에서는 지금부터 미래로 가는 시간 여행을 원활하게 만들어주는 모든 해결방안을 소개하려 한다. 어떻게 하면 미래의 나와 현재의 나 사이의 간극을 좁힐 수 있는지 알아보고, '그대로 계속 나아가는' 데 도움이 되는 방법을 배울 것이다. 더 나은 내일을 만들어가는 일이 어렵고 힘들기만 한 것은 아니다. 나아가 현재의 희생을 더 쉽게 감당하는 요령도 알려주려 한다. 더 나은 오늘과 내일을 위해 노력하는 것도 좋지만 가끔은 지금 이 순간을 즐기는 것도 필요하다.

테드 창의 공상과학 소설에 나오는 상인은 연금술사의 문을 통과해도 미래를 바꿀 수 없다는 점을 알고는 망연자실했다. 하지만 연금술사는 시간 여행을 한 덕분에 미래를 알게 되었다는 사실을 잊지 말라고 위로한다.

우리는 단지 미래를 아는 것 이상으로 나아갈 수 있다. 미래의 자아가 어떤 모습일지 떠올리면서 그를 위해 좋은 계획을 세울 수 있다. 미래 자아의 틀을 잡고, 필요하다면 앞으로의 삶을 변화시킬 수 있다.

당신의 운명은 정해져 있지 않다. 절대 그렇지 않다.

차례

제1부

미래로 떠나는 여행
시간 여행 속의 우리는 누구인가?

제2부

격동
현재에서 미래로 이동할 때 저지르는 실수를 이해하려면

제3부

착륙
현재와 미래를 이어주는 경로를 매끄럽게 만드는 방법

제1부

미래로 떠나는 여행

시간 여행 속의 우리는 누구인가?

제1장

세월이 흘러도
우리는 변하지 않을까?

브라질의 연쇄 살인범 페드루 호드리기스 필류Pedro Rodrigues Filho는 태어날 때부터 머리뼈가 움푹 팬 상태였다. 어머니가 그를 임신했을 때 폭력적인 아버지에게 심한 구타를 당하는 바람에 태아였던 필류까지 다쳤기 때문이다. 필류의 폭력적인 성향은 선천성과 후천성, 두 가지 요소가 모두 관련된 것으로 보인다. 필류의 인생에서 폭력적인 행동은 상당히 두드러졌고, 그는 결국 20세기에 가장 많은 사람을 죽인 연쇄살인마가 되었다.

이 책은 인생 전반에 걸쳐 웰빙을 증진하는 방법을 다루고 있다. 그런 책에서 군이 현실판 덱스터Dexter(연쇄살인마의 이야기를 다룬 미국 드라마 〈덱스터〉의 주인공-옮긴이)를 소개하는 이유가 무엇일까? 그럴 만한 이유가 있다. 앞으로 이 책에서 설명하겠지만 필류는 이제 예전과 전혀 다른 사람이 되었다. 필류의 굴곡 많은 인생을 들여다보면 중요한 질문이 생긴다. 우리가 어떤 사람인지를 결정하는 것은 과연 무엇일까? 다르게 질문해보자. 미래의 내 모습이 지금 우리가 바라는 대로 이루어질 것임을 어떻게 보장할까? 이 질문은 단지 필류처럼 극단적인 사례에만 적용되는 것이 아니다. 우리가 앞으로 살아갈 많은 날과 밀접한 관련이 있다.

내가 결코 원하지 않았던 과거
—

1966년, 열세 살이었던 필류는 사촌 형에게 흠씬 두들겨 맞았다. 그는 당시 나이에 비해 체구가 작았는데, 가족과 동네 아이들은 불쌍한 필류를 비웃기만 했다. 어린 필류는 사촌 형에 대한 복수심을 불태웠다. 그러던 어느 날 할아버지의 공장에서 자기를 때린 사촌 형과 함께 일하던 필류는 형을 사탕수수 압축기에 밀어버렸다. 다행히 사촌 형은 죽지 않았지만 팔과 어깨가 으스러지는 등의 심한 부상을 입었다.

1년 후 학교 경비원인 그의 아버지는 교내 매점에서 물건을 훔쳤다는 이유로 해고되었다. 낮에 일하는 다른 경비원이 훔친 것이라고 항변했지만 필류의 아버지와 그 경비원 둘 다 해고되고 말았다. 필류는 자서전에서 아버지가 거짓 누명을 쓴 일이 너무 억울해서 견딜 수 없었다고 회고했다. 그는 집에서 총과 칼을 챙긴 다음 숲속에 들어가서 30일간 머물렀다. 그곳에서 사냥으로 먹을 것을 구하며 어떻게 복수할지 계획을 세웠다. 필류는 다시 마을로 돌아온 뒤 아버지를 해고한 부시장을 찾아가 총으로 쏴버렸다. 그런데도 그는 분이 풀리지 않았다. 결국 낮에 근무했던 경비원을 찾아내 총을 두 번이나 쐈고, 그 경비원의 시신을 가구와 상자 등으로 덮고 불을 질렀다.

하지만 이 일은 필류가 저지른 수많은 잔혹 범죄의 서막에 불과했다. 그는 18세 무렵에 '투우사', '킬러'와 같은 별명을 얻었다. 오른쪽 팔뚝에는 "나는 재미 삼아 죽인다."라는 문신이 있었다. 왼쪽 팔에는 "나는 사랑을 위해 죽일 수 있다."라는 문구와 함께 세상을 떠난 약혼자의 이름을 문신으로 새겨 넣었다.

마침내 법집행기관에 체포된 필류는 18건의 살인을 저지른 혐의로 기소되었다. 필류는 잔인한 처우로 악명 높은 상파울루 감옥에 수감되었다. 그는 구치소에서 감옥으로 이송될 때 경찰차 뒷자리에 앉았는데, 마침 연쇄 강간범도 같이 이송되었다. 이 연쇄 강간범은 이송 중 필류에게 살해되었다.

1985년까지 총 71명이 필류의 손에 목숨을 잃었다. 그중에는 필류의 아버지도 포함되었다. 형량이 400년으로 늘었는데도 그는 살인을 멈추지 않고 감옥에서 47명의 수감자를 더 살해했다. 정작 필류는 100명 이상 죽였다고 주장했다. 그가 죽인 재소자들 대부분은 사회적으로 도무지 용납할 수 없는 최악의 범죄를 저지른 사람들이었다. 물론 이 점이 그의 폭력성에 대한 변명이 될 수는 없다. 어쨌든 이 사실들은 필류가 얼마나 강한 살인 성향을 지녔는지를 잘 보여준다.[1]

다른 수감자를 죽이지 않을 때는 열심히 체력을 단련했으며 읽고 쓰는 법을 배웠다. 그러더니 급기야 팬들과 편지를 주고받기 시작했다.

2000년대 초반에 브라질 당국은 한 가지 문제를 발견했다. 여기서 말하는 문제란 필류 때문에 수감자가 계속 줄어드는 상황을 가리키는 것이 아니다. 당국이 주목한 것은 수감자의 구금 기간이다. 브라질 형법이 만들어졌을 당시 브라질인의 평균 수명이 43세였던 터라 형법에는 수감자를 30년 이상 구금하지 않는다고 규정되어 있다. 당시 가장 악명 높은 범죄자를 풀어줘야 한다는 사실에 겁이 난 사법부는 현행법의 허점을 찾아냈다. 수감자의 경우, 최초 범죄로 기소된 후에 추가로 범죄를 저지르면 형량을 연장할 수 있었다.

하지만 필류는 추가 형량에 대해 항소했고 끝내 승소 판결을 받아냈다. 그 결과 페드루 호드리기스 필류는 34년간 복역하고 2007년 4월에 석방되었다. 그의 복역 기간은 현행법의 최대 형량을 고작 4년밖에 넘기지 않았다.

필류가 석방될 당시 브라질에는 효과적인 재사회화 프로그램이 아직 마련되어 있지 않은 상태였다. 필류는 외딴 지역의 분홍색 오두막으로 이사한 다음 예전보다 훨씬 조용한 생활에 적응하기 시작했다. 하지만 관계 당국은 그를 그냥 둘 수 없었다. 필사적으로 필류를 다시 가두려 했고, 이전 수감 기간 동안 발생한 폭동에 가담했다는 이유로 2011년 그를 체포했다.

필류는 2017년 12월에 재석방되었다. 이때 나이가 예순네 살이었지만 젊은 사람에 견줄 정도로 체격이 좋았으며 체조를 하며 항상 몸을 관리했다. 그는 이웃의 도움을 받아 유튜브 채널을 개설한 다음 영감을 주는 메시지와 이야기를 공유하기 시작했다.

필류의 말에 따르면 이미 여러 해 동안 살인을 저지르지 않았고 이제는 그럴 마음도 생기지 않는다고 했다. 물론 그의 말이 사실인지 거짓

쇼인지 면밀히 조사해볼 필요가 있다. 이 지점에서 의문이 생긴다. 한때 사이코패스 판정을 받고 수십 명 이상을 죽인 살인마였다 해도, 지금 적어도 남들이 보기에 올바르고 금욕적인 삶을 영위한다면 전혀 다른 사람이 되었다고 말할 수 있을까?

나는 당사자에게 직접 물어보기로 했다.

필류를 직접 만나는 자리를 마련하기란 쉽지 않았다. 포르투갈어를 할 줄 아는 대학원생에게 통역을 부탁했다. 그 학생은 연쇄살인을 저지른 전과자에게 자기 연락처를 알려주는 것을 매우 찜찜하게 생각했다. 그래서 그 학생이 임시 이메일 계정을 만들고 나서야 우리 세 사람이 만날 시간을 정할 수 있었다. 팬데믹이 기승을 부리던 시기였고, 아내와 나는 둘 다 재택근무 중이었다. 나는 대화에 방해받고 싶지 않으니 아내의 사무실에서 전화를 사용할 거라고 아내에게 미리 말해두었다. 하지만 필류와의 약속은 계속 미뤄졌다.

결국에는 업무를 위해 아내가 자기 사무실을 써야 할 시간이 되었다. 아내는 아동심리학자인데, 도움이 필요한 아이들과 원격치료를 막 시작하려던 참이었다. 필류의 인터뷰가 심리치료보다 더 중요한 일은 아니었기에 내가 물러서야 했다. 결국 나는 갓난아기인 아들을 눕혀놓은 요람 옆 흔들의자에 앉아 브라질에서 가장 악명 높은 연쇄 살인범과 대화를 나누었다.

나는 먼저 본인이 생각하기에 어린 시절의 자신과 지금의 자신이 같다고 생각하는지, 아니면 지금의 자신이 그때와는 완전히 다른 사람이라고 생각하는지 물어보았다. 그의 말에는 애매모호한 부분이 하나도 없었다. "예전의 내 모습은 생각하기도 싫습니다. 이제는 내가 완전히 새사람이 되었다고 생각합니다."

나는 이 사람이 완전히 달라지게 된 구체적인 순간이 따로 있었을지 모른다는 생각이 들었다. 그걸 질문하자 필류는 변화가 서서히 일어났지만, 한 가지 특별한 사건이 있기는 했다고 말했다.

다른 감방으로 옮겨가는 과정에서 다른 재소자 세 명이 담합해 그를 수차례 칼로 찌르는 사건이 있었다. 필류는 얼굴, 입, 코, 위장 등 온몸을 다쳤다. 필류는 그들과 맞서 싸우다가 자신을 공격한 재소자 한 명을 죽이고 말았다. 그 사건으로 독방에 갇혔는데 그곳에서 하느님과 일종의 '협상'을 했다고 한다.

감옥에서 나가기만 하면 개과천선해 새사람이 되겠다고 하느님에게 약속했다는 것이다. 페드루 호드리기스 필류가 그 약속을 지켰다고 말할 만한 근거는 얼마든지 있다. 무엇보다도 그는 이제 살인 충동을 느끼지 않는다. 그뿐 아니다. 예전에는 누가 신경을 거스르면 '폭발성 인화물'처럼 매우 폭력적으로 반응한 반면 지금은 답답한 기분이 들어도 사회적으로 용인되는 방식으로 행동한다. 이를테면 운동을 아주 열심히 하는 식으로 말이다.

요즘 필류는 새벽 4시에 기상해서 운동하고 재활용 공장에서 일하며 약간의 돈을 벌고 있다. 술과 파티, 시끌벅적한 모임을 멀리할뿐더러 진정한 은둔자로 살아가고 있다. 시간 여유가 있을 때는 범죄 전력이 있는 젊은 사람들에게 인생을 바꾸는 방법에 대해 조언해준다. 나는 포르투갈어를 전혀 모른다. 그럼에도 젊은이들이 손을 씻고 '새로운 삶을 살도록' 도와주면서 진정한 만족을 느낀다고 말할 때 그의 진심이 느껴졌다.

하지만 필류는 인생을 바꾸기가 결코 쉽지 않다는 점도 지적했다. 나는 몇몇 재소자가 개과천선하는 모습을 직접 보았고, 그중 한 사람은 전 도사가 되었다. 하지만 재소자 대다수는 '전혀 달라지지 않았다'. 교도 소에 갇혀 그 세상밖에 모르는 사람에게 인생을 180도 바꾸는 일은 결 코 쉽지 않다.

필류의 일상은 크게 달라졌다. 그렇다면 그가 과거의 필류와 같은 사 람이라고 할 수 있을까? 아니면 '전직 투우사'라 불리는 지금의 필류는 전혀 다른 사람이라고 해야 할까? 더 나아가 현재와 미래의 자아가 완 전히 달라지는 것이 가능한가? 만약 그렇다면 이것이 큰 문제가 될까?

이 질문을 두고 철학자들은 수백 년간 논의해왔다. 사람들의 흥미를 잃게 만드는 아주 효과적인 방법 중 하나가 '철학자', '논의', '수백 년' 같 은 단어를 한 문장 안에 넣는 것이라는 점을 알고 있다. 하지만 시간이 흐른 뒤에 내가 그대로인지 달라졌는지 판단하는 기준을 아는 것은 중 요하다. 그걸 알면 우리가 종종 미래의 자아를 함부로 대하는 이유, 다 시 말해서 나중에 분명 후회할 선택을 하는 이유를 찾을 수 있다. 나아 가 다음부터는 그런 실수를 피할 수 있다.

몸체를 전부 고친 배는 원래의 그 배일까?
—

다람쥐 쳇바퀴 도는 듯한 인생을 살다가 몇 년 정도 쉬기로 하고 배를 사서 세계 일주를 떠난다고 가정해보자. 배를 소유한 사람에게 행복한 순간은 딱 두 번이라고 한다. 하나는 배를 사는 날이고 다른 하나는 배 를 팔아버리는 날이다. 간단한 실험을 위한 가정이니, 배를 갖는 것이

일생일대의 꿈이라고 생각해주기 바란다. 세계 일주를 하다 보면 거센 바람을 만나게 되리라는 점을 생각해서 그에 어울리게 배 이름을 '소용돌이 여행자'The Whirled Traveler 라고 지었다. 새로 산 배를 타고 북유럽 해안을 출발해 서쪽에 있는 대서양을 횡단한 다음, 카리브해에 있는 아루바라는 섬에서 처음으로 쉬어갈 계획이다. 비싼 요트를 샀으니 그에 걸맞은 거창한 계획을 세워야 하지 않을까?

몇 차례 폭풍을 만난 후에 목적지인 아루바섬에 도착해서 보니, 오랜 여행 탓에 돛 하나가 너덜너덜해져 있었다. 하지만 큰 문제는 아니었다. 새로운 돛을 달고 파나마 운하를 거쳐 프랑스령 폴리네시아를 향해 출발했다. 이번에도 도착해서 살펴보니 배의 바닥 일부에 균열이 생겨서 당장 수리할 필요가 있었다.

운이 좋은 건지 나쁜 건지 여행 내내 이런저런 문제가 계속 발생했다. 약 3년 후 북유럽 해안까지 다시 안전하게 돌아왔다. 그런데 그동안 돛과 바닥은 물론이고 선체에 이르기까지 배의 거의 모든 부분을 교체해야 했다. 말도 안 되는 결과라고 생각할지 모르겠다. 하지만 애초에 직장을 그만두고 세계 여행을 떠나는 것 자체가 말이 안 되는 행동의 시작이었을지도 모른다.

이제 한 가지 중요한 질문이 남아 있다. 3년간 항해하면서 배의 모든 부분을 다 교체했는데, 이 배는 여전히 소용돌이 여행자라고 할 수 있을까? 아니면 이제 전혀 다른 배라고 해야 할까?

꼭 짚고 넘어가야 할 점이 있다. 이런 질문을 처음 한 사람은 내가 아니다. 수백 년 전에 플루타르크는 아테네를 건국한 그리스의 영웅 테세우스의 이야기에서 바로 이 점을 언급했다.[2] 테세우스는 여행 중에 많은 괴물을 죽였다고 알려졌는데, 미노타우로스라는 유명한 괴물도 그의 손에 목숨을 잃었다. 그러나 그가 유명해진 것은 이러한 영웅적인 업적 때문이 아니라 그가 타고 다니던 선박 때문이다. 그가 크레타에서 아테네로 돌아오자 아테네인들은 이 영웅을 기리기 위해 그의 배를 항구에 보존하기로 했다. 배의 판자 중 하나가 썩으면 다른 것으로 교체해 이 기념비를 계속 유지했다. 그렇게 수백 년이 흘렀으니 실상 이 배는 거의 모든 부분이 교체되었을 게 분명하다.

고대 철학자들은 틀림없이 테세우스의 배를 놓고 끝없는 설전을 벌였을 터다. 밤늦은 시각에 둥그렇게 둘러앉아 포도주를 마시며 테세우스의 배를 기준으로 변화라는 개념을 논하는 모습을 한번 상상해보라. 한쪽 편에서는 배의 모든 부분이 새로 교체되긴 했지만 원래의 배와 다를 바 없다고 주장한다. 그리고 다른 편에서는 모든 부분이 교체되었으니 이제 원래의 배와 같다고 할 수 없다는 주장을 굽히지 않는다.

이 문제를 해결하려면 한걸음 물러나서 '배를 정의하는 기준은 무엇인가?'를 먼저 생각해봐야 한다. 쉽게 말해서 우리를 구성하는 부분들이 얼마나 많이 바뀌어야 우리가 전혀 다른 사람으로 바뀌는지를 물어야 한다.

여덟 살 때와 지금의 당신은 같은 사람인가?
—

이 질문이 어처구니없게 들린다는 것을 나도 잘 안다. "물론 세월이 흘렀지만 같은 사람이죠." 이 책을 읽다가 이렇게 소리쳐야 속이 시원한 사람도 있을 것이다.

장담하건대 대다수 사람은 현재의 나를 자기 자신이라고 여긴다. 겉모습의 특성은 조금 달라질 수 있지만 '핵심 자아'는 변치 않는다는 논리다. 친구들과 심한 장난을 치다가 앞니가 빠져버린 2학년 꼬마는 다른 사람이 아니라 결국 나 자신이라는 말이다.

예지 비엘레츠키Jerzy Bielecki와 실라 시불스카 Cyla Cybulska는 1943년 아우슈비츠 강제수용소에서 만나 사랑을 키웠다.[3] 친구와 함께 유니폼 창고에서 일하던 비엘레츠키는 가짜 경비대원 유니폼은 물론 수용소 죄수를 인근 농장에 데려가는 것을 허용하는 위조문서도 만들었다. 1944년 어느 여름날, 경비가 꾸벅꾸벅 조는 틈을 타서 두 사람은 수용소를 탈출했다. 두 사람이 열흘 밤을 걸어서 도착한 곳은 비엘레츠키의 삼촌 집이었다. 비엘레츠키의 내면에는 다른 사람들을 도와야겠다는 강한 열망이 자라났고 그는 폴란드 지하군에 입대했다. 얼마 뒤 두 사람 사이에 몇 가지 오해가 생겨나면서 둘 다 상대방이 죽었다고 생각하게 되었다.

40여 년의 세월이 흘렀다. 브루클린에 살고 있던 시불스카는 집안일을 해주던 사람에게 오래전 자신의 목숨을 구해주고 세상을 떠난 한 남자에 대한 슬픈 이야기를 들려주었다. 그 이야기를 듣자 그는 공교롭게도 불과 얼마 전 폴란드 방송에서 어떤 남자가 똑같은 이야기를 하는 것을 보았다고 했다. 그는 혹시 '당신을 구해준 남자가 죽은 것이 아니라 방송에 나온 그 사람 아니냐'고 시불스카에게 물었다.

1주일 후에 시불스카는 비행기를 타고 크라쿠프로 향했다. 비엘레츠키가 마중을 나와 있었다. 비엘레츠키는 두 사람이 헤어진 기간인 39년을 뜻하는 39송이의 장미를 그녀에게 안겨주었다. 둘 다 배우자와 사별한 상태였다. 2005년 시불스카가 세상을 떠나기 전까지 두 사람은 15번 정도 만나서 함께 시간을 보냈다. 비엘레츠키는 2010년에 사망했으며 그전에 한 마지막 인터뷰에서 여전히 시불스카를 깊이 사랑한다고 말했다.

그들은 열여덟 살에 만나서 서로를 잠시 알고 지냈을 뿐인데 67년이 지난 후에도 여전히 서로를 사랑한다고 생각했다. 이런 것을 보면 인간의 정체성이 매우 일관되게 유지된다는 점을 알 수 있다. 오랜 세월이 흘렀고 둘 다 어린 나이에 트라우마를 겪었다. 그러니 그동안 많이 달라져서 서로 전혀 알아보지 못한다 해도 이상할 것이 없다. 만약 그랬다면 다시 만났을 때 낯선 사람을 만난 듯 매우 어색했을 것이다.

사람들은 평생을 함께할 배우자를 원하는 심리 때문에 비엘레츠키와 시불스카의 러브 스토리에 열광한다. 무언의 결혼 서약 중 하나가 함께 사는 동안 첫 데이트에서 사랑스러운 미소를 보여준 그 사람의 모습이 변치 않아야 한다는 것이다. 물론 결혼 서약을 통해 함께 나이 들어가기로 했겠지만 말이다. 상대방의 정체성을 완전히 다 바꿔버리고 싶다는 생각이 든다면 처음부터 그런 사람과 결혼할 생각조차 하지 않았을 것이다. 그러나 상대방의 모든 것이 영원하기를 바라는 것은 어리석은 기대일지 모른다.

《뉴욕타임스》기사 중에서 가장 큰 인기를 끌었던 것 중 하나가 '당신이 잘못된 사람과 결혼하는 이유'였다. 그 기사에서 철학자 알랭 드 보통은 완벽한 결혼도 완벽한 파트너도 없음을 지적했다. 다소 염세적이지만 이 말에서 위안을 얻는 독자들이 많았으리라. 많은 사람이 행복해지기 위해 결혼한다고 생각하지만 결혼하는 실제 이유는 다른 데 있다. 결혼은 인간관계를 처음 시작할 때 느끼는 감정을 영구적으로 이어가려는 욕구의 반영이다. 물론 그런 욕구가 100퍼센트 이성적인 것은 아니다.

알랭 드 보통은 이렇게 말한다. "프러포즈해야겠다고 처음 생각했을 때 행복했던 기분을 병에 고이 담아두려고 결혼하는 것이다."[4] 하지만 결혼할 때 사람들은 상대방에 대한 자신의 감정이 전혀 예상치 못한 방향으로 변하거나 퇴색될 수도 있다는 것을 고려하지 않는다. 그뿐만이 아니다. 결혼을 결심한 사람도, 상대방도 시간이 흐르면 겉모습은 물론이고 마음도 변할 수밖에 없다.

그렇다면 시간이 흘러도 변하지 않는 것은 무엇인가? 세월이 흐르면 어떤 것이 달라지는가? 성격 심리학자 브렌트 로버츠Brent Roberts는 성인이 된 후로 이 두 질문을 연구하는 데 매달렸다. 그는 로디카 데이미언Rodica Damian을 비롯한 여러 동료와 함께 50년에 걸쳐 성격의 연속성과 변화를 연구한 결과를 논문으로 발표했다.[5] 1960년 미국에 사는 고등학생 50만 명(전체 학생의 약 5퍼센트)이 2.5일간 다양한 설문 조사 및 테스트에 참여했다. 심리학자 존 플래너건John C. Flanagan이 고안한 '프로젝트 달란트'Project Talent다. 그는 많은 청년이 미래에 발전 가능성이 낮은 직업을 갖게 된다고 생각했다. 그래서 미국 고등학생들의 능력과 희망 사항을 평가한 다음 그에 맞는 더 나은 직업과 연결해주면 되리라 여겼다.

50년 후에 이 중 약 5,000명이 다시 설문 조사에 참여했다. 5,000명을 선별할 때 원집단을 잘 대표할 수 있도록 출신 지역도 비슷하게 맞추고 남녀 비율도 원집단과 거의 차이가 없도록 구성했다. 1960년과 2010년에 실시한 설문 조사 결과를 각각 분석했다. 그 결과 데이미언과 로버츠는 열여섯 살 청소년이 예순여섯 살의 어른이 되는 동안 어떤 변화를 겪었는지 알 수 있었다.

두 사람은 50년 동안 각 사람의 성격에서 주요 특성이 얼마나 안정적으로 유지되었는지 궁금해졌다. 이에 대한 답은 질문을 어떻게 하느냐에 따라 달라진다고 하는 편이 가장 정답에 가까울 것 같다.

이렇게 생각해보자. 당신이 학급에서 가장 수줍음이 많은 학생이라면, 어른이 되어서 여러 친구와 함께 만나는 자리에서도 당신이 가장 수줍음이 많은 사람일 가능성이 크다. 로버츠는 그 점을 내게 설명하면서 이런 예를 들었다. 학창 시절에 또래 친구들보다 사교성이 높은 아이가 성인이 된 후에도 동년배 성인과 비교할 때 사교성이 더 높을 확률이 얼마나 될지 내기한다고 가정해보자. 당신이 정답을 맞힐 확률은 약 60퍼센트다. 주사위를 무작위로 던지는 것보다는 확률이 높겠지만 내기에서 확실히 이길 거라고 장담하기는 어렵다.

경험은 우리가 어떤 사람이 되는지에 큰 영향을 준다. 그래서 성인이 된 이후의 자아가 10대 시절 자아와 비슷할 거라는 보장은 어디에도 없다. 이 논문을 쓰게 된 동기를 살펴보면 로디카 데이미언이 1990년대 전쟁으로 피폐해진 루마니아에서 성장기를 보낸 것과 관련이 있다. 그녀는 나에게 어린 시절에 관한 이야기를 들려주면서 이렇게 말했다. 자기가 어릴 때부터 알던 어떤 사람은 시련을 겪었지만 긍정적인 방향으로 성격을 바꿨으며 성공적인 삶을 산다고 했다. 반면 전혀 그렇지 못한 사람도 있다는 점이 흥미롭다는 것이다.

중요한 특성은 남들과 비교했을 때 어느 정도 안정적으로 유지되긴 하지만 그래도 여전히 더 발전할 수 있다. 예를 들어 대다수 사람은 나이가 들면서 성실성이나 감정적 안정성과 같은 특성이 한층 나아진다.[6] 그러나 사람마다 차이가 매우 크다. 어떤 사람은 몰라볼 정도로 변하지만, 거의 달라진 점이 없는 사람도 있다. 프로젝트 달란트의 자료를 보면 성격상 어떤 특성에 관해 성인 40퍼센트가 신뢰할 만한 변화를 보였으나 나머지 60퍼센트는 그런 변화를 보이지 않았다.

10대 시절과 60대의 모습을 비교할 때 모든 사람이 완전히 딴사람처럼 변하는 것은 아니다. 성격의 다섯 가지 요인은 개방성, 성실성, 수용성, 외향성, 불안정성인데, 대다수 사람이 10년 정도 지나면 이 중 한 가지 요인에 큰 변화를 겪는다. 다섯 가지 주요 요인 중 하나가 10년에 걸쳐 변한다는 것은 주목할 만한 일이다. 하지만 나머지 네 가지 요인은 거의 달라지지 않는다. 즉 연속성이 매우 두드러진다는 의미다. 로버츠는 "10년이라는 세월이 흐른다고 해서 사람들의 성격이 완전히 재구성되는 것은 아니다."라고 설명한다.

이처럼 시간이 지나도 우리가 같은 사람인지에 대해서는 쉽게 답하기 어렵다.[7] 시간이 흘러도 그대로인 것이 있고 달라지는 것도 있기 때문이다. 다시 요트 이야기를 생각해보자. 돛을 바꾸거나 페인트를 새로 칠해도 바닥은 그대로일 것이다. 반대로 바닥을 전부 바꿔도 돛대는 배를 살 때와 같을 것이다. 마찬가지로 우리는 예전과 같은 배라고 할 수 없으며, 그렇다고 완전히 새로 만든 배도 아니다.

미래의 나는 이처럼 불가피한 변화를 겪을 수밖에 없다. 그리고 그 변화 때문에 몇 가지 실제적인 질문이 생긴다. 미래의 나는 반드시 지금과 달라질 것이며 그러한 변화가 예상하지 못하는 방식으로 이루어진다고 하자. 그러면 이 점이 자기 연속성에 대한 우리의 인식에 어떤 영향을 미치는지 무엇을 기준으로 판단할 수 있을까? 앞서 만난 필류는 자신이 더는 살인 충동을 느끼지 않으므로 완전히 딴사람이 되었다고 확신했다. 이것이 배의 기본 뼈대는 그대로 두고 페인트칠을 새로 하면 전혀 다른 배처럼 느껴지는 것과 같다고 할 수 있을까?

이처럼 연속성에 대한 인식은 우리의 행동에 지대한 영향을 주기 때문에 매우 중요한 사안이다. 소용돌이 여행자의 일부가 바뀌었어도 여전히 처음의 그 배라고 생각한다면 배를 더 잘 관리할 것이다. 필요할 때마다 부품을 계속 교체하고 심지어 일부 기능을 업그레이드하는 데 과감하게 투자할지 모른다. 하지만 갑자기 그 배가 낯설게 느껴진다면 어떨까? 추억도 없고 특별한 애착도 없는 새로운 배라면? 그때부터는 지난번 가족 여행에서 탔던 렌터카처럼 무심하게 다룰지도 모른다.

같은 논리를 개인의 정체성에 적용할 수 있다. 현재와 미래의 내가 매우 밀접하게 연결되어 있다고 생각하면 자기 개선이라는 어려운 일을 훨씬 잘 해낼 가능성이 크다. 현재의 내가 과거의 나와 다르고, 미래의 나는 지금의 나와 분명 다르다. 하지만 더 나은 사람으로 발전할 가능성이 커진다.

나를 규정하는 건 육체야

—

고등학교 동창회에서 당신을 부르려고 당신과 가장 친한 친구의 이름을 말하는 사람은 없을 것이다. 동창들뿐 아니라 소셜 미디어를 통해 당신을 이제 막 알게 된 친구라 하더라도 당신을 보고 한때 열여덟 살

고등학생의 신체로 살았던 그 사람과 같은 사람임을 알아볼 터다. 물론 얼굴에는 세월의 흔적이 보이고 머리 모양도 달라졌으리라. 하지만 당신은 여전히 오래전 친구들과 함께 놀던 사람 그대로이기 때문이다.[8] 일부 철학자의 주장처럼 정체성을 이야기할 때 시간이 지나도 바뀌지 않는 것은 물리적인 부분이다.[9]

그러나 가만히 생각해보자. 인간의 피부 세포는 일정 주기로 완전히 새롭게 교체되고 적혈구도 재생된다. 무엇보다 나이를 먹으면 키가 줄어든다. 반대로 키가 커지는 사람도 있다. 장인어른은 퇴행성 디스크 수술 후 2센티미터 이상 키가 커졌다고 나에게 자랑하곤 하셨다. 물론 세월이 흐르면서 어쩔 수 없이 겪는 신체 변화도 있다. 그렇다면 과연 얼마나 많이 변해야 더 이상 내가 아닌 다른 사람이라고 할 수 있을까?

이 점을 이해하기 위해 한 가지 이상한 방법을 사용할 수 있다. 당신은 정신이 이상해진 과학자와 친구로 지내게 되었는데, 그 과학자가 한 가지 제안을 한다. 당신의 머릿속에 든 모든 생각, 감정, 기억을 다 꺼내서 다른 사람의 두뇌에 집어넣겠다는 것이다. 이 수술은 매우 복잡하고 시간이 오래 걸린다. 수술이 끝나면 두 사람은 어떻게 될까? 한 사람은 겉모습이 당신처럼 보이지만 속사람은 더 이상 당신이라고 할 수 없다. 반면 다른 사람은 겉모습은 당신과 전혀 다르지만 속사람, 즉 감정과 생각은 영락없이 당신이다.

이제 실험자는 다른 제안을 한다. 둘 중 한 명에게만 100만 달러를 주고 다른 한 명에게는 돈을 주지 않겠다고 제안한 것이다.[10] 돈을 받는 사람은 좋을 테지만 돈을 받지 못한 사람은 몸이 바뀐 것에 대한 보상도 받지 못한 채 정체성 혼란을 겪으며 상대적으로 고통받을 수밖에 없다.

이때 누구에게 돈을 줘야 할까? 수술하기 전에 당신은 누가 보상을 못 받고 누가 100만 달러를 받아서 자녀의 학비를 댈지 결정해야 한다. 당신은 두 사람 중 누가 돈을 받게 하겠는가?

아마도 당신은 당신의 정신이 담긴 육체를 가진 사람에게 돈을 주고, 당신의 육체이지만 다른 사람의 정신이 담긴 사람에게는 보상하지 않는 선택을 할 것이다. 만약 이런 선택을 했다면 신체가 우리의 정체성을 결정하는 기준이 아니라는 뜻이 된다.

잠깐만 이렇게 생각해보자. 당신에게 종양이 있는데 두뇌 이식 수술을 받지 않으면 죽을 거라고 한다. 수술을 받으면 목숨은 부지하겠지만 이전 기억, 좋아하는 것, 앞으로의 계획 등 머릿속의 모든 것이 사라진다.[11] 과연 당신은 이 수술을 받아들일 수 있을까? 수술을 받지 않으면 죽는다고 하지만 수술을 받아도 여전히 죽을 가능성이 있다.

일각에서는 이를 '신체 이론'body theory이라고 부른다. 간단히 말하자면 내가 계속 '나'를 유지할 수 있는 것은 바로 신체가 같기 때문이라는 뜻이다. 하지만 이런 간단한 사고 실험을 해보면 시간이 지나도 나라는 사람이 여전히 같은지 판단하는 기준이 '신체'라고 보기 어렵다는 점을 알수 있다.[12]

나를 규정하는 건 기억이야

—

17세기 영국 철학자 존 로크John Locke는 중요한 것은 육체가 아니라고 생각했다. 시간이 지나도 한 인격체의 동일성을 결정하는 것은 그 사람의 '의식'이라는 것이 존 로크의 결론이었다. 존 로크의 주장을 쉽게 설명하자면 인격체의 동일성에서 사람이 가진 기억이 가장 중요하다는 의미다. 지금 서른다섯 살이라면 지금의 나와 열다섯 살이었을 때의 나를 둘 다 가진 것이다. 둘은 정체성을 공유한다고 말할 수 있다. 왜냐하면 지금의 나는 열다섯 살이었을 때 무슨 생각을 했고 어떤 행동을 했는지 기억하기 때문이다.

기억의 고리는 시간이 흘러도 계속 이어진다. 서른다섯 살의 나는 열다섯 살이었을 때 나의 감정과 생각을 기억한다. 또 열다섯 살의 나는 열두 살이었을 때 내 모습을 기억한다.

달리 표현하자면, 여러 시점의 기억을 모두 갖고 있으며 각 시점의 기억은 이전 시점의 기억과 밀접히 연결되므로 그 사람의 정체성은 계속 유지된다. 존 로크에 따르면 2학년이 되어 학교에서 첫날이 어땠는지 기억한다면 2학년의 자신을 기억한다고 봐야 한다. 지금의 나와 2학년 첫날의 내가 기억을 공유한다면 그때부터 지금까지 하나의 정체성이 지속되는 것이다.

신체 이론과 마찬가지로 이러한 주장에도 반박이 뒤따른다. 예를 들어 내가 어제 아침에 뭘 먹었는지 잊어버렸다고 하자. 그러면 지금의 나는 어제의 나와 전혀 다른 사람이 되어버린 것일까? 이보다 더 중요한 사안이 있다. 사람은 누구나 인생의 초반기, 즉 자신이 아기였을 때를 전혀 기억하지 못한다. 아기였던 시절의 일이 기억나지 않는다고 해서 그 아기를 나와 다른 사람이라 할 수 있을까? 이 세상에 태어난 첫 순간의 기억이 있어야만 진정한 나라고 할 수 있느냐는 물음이다.

시간의 흐름과 정체성의 관계

—

대학교 학장은 연구 조사에 지출이 많은 물리학과를 못마땅하게 여긴다는 우스갯소리가 있다. "수학과는 종이와 연필, 쓰레기통이면 충분하다고 하잖습니까. 수학과를 좀 본받을 수 없소? 철학과를 본받으면 더 좋지. 철학과는 종이와 연필만 있으면 되니까." 이렇게 풀어서 설명해 버리면 농담이 더는 웃기지 않다는 점을 나도 알고 있다. 어쨌든 이 말에는 한 가지 중요한 점이 있다. 철학자는 새로운 아이디어를 내놓지만 그 아이디어를 먼저 테스트할 의무는 없다는 것이다.

철학자들은 시간의 흐름과 정체성이라는 주제에 관해 끊임없이 연구해왔다. 평생에 걸쳐 사람의 정체성을 그대로 유지하거나 바꿔버리는 요소가 무엇인가를 두고 그들은 이러저러한 이론을 제시했다. 모두 어느 정도 일리가 있는 주장이다. 하지만 그러한 이론이 우리가 실제 생활에서 이 문제를 생각하는 방식에 과연 얼마나 도움을 줄까? 달리 말해 일상생활을 영위하는 사람들은 시간의 흐름과 자아의 연속성에 관해 무엇이 중요하다고 생각할까?

노스웨스턴대학교에서 석사과정을 밟던 세르게이 블록Sergey Blok이 2000년 초반에 바로 그 질문을 연구하기 시작했다. 그는 실험 참가자에게 짐이라는 회계사가 끔찍한 교통사고를 당했다는 상상을 하게 했다. 이미 눈치를 챘겠지만, 짐이 목숨을 부지할 유일한 방법은 두뇌 이식이다. 정신 나간 실험이라고 생각하겠지만, 의료진은 짐의 두뇌를 조심스럽게 떼어내 로봇에 이식하려고 한다.

다행히 이식 수술은 성공적이었다. 과학자들이 로봇의 전원을 켜고 이식된 두뇌를 스캔해서 보았다. 짐의 모든 기억이 하나도 소실되지 않고 그대로 보존되어 있었다. 실험 참가자의 절반은 수술 결과에 대해 이렇게 통보받았다. 나머지 절반에게 전달된 내용은 이와 달랐다. 두뇌 이식에는 성공했지만, 스캔 결과 로봇에게 전달된 기억이 수술 전과 비교할 때 그대로 유지된 부분이 하나도 없다고 통보했다.

수술 전 기억이 하나도 없는 그 로봇을 여전히 짐이라고 할 수 있다면 신체 이론을 뒷받침하는 증거가 될 수 있다. 하지만 짐이라는 존재로 인정받는 데 이전 기억이 꼭 필요하다면 기억 이론memory theory에 1점을 주어야 한다. 본 연구의 실험 대상이 많지 않은 것은 사실이다. 하지만 승자가 누구인지는 분명하다. 두뇌를 이식받은 후에도 기억이 그대로 유지된다면 그 로봇을 짐으로 인정할 확률이 약 세 배 더 높은 것으로 나타났다.[13]

연속성의 구성 요소를 파악할 때 일반인과 철학자들이 생각하는 것을 알아보는 과정도 필요하다. 하지만 두 경우 모두 평생 거의 일어날 가능성이 없는 가상의 시나리오를 다루는 것이다. 그리고 세월이 흐를수록 우리의 정체성과 관련해 무엇이 중요한지 정하기 어려울 수 있다. 그렇다면 사고 실험thought experiment에 의존하지 않고 이런 아이디어를 테스트할 방법이 있을까? 와튼스쿨의 니나 슈트로민저Nina Strohminger 교수는 무엇이 과거와 현재, 미래의 자아를 하나로 연결해주는지 알아내기 위해 새로운 접근방법을 시도했다.

필라델피아에 있는 그녀의 집 다락방에 가보니 앵무새 소리가 희미하게 들렸다. 슈트로민저 교수는 사고 실험을 충분히 했지만, 그것을 유일한 증거의 원천으로 삼으면 안 될 것 같다고 말했다. 교수는 요양원으로 눈길을 돌렸다. 구체적으로 설명하자면 신경퇴행성 장애가 있는 환자를 맡은 간병인에게 다가가 조사를 했다. 신경퇴행성 장애란 두뇌가 완전히 변해버리는 것인데, 앞서 살펴본 실험 내용과 비슷하다.[14]

교수는 환자 집단을 셋으로 분류했다. 첫 번째 집단은 알츠하이머 환자로, 신체는 건강하지만 기억을 다 잃어버린 사람들이었다. 두 번째 집단은 근위축성측삭경화증amyotrophic lateral sclerosis, ALS 환자들이었다. 정신은 또렷하지만 신체 기능이 계속 퇴화하고 있었다. 전측두엽 치매 frontotemporal dementia, FTD 환자로 구성된 세 번째 집단은 운동 기능과 대부분의 기억은 온전하지만 도덕적 판단력이 손상된 상태였다. 전측두엽 치매를 앓는 사람들 대다수는 공감 능력이 떨어지고 아무렇지 않은 표정으로 거짓말을 하며 사회규범에 전혀 신경 쓰지 않는 특성이 있다.

간병인들은 설문지의 수많은 질문에 일일이 답해주었다. "환자가 어떤 사람인지 여전히 잘 안다고 생각합니까?" "환자가 낯선 사람처럼 느껴질 때가 있나요?" 근위축성측삭경화증 환자는 정신이 아니라 신체 기능에만 문제가 생기기 때문에 정체성 장애identity disruption가 가장 적었다. 알츠하이머 환자가 그보다 조금 높은 수치를 보였고, 전측두엽 치매 환자 집단에서 정체성 장애가 가장 높게 나타났다.[15]

인생을 사는 동안 무엇이 우리의 정체성을 결정하는가에 관한 논의는 결국 '신체' 대 '정신'으로 귀결된다. 전측두엽 치매 환자 집단에서 이전의 자아와 비교할 때 가장 큰 변화가 관찰되었다. 이 사실은 두 가지 외에 더 고려할 점이 있음을 시사한다. 과연 그 시사점은 무엇일까?

슈트로민저와 공동저자 숀 니컬스Shaun Nichols는 '도덕적 자아'moral self 에 대한 감각이 우리의 정체성을 그대로 유지하거나 완전히 다른 사람으로 만들어버린다고 설명한다. 어떤 사람이 남에게 친절한지 못되게 구는지, 공감을 잘하는지 냉담한지, 예의 바른지 무례한지와 같은 특성은 어린 시절의 자아와 훗날 나이 든 자아의 중요한 연결고리다.

슈트로민저와 그의 연구 동료는 이러한 도덕적 특성이 크게 달라지면 인간관계도 변하는 것 같다고 지적한다. 그렇게 생각하는 이유로 슈트로민저는 한 가지 사례를 언급했다. 슈트로민저는 성별은 여자이고 직업은 예술가인 친구에게 이렇게 질문했다. "네 성격의 어떤 부분이 달라지면 파트너가 '이 여자가 더는 내가 알던 그 사람이 아니'라고 말할 것 같아?" 그 친구는 잠시 생각한 후에 이렇게 대답했다. "내가 형편없는 예술가가 되면 그럴 것 같아. 그렇게 되면 아마 파트너가 나를 떠나지 않을까? '결혼할 때 당신은 이런 사람이 아니었잖아. 더는 이 여자를 사랑하지 않아.'라고 하겠지."

슈트로민저는 질문을 바꿔보았다. "그러면 상대방의 어떤 점이 달라지면 너도 그런 반응을 보일 것 같아? '결혼할 때의 그 사람은 어디로 간 거지?'라는 생각이 들 정도로 말이야. 어떤 변화가 생기면 '결혼할 때는 이런 사람이 아니었잖아. 더는 이 여자를 사랑하지 않아.'라는 생각이 들 것 같아?" 이번에는 대답하는 데 조금도 주저함이 없었다. "글쎄… 상대방이 아주 못된 계집애처럼 굴면 그런 생각이 들겠지."

여기에서 흥미로운 사각지대를 찾을 수 있다. 슈트로민저의 친구는 자신의 특성을 생각할 때는 예술이 자기 정체성의 핵심이므로, 이것이 변질되면 파트너가 자신을 예전과 같은 사람으로 여기지 않을 거라고 판단했다. 하지만 질문을 바꾸자 판단 기준이 달라졌다. 이제 친절한 태도가 주요 기준이 되었다. 사실 슈트로민저가 이끄는 연구팀은 친절한 태도야말로 '필수적인 도덕적 특성'임을 알려준다.

슈트로민저가 들려준 이야기를 통해 알 수 있듯이, 도덕적 특성이 달라지면 정체성을 일관되게 유지하려는 생각은 물론이고 인간관계를 바라보는 시각도 달라진다.[16] 살다 보면 친구나 애인이 바뀔 수 있다. 하지만 인간관계가 통째로 바뀐다면 자아의 연속성에 대한 감각에 심각한 문제가 생길 수 있다.

그렇다면 전직 투우사 필류는 이제 완전히 다른 사람이 된 것일까, 아니면 예전과 같은 사람일까?

'본질적인 도덕적 자아'에 대한 연구야말로 가장 정답에 근접하는 방법이라고 생각한다. 다른 것이 아무리 변해도 핵심적인 도덕적 특성이 조금도 변하지 않았다면, 그 사람의 '자아의 연속성'을 눈으로 확인할 수 있다. 그래서 세월이 한참 지난 후에 어떤 사람은 예전 모습 그대로라고 판단하면서도 다른 사람들은 몰라보게 변했다고 생각하는 것이다. 그런데 이러한 관점으로 자기 자신을 들여다보면 어떻게 될까?

다른 사람을 볼 때 연속성 여부를 판단하기란 어렵지 않다. 전직 투우사 필류는 냉혈한 살인마에서 비폭력 전도사로 환골탈태했다. 하지만 미래의 자아를 판단할 때는 어떨까? 지금의 자아와 같거나 완전히 다르다고 판단할 확률은 어느 정도인가? 그런 판단은 현재 우리가 하는 결정에 어떤 영향을 줄까? 다음 장에서는 이러한 질문과 관련한 내용을 자세히 살펴볼 것이다.

위 질문에 대한 대답은 무엇보다도 당신의 식단과 은행 계좌에 심각한 영향을 줄지 모른다.

- 시간이 흐르면 사람은 변할까? 성격의 어떤 특성은 변하겠지만 그렇지 않은 특성도 있다.

- 현재의 자아와 미래의 자아가 다르면 장기적인 문제(결혼 같은)를 결정하기가 쉽지 않다.

- 세월이 흘러도 도덕적인 특성이 달라지지 않으면 현재의 자아와 미래의 자아가 비슷할 가능성이 크다.

제2장

미래의 나는
정말 나일까?

아이슬란드 케블라비크 외곽에 블루 라군이라는 관광 명소가 있다. 짙푸른 하늘색과 화들짝 놀랄 정도로 뜨거운 호수의 물은 매우 유명하다. 그 물에 몸을 담그면 치료 효과가 있다는 점도 잘 알려져 있다. 미네랄이 풍부한 물과 하얗고 부드러운 흙은 기분을 좋게 해주고 피부도 맑게 해준다. 연구 결과에 따르면 이 호수는 건선을 치료하고 주름을 개선해 준다.[1] 블루 라군은 아이슬란드가 자랑하는 자연의 경이로움 중 하나처럼 보이지만, 사실 1970년대 후반 인근 지열발전소에서 발생한 유출수로 만들어진 호수다.

나는 아이슬란드와 블루 라군에 가보는 것이 오랜 꿈이었기에 아이슬란드에서 열리는 학술회의에 참석할 기회를 얻었을 때 뛸 듯이 기뻤다. 평소라면 공항 근처 힐튼호텔에서 회의가 열렸을 것이므로 아주 특별한 기회였다. 시드니대학교에서 주최하는 이 회의에는 사람들이 시간에 관해 어떻게 생각하는지를 주제로 한 강연도 준비되어 있었다.

회의실 뒤편에 앉아서 커다란 유리창 밖을 내다보니 몸에 수건을 두르고 뜨거운 김이 나는 온천으로 걸어가는 관광객들이 보였다. 이번 여행에 함께 온 아내도 온천에 들어가 있거나 열심히 빙하 사진을 찍고 있을 터였다. 그말인즉슨 예일대 철학과 로리 폴Laurie Paul 교수가 연단에 올라왔을 때 내 정신이 다른 데 팔려 있었다는 뜻이다.

칙칙한 호텔에 처박혀 있기 싫다는 생각이 불현듯 들었다. 나도 블루라군에서 느긋한 시간을 즐기고 싶었다.

"뱀파이어가 될 기회가 단 한 번 주어진다고 생각해보세요."[2] 폴 교수는 이런 말로 강연을 시작했다. "몇 가지 조건이 조금 다릅니다. 이제 뱀파이어는 다른 사람의 피를 먹는 것이 아니라 사람이 사육한 동물의 피를 먹습니다."

학술 강연의 서론치고는 상당히 흥미로운 시도였다. 나는 블루 라군과 다른 관광객을 훔쳐보는 것을 그만두고 내가 뱀파이어가 되면 어떨지 상상하기 시작했다. 폴은 이 질문에 많은 사람이 관심을 보이는데, 그 이유는 뱀파이어가 되면 불멸성, 강력한 힘, 빠른 속도를 갖게 되기 때문이라고 했다. 하지만 우리가 100퍼센트 확신하지 못하고 이런 의구심을 품는다고 생각해보자. 정말 '죽지 않고 영원히 살기'를 바라는가? 정말 피를 먹고 살아도 좋은가? 이런 질문을 제대로 해결하려면 뱀파이어 친구에게 조언을 구해야 한다.

친구들은 인생의 전성기를 누리는 기분이라고 한다. 뱀파이어로 살아가는 것이 정말 즐겁다며 당신에게도 분명 후회하지 않을 선택이라고 말한다. 당신은 이미 검은 옷만 입고 다닌다. 실제로 그렇다는 말이 아니라 그냥 이렇게 가정해보자는 것이니 오해하지 말고 따라와주길 바란다. 이국적인 음식을 좋아하고 새로운 음식을 기꺼이 먹어보고자 한다. 그리고 밤늦게 깨어 있는 것을 좋아한다. 한마디로 뱀파이어 생활이 당신에게 딱 맞을 거란 이야기다. 이것저것 궁금한 것을 물어봐도 직접 경험해보면 알게 된다며 더 자세히 알려주지 않는다.

하지만 한 가지 기억할 점이 있다.

일단 뱀파이어가 되면 이전으로 돌아갈 수 없다. 한번 발을 들이고 나면 "나랑 안 맞는 것 같아. 이전처럼 유한한 존재로 돌아갈래."라고 말해도 소용없다. 당신은 뱀파이어가 되어 영원히 살 것이다.

뱀파이어만큼이나 낯선 미래의 나

—

뱀파이어에 관해 생각하기 며칠 전이었다. 휴가 전 마지막 근무일이었고 아내와 나는 욕실에서 출근 준비를 하고 있었다. 나는 출장을 떠날 때 어떤 셰이빙 크림을 가져갈지 고민했다. '여행용 크림은 내용물이 충분히 남아 있을까? 일반 제품을 가져갔다가 공항 검색대에서 압수당하면 어떻게 하지?' 그때 아내가 어깨를 두드리길래 뒤를 돌아보았다. 미소 짓는 얼굴로 내게 건네준 것은 임신테스트기였다. 거기에는 빨간 줄 두 개가 선명하게 나타나 있었다.

잠깐, 이게 뭐야? 정말 두 줄인가? 우리가 정말 부모가 되는 거야? 물론 나는 흥분하지 않을 수 없었다. 한때 아이를 갖고 싶었고, 아이가 태어나면 함께 재미있는 활동을 하는 상상도 했다. 그 상상의 마지막은 아이에게 좋은 음악과 영화를 소개해주는 것이었다. 그런데 아이슬란드에서 강의를 듣다 보니 아이를 기다리는 기쁨은 사라지고 걱정스러운 마음만 커졌다. 부모가 되는 것이 과연 뱀파이어가 되는 것과 전혀 다른 문제일까?

그동안은 자녀가 생기면 인생이 어떻게 변할지 잘 안다고 생각했다. 자녀를 키우는 사람들을 알고 있었고, 내가 아는 아이들도 있었다. 하지만 그렇다고 해서 내가 부모의 의미를 제대로 알았다고 할 수 있을까? 아이가 생긴 후에도 나의 관심사와 열정을 그대로 유지할 수 있을까? 참을성을 보이면서 즐거운 시간을 누리고 아내에게 좋은 남편이 되어주고, 그러면서 잠도 잘 잘 수 있을까?

예전에 친구들에게 첫아이를 낳으면 어떤지 물어본 적이 있다. 친구들은 정말 행복하고 값진 경험이며, 이제 아이가 없는 삶은 상상도 할 수 없다고 입을 모았다. 단, 잠을 거의 못 자는 것은 힘들다고 덧붙였다. 첫아이를 키우는 부모라면 다들 그렇게 말할 것이다.

다들 가능하면 아이를 낳아보라고 한다. 내가 더 자세히 물어봐도 소용이 없다. 부모가 되는 것이 어떤 일인지 제대로 알려면 내가 아이를 낳아서 직접 키워보는 수밖에 없다. 내가 혼자 혼란스러워하는 동안 폴은 사고 실험을 중단했다. 그녀는 뱀파이어 문제가 첫아이를 키우는 것에 대한 얄팍한 비유에 불과하다고 말했다. 일단 뱀파이어가 되면 돌이킬 수 없듯이 부모가 되는 것도 돌이킬 수 없는 결정이라는 뜻이었다.

이렇게 둘을 비교하면서 폴은 매우 흥미로운 아이디어를 제기했다.

우리는 미래의 자신을 절대 알 수 없다는 것이다. 시간 여행에 최선을 다한다 해도 먼 미래의 자신이 어떻게 생각하고 느낄지 알아낼 방도는 없었다. 뱀파이어가 되거나 부모가 되는 경험처럼 미래의 자아가 된다는 것은 새로운 자아를 얻는 것이다. 그런데 이때 우리의 생각과 감정이 어떻게 달라질지 지금으로서는 예측할 수 없다. 거듭 말하지만 미래에 우리의 일상이 어떨지 지금은 알 수 없다. 게다가 그때 무슨 생각을 하고 어떤 감정을 느낄지 역시 전혀 알 길이 없다.

일단 미래의 자신이 되고 나면 생각이나 감정에 큰 변화가 생길지 모른다. 이는 우리의 미래가 실존적 불확실성에 대한 감각에 따라 정해진다는 것을 뜻한다. 미래의 자아는 어느 정도까지 우리에게 항상 낯선 사람처럼 느껴질 것이다. 하지만 나는 그 말을 듣고도 완전히 절망하지 않았다. 독자도 너무 실망하지 않길 바란다.

제1장에서 얻은 교훈을 생각해보자. 다른 사람을 생각할 때 그 사람의 도덕적 특성이 변하지 않는 한, 과거와 현재, 미래의 자아 사이에 어느 정도 연속성이 존재하는 것을 알 수 있었다. 당신의 미래 자아가 당신에게 중요한 도덕적 가치를 그대로 갖고 있음을 확신한다면, 알 수 없는 베일에 싸인 듯 멀게 느껴지더라도 미래 자아에게 애정을 쏟고 그들에게 유리한 방향으로 계획을 세워도 된다.

아빠가 된 미래의 내 모습은 현재의 나에게 낯선 사람과 같다. 하지만 미래의 자신이 나처럼 레드삭스를 좋아하고 다른 사람에게 공감해주고 리세스 피넛버터컵 과자를 사랑한다면 어떨까? 그렇다면 그 사람을 생각하고 그의 인생을 계획하는 데 시간을 쓸 가치가 있다. 물론 과자 취향은 핵심적인 도덕적 특성이 아니라고 지적하는 사람도 있겠지만, 나는 그렇게 생각하지 않는다.

하지만 시간이 지남에 따라 자신에 대해 어떻게 생각해야 할까? 오늘의 자신과 내일의 자신이 연결되어 있다는 것을 어떻게 알 수 있을까? 그리고 더 중요한 질문이 있다. 우리는 미래의 자신을 현재 모습의 연장선에 있다고 생각하는가, 아니면 전혀 다른 사람처럼 여기는가?

미래의 자아를 현재 모습의 연장선으로 생각하든 전혀 다른 사람으로 생각하든 간에, 미래의 자아를 어떻게 여기는지 잘 이해하면 우리가 지금 하는 선택도 심도 있게 이해할 수 있다.

낡은 여행 가방은 원래의 그 가방일까?
—

자신과 타인의 관계 속에서 자신의 정체성을 생각하기 시작하는 나이는 의외로 매우 어리다. 아이들은 6~9세에 가족, 친구와의 인간관계를 통해서 자신을 정의하기 시작한다.[3] 다들 누군가의 아들딸, 형제자매, 부모, 남편 또는 아내다. 이렇게 관계를 중심으로 자신을 정의하는 습관은 희망적이다. 왜냐하면 인간관계가 안정적으로 유지될 것으로 보고 거기에 자신의 정체성을 연관시키기 때문이다. 또한 자신의 정체성도 이러한 인간관계처럼 안정적으로 이어질 거라고 생각한다.

앞 장에서 테세우스의 배에 대해 이야기를 나눴다. 이를 통해 시간이 흘러도 사람이나 사물이 그대로 유지되는지 아니면 달라지는지 구분하는 것이 얼마나 어려운지 살펴보았다. 비슷한 질문을 자기 자신에게도 적용해볼 수 있다. 하지만 사람은 타인보다 자기 자신을 잘 알기에 다소 왜곡된 결과가 나올 수 있다.

나이가 들어도 자기 자신의 정체성이 그대로 유지되느냐는 질문에 답하려 고민할 때 도움이 될 만한 비유가 있다. 젊을 때 구매한 비싼 여행 가방을 한번 생각해보자. 어떤 여행지를 가든 항상 그 가방에 여러 가지 소지품과 기념품을 넣어서 들고 다녔다. 세월이 흘러서 이 가방도 손때가 많이 묻었다. 짐칸에서 여기저기 부딪히며 너덜너덜해졌고, 쏟아진 세면도구 때문에 얼룩도 생겼다. 그럼에도 당신 눈에는 완전히 다른 가방이 아니라 예전과 같은 여행 가방일 것이다. 우리 자신도 마찬가지다. 낡은 여행 가방처럼 외모가 변하고 세월의 흔적이 곳곳에 생기지만, 세월이 흐르고 모습이 달라져도 예전과 같은 사람으로 여겨진다. 그리고 이때 여러 사람과 단단히 연결해주는 인간관계가 큰 역할을 수행한다.

너무 뻔한 이야기라고 생각할지도 모르겠다. 하지만 시간이 흘러도 나는 예전과 같은 사람인 게 당연하지 않은가. 내가 나지 누구로 변하겠는가. 하지만 이렇게 연속적인 하나의 자아라는 개념을 부인하는 사람들도 있다. 18세기 스코틀랜드 철학자인 데이비드 흄David Hume은 그 점을 정면으로 거부했다. 흄은 《인간 본성에 관한 논고》A Treatise of Human Nature라는 강력한 제목의 책에서 사람은 여행 가방이 아니며, 자아 같은 것은 없다고 못 박았다.[4]

흄은 왜 그렇게 주장했을까? 그는 어떤 것의 정체성을 유지한다는 것은 특정 시점부터 끝나는 시점까지 같은 속성의 집합을 계속 가진 상태라고 정의했다. 하지만 인간은 끊임없이 의견이나 호불호를 바꾸기 때문에 정체성을 계속 유지하는 존재가 아니라는 것이다. 그는 시간이 지남에 따라 하나의 안정적인 정체성이라는 개념은 던져버리는 것이 낫다고 주장했다.

또 다른 영국의 철학자 데릭 파핏Derek Parfit도 이 점에 관해 의견을 냈다. 2017년에 세상을 떠난 파핏은 명민하면서도 기발한 사상가였다. 글을 쓰거나 학문을 연구하는 일 외에는 시간을 허비하고 싶지 않다며 항상 흰 셔츠와 까만 바지만 입고 다녔다. 성인이 된 후 그의 일과는 거의 매일 같았다. 아침에는 소시지, 요구르트, 피망, 바나나를 하나의 그릇에 전부 넣고 섞어서 먹었다.[5] 이것이 건강한 아침 식단이라고 생각해서 매일 그렇게 먹은 것이다. 하지만 영양사인 친구가 건강한 식단이 아님을 지적하자 이튿날 바로 식단을 바꾸었고 그전까지 먹던 아침상은 두 번 다시 차리지 않았다.

흄처럼 파핏도 정체성 문제에 집착했다. 자아의 모순을 연구하고자 그는 몇 가지 기발한 사고 실험을 생각해냈다. 시간이 지남에 따라 자아의 연속성을 좌우하는 것이 무엇인지 알고 싶었던 것이다. 파핏의 오래전 강의를 보면 〈스타 트렉〉 에피소드도 생각나고, 사이비 종교 지도자가 최근에 계시받은 것을 열렬히 설명하는 모습과 비슷하다는 생각도 든다. 크고 마른 체형, 수척한 얼굴과 커다란 안경, 무시무시해 보이는 백발 때문에 그는 현대 철학자의 괴짜 캐리커처가 살아 움직이는 것처럼 보인다.

파핏은 사람들에게 텔레-트랜스포터 기계를 상상해보라는 말로 강의를 시작한다.[6] 이 기계는 당신의 몸과 마음, 피부, 기억 등 모든 것을 복제한 다음 당신을 화성으로 데려간다. 이제 새로 나온, 한층 업데이트된 버전의 트랜스포터를 생각해보자. 당신이 스캔되는 과정에서 사고가 발생한다. 그 결과 당신은 지구에 남겨지고 당신의 복제본은 화성으로 옮겨져서 그곳에 살게 된다. 이제 당신은 두 명이다. 둘 중 어느 것이 '진짜 당신'일까?

트랜스포터가 화성으로 간 당신의 복제본을 만들었듯 우리도 시간이 흐르면 자신의 복제본을 만드는 것인지 모른다. 이것이 파핏이 제시하는 가설이다. 하나의 연속된 자아, 즉 안정적인 정체성을 갖는 것이 아니라 우리는 여러 개의 자아를 한데 모아놓은 것, 그 이상의 존재일 수 있다.

나는 여러 개의 자아를 한데 모은 것 이상의 존재
—

파핏의 견해를 이해하는 데 도움이 되는 또 다른 비유를 생각해보자. '단일 자아'와 '분리된 자아들'을 비교할 때 혼자 기업을 이끌어가는 사업가와 작은 스타트업의 차이를 생각해보면 이해하기 쉽다. 전자는 단일 자아처럼 많은 사람이 할 일을 다 해내지만 인원수로 보자면 한 명이다. 이렇게 생각하면 우리가 인생을 사는 동안 관심사, 좋아하는 것, 신념, 인간관계는 끝없이 변해도 결국 우리는 한 사람의 존재로 여겨진다.

하지만 작은 스타트업은 '여러 개의 자아'에 가깝다. 이 회사에서는 여러 사람이 일하는데, 각자 맡은 임무가 다르다. 이런 견해로 보자면 우리는 인생을 살면서 서로 다른 여러 개의 자아를 갖게 되며, 자아마다 관심사, 좋아하는 것, 신념, 재능 등에서 차이가 난다. 그렇지만 같은 회사에서 일하기 때문에 서로의 차이를 인정해주는 것이 매우 중요하다.

여러 개의 자아라는 개념이 다소 혼란스러울 수 있다. 실제로 수업 시간에 이 개념을 언급하면, 학생들이 실존적 위기를 느끼고 혼란스러워하는 모습을 종종 본다. 내가 여러 개의 자아를 한데 모아놓은 존재라면 나는 도대체 누구란 말인가? 과거의 자아와 현재의 자아가 서로 다른 이라면 과거에 저지른 행동에 대해 어떻게 책임을 물을까? 내 배우자가 내가 결혼했던 그 사람이 아니란 뜻인가? 만약 그렇다면 결혼 서약이 무슨 소용이 있단 말인가?

파핏에게 중요한 것은 각각의 자아가 서로에 대해 갖는 유대감이다.[7] 여러 명의 직원을 거느린 스타트업을 다시 생각해보자. 시간이 흘러 회사가 자리를 잡고 나면 떠나는 직원도 새로 들어오는 직원도 있다.

이런 사람들은 서로 몇 주에서 몇 달 정도 일하는 기간이 겹치기도 한다. 기존 직원은 신입 직원에게 중요한 사항이나 기업 문화를 알려줄 수 있다. 이 신입 직원들이 경력을 쌓은 몇 년 후에는 또 다른 신입 직원에게 같은 점을 알려준다. 이런 식으로 초창기 직원부터 최근에 들어온 직원까지 끈끈한 유대감이 생긴다. 하지만 중간에 틈이 생길 수도 있다. 근무 기간이 매우 짧아서 신입 직원과 거의 겹치지 않는 사람도 있고, 어떤 정보는 신입 직원에게 전달되지 않고 그냥 잊힌다. 이런 틈이 계속 생기다 보면 나중에 어떤 직원들은 기존에 근무하던 사람들에 대해 유대감을 전혀 느끼지 못한다. 한마디로 서로가 서로에게 낯선 존재가 된다.

우리의 정체성도 마찬가지다. 시간이 흐름에 따라 서로 연결되는 일련의 자아들이라고 생각할 수 있다. 각각의 연속적인 자아는 직전의 자아 및 직후의 자아와 공통점이 많다. 하지만 자아 사이에 어느 정도 거리가 생기면, 다시 말해서 시간이 흐르면 두 자아 사이의 연대감도 조금씩 옅어진다. 그리고 시간이 많이 흘러서 거리가 상당히 멀어진 특정 시점이 되면, 아주 먼 과거의 자아와 아주 먼 미래의 자아는 서로를 완전히 타인처럼 여기게 된다. 일면식도 없는 낯선 사람처럼 말이다.

미래의 내가 이방인처럼 느껴질 때 생기는 문제

'알겠어. 그런데 그게 뭐 어떻다는 거야? 미래의 내가 낯선 이방인처럼 느껴지는지 아닌지가 왜 중요하지?'

그게 중요한 이유는 아주 단순하다. 우리가 낯선 사람을 조금 다르게 대우하기 때문이다. 직장 동료 중 평소 교류가 거의 없는 사람이 있다고 해보자. 이름과 근무부서 외에는 그 사람의 생활에 대해 아는 바가 전혀 없다. 주말에 그 사람을 도와주라는 부탁을 받는다면 당신은 어떻게 하겠는가? 그 직원이 새 아파트로 이사하느라 가구를 옮길 일손이 필요할지도 모른다.

하지만 당신은 아마 거절할 것이다. 안 그래도 신경 쓸 일이 많은데 낯선 사람이나 마찬가지인 직장 동료를 도와줄 의무가 없다고 생각하기 때문이다. 제아무리 인성이 좋은 사람이라 해도 자신과 친구, 가족을 먼저 챙기게 마련이다. 물론 우리가 항상 자기중심적으로 행동하는 것은 아니지만 때에 따라 이런 성향이 상당히 강하게 표출될 수 있다.

조금 안타까운 사례를 생각해보자. 코로나바이러스 백신이 나오고 약 1년 후에도 노약자를 비롯해 이 바이러스에 가장 취약한 사람은 다른 이들에 비해 백신 접종 가능성이 크게 나타났다. 2021년 연말 기준으로 65세 이상 성인의 89퍼센트가 백신 접종을 마쳤다.[8] 결국 감염 위험이 가장 크기에 백신을 맞는 것이 그들에게는 최상의 방어였다. 이와 대조적으로 25~49세 성인의 경우, 2021년 연말까지 접종을 마친 사람은 전체의 3분의 2에 불과했다. 코로나바이러스에 취약하지 않은 젊은 성인의 경우 백신 접종 시 가장 큰 이점은 무엇일까? 심각한 병을 예방하는 것 외에도 다른 사람을 보호하고 코로나바이러스 확산을 차단하는 것이다.[9] 어떤 행동이 자신에게 유리하거나 이점이 있다면 이를 끝까지 완료할 가능성이 크다. 하지만 최종 수혜자가 자신이 아니라 전혀 알지 못하는 타인일 때는 자기 자신에게 유리한 행동을 선택할 확률이 높다. 젊은 성인 집단이 백신 접종을 권고받았음에도, 굳이 백신을 맞으러 가지 않는 쪽을 선택하는 것이 그 예다.

지금까지의 논의를 종합해보자. 우리는 미래 자아를 낯선 사람처럼 여기고 자기중심적으로 행동하는 경향이 있다. 그러면 미래의 자아에게 유리한 일을 할 만한 이성적인 이유가 있을까? 미래의 자아에게 유리하게 행동하는 것은 그저 비합리적인 선택일 뿐이다.

허리둘레를 늘어나게 만드는 초콜릿케이크를 한 조각 더 먹을 것인가? 물론이다. 거절할 이유가 있겠는가? '내' 허리둘레가 늘어나는 것이 아니라 미래의 나, 그러니까 내가 지금은 전혀 모르는 사람의 허리둘레가 늘어나는 것인데 무슨 상관이란 말인가. 고급형 4K 텔레비전에 돈을 더 쓸 것인가 아니면 그 돈을 퇴직 연금에 투자할 것인가? 미래에 퇴직한 나를 왜 신경을 써야 하지? 그냥 모르는 사람과 다를 바 없잖아. 체육관에 운동하러 갈까 아니면 넷플릭스 최신 시리즈를 보면서 군것질할까? 당연히 넷플릭스를 보면서 노는 편이 낫다. 뭐 하러 다른 누군가를 위해 땀을 흘리며 고생한단 말인가?

데릭 파핏은 담배를 피우기 시작한 사춘기 남자아이의 관점에서 이 개념을 이야기한다. 남자아이는 흡연을 하면 나이가 든 후에 아주 고통스러워질 수 있다는 점을 알지만 별로 개의치 않는다. 파핏은 이렇게 말한다. "이 아이는 미래의 자신에 대해 동질감을 전혀 느끼지 않습니다. 미래의 자아를 마치 남을 대하듯 함부로 대하고 있습니다."[10]

또는 철학적 의미를 담고 있는 제리 사인펠트Jerry Seinfeld의 코미디를 생각해볼 수 있다. 그는 1990년대에 무대에 서서 화려한 입담으로 사람들에게 웃음을 주었다. 그러다 크리스마스 즈음 방영되는 가전제품 광고에서 한 가지 특이한 점을 발견했다. 대다수 광고에서 이듬해 3월까지는 결제하지 않아도 된다고 약속하는 것이었다.

그는 이렇게 생각했다. '3월까지 결제를 안 해도 된다고? 내년 3월이 결코 오지 않을 미래인 것처럼 말하는군! 내가 지금은 돈이 하나도 없지만 3월이 되면 미래의 나는 아마 돈이 있을 거라고 생각하는 것인가.' 영리하게도 사인펠트는 자기 몸을 관리하는 면에서 이와 같은 실수를 저질렀다는 점을 깨달았다. 그는 밤늦게까지 깨어 있고 다섯 시간밖에 못 잤을 때 아침에 자기 몸이 얼마나 힘들지 전혀 생각하지 않았다.

아침에 알람을 듣고 잠에서 깨지만 몸은 여전히 늘어지고 피곤해요.[11] … '지난밤의 내'가 너무 싫어! 하지만 '지난밤의 나'도 매일같이 '아침의 나'를 욕하고 미워하죠.

'아침의 나'로서는 어쩔 도리가 없어요. 다 무시하고 그저 늦잠을 청할 수밖에요. 하지만 늦잠을 푹 자고 나면 '낮 시간의 나'는 일자리를 잃게 되고 '밤 시간의 나'는 돈이 없어서 밖에 놀러 나갈 수 없을 겁니다.

〈투나잇 쇼〉에 출연한 사인펠트가 이렇게 설명하자 쇼호스트 제이 레노는 가만히 듣고 있다가 이렇게 말했다. "아침의 내가 너무 일찍 일어나면 밤 시간의 내가 피곤해지겠네요!" 사인펠트는 "물론 그렇죠."라고 대답했다. 하지만 그는 잠시 생각하더니 "낮 시간의 내가 낮잠을 자면 이야기가 또 달라지겠죠."라고 덧붙였다.

이렇게 해서 재치 넘치는 사인펠트는 철학자들이 처음 발견한 진실에 공감할 만한 근거를 찾아냈다. 그것은 바로 우리가 미래의 자아를 마치 낯선 사람처럼 대할 수 있다는 것이다.

정신과 두뇌를 연구하다 보면 종종 미래의 자아를 마치 낯선 사람처럼 대하는 이유를 이해하게 된다. 나아가 미래의 자아를 더 친근하게 대하는 방법도 알 수 있다.

미래의 나, 남 아닌가요?
—

내년 생일을 상상해보자. 어떤 장면이 그려지는가? 이제 오랜 세월이 지난 뒤의 생일을 생각해보자. 한 20년쯤 지났다고 가정해보면 어떤 장면이 상상되는가? 아마 두 경우 모두 케이크, 음료나 술, 친구처럼 생일에 빠지지 않는 것들을 먼저 떠올렸을 것이다. 하지만 두 가지 장면에 서로 다른 점도 있는가?

　프린스턴대학교의 심리학 교수 에밀리 프로닌Emily Pronin은 다양한 집단에게 이와 비슷한 질문을 던졌다. 우선 대학교 식당에서 첫 번째 집단을 선정했고, 이들에게 지금 먹고 있는 것을 설명해보라고 했다. 종이를 주자 사람들은 주로 1인칭 관점에서 자신이 먹고 있던 음식을 설명했다. 바로 눈앞에 펼쳐진 장면을 현장감 있게 써 내려간 것이다.

　두 번째 집단에게는 아주 먼 미래에 한 끼 식사하는 모습을 상상해보라고 했다. 대학생이므로 '마흔이 된 후'를 생각해보라고 제안했다. 그러자 한 가지 눈에 띄는 차이점이 드러났다. 두 번째 집단은 모두 1인칭 시점이 아니라 3인칭 시점으로 서술하기 시작한 것이다. 자신이 직접 그 장면에 들어가서 식사하는 것이 아니라, 자신을 전체 장면을 지켜보는 사람으로 설정한 것이다. 실제로 학생들은 미래의 자신을 가리켜 '나'라고 하지 않고 '그/그녀'라고 지칭했다. 그들의 정신은 미래의 자신을 타인으로 인식한 것이다.[12]

　프로닌 교수는 이러한 관점이 어떤 결과로 이어지는지 알아보기로 했다. 사람들이 미래의 자아를 타인처럼 대할지 궁금했기 때문이다. 이번에는 사람들에게 역겨운 음료를 마시는 것에 대한 선호도를 물어보았다. 피실험자에게 '역겨운 음료'를 마셨을 때 느끼는 혐오감을 연구하는 중이라고 거짓말을 했다. 사실 끔찍해 보이는 그 음료는 물에 케첩과 간장을 섞은 것이다. 이것을 억지로 맛보게 하려고 학생들에게 과학 발전에 이바지하는 기회라는 점을 강조했다.

　이제부터 실험은 더 흥미로워진다. 한 집단의 설문 조사가 끝나면 이 음료를 얼마만큼 마실 의향이 있는지 물어보았다. 두 번째 집단에도 같은 질문을 했다. 대신 행정상의 문제 때문에 당장은 먹을 수 없고 다음 학기가 시작할 때까지 기다려야 하며, 그때 가서 실험에 참여하지 않으면 해당 수업의 학점을 받지 못한다고 안내했다. 마지막으로 세 번째 집단에는 다음 실험 참가자에게 이 음료를 나눠준다면 얼마나 주고 싶은지 물어보았다.

첫 번째 집단은 당장 마셔야 한다면 평균적으로 세 숟가락 정도 먹을 수 있다고 대답했다. 솔직히 말해서 나는 이렇게 많이 먹겠다는 대답이 나올 줄 몰랐다. 프린스턴대학교 학생들은 '과학을 위해서' 매우 적극적인 태도를 보였다. 다른 사람에게 이 괴기한 음료를 나눠주자고 제안한 경우에는 2분의 1컵, 즉 여덟 숟가락까지 양이 늘어났다. 미래의 자신이 마실 분량도 2분의 1컵으로 큰 차이가 없었다.[13]

이 점을 통해 여러 가지 면에서 우리는 미래의 자아를 마치 남처럼 여길 뿐만 아니라 실제로 남처럼 대한다는 것을 알 수 있다.[14]

맷 데이먼과 내털리 포트먼이 내 머릿속에 들어오다

혹시 MRI 스캐너에 들어가 본 경험이 있는가? 그랬다면 잘 알겠지만 45분 정도 시끄러운 관에 갇혀 있는 느낌이 드는 데다 사용료가 매우 비싸다. 기계를 관리하는 데 드는 비용 외에 기계를 가동하는 담당자는 물론이고 배경 프로그램이 제대로 작동하게 하려면 물리학자와 컴퓨터 과학자의 도움이 필요하기 때문이다. 연구원이 이 장비를 사용하려면 시간당 최대 1,000달러를 내야 한다.

자정부터 새벽 4시까지 사용하는 경우에는 비용이 절반으로 줄어든다. 나는 대학원생 시절에 자주 밤을 새웠고 연구 자금이 넉넉하지 않았기 때문에 밤 12시 반에 스탠퍼드대학교의 신경 영상센터로 발걸음을 옮기곤 했다. 미래의 자신이 전혀 다른 사람일지 모른다는 주장을 뒷받침하는 근거가 혹시 사람의 두뇌에 있는지 찾아보기 위해서였다.

서늘한 무균 공간인 영상센터는 컴퓨터 몇 대와 유리창이 전부였다. 유리창 건너편에 대형병원에서 사용하는 MRI 스캐너가 놓여 있었다. 하지만 폐나 무릎 사진을 찍는 일반적인 MRI 장비와 달리 이 스캐너 내부에는 침대와 작은 거울이 있었다. 그리고 거울을 통해 컴퓨터 화면에 나타나는 이미지를 확인할 수 있었다. 스캐닝이 끝나면 실험 참가자들이 여러 가지 생각을 하거나 다양한 감정을 느낄 때 두뇌에서 어떤 활동이 이루어지는지 다음 날 확인이 가능했다.

이런 종류의 fMRI를 사용할 때 심리학자는 어디까지가 '나'이고 어디부터는 '내'가 아닌지 두뇌가 쉽게 판단할 수 있느냐는 질문을 가장 먼저 떠올린다. 달리 말해서 두뇌가 자아와 타인의 차이를 구분하느냐는 것이다. 학술적인 질문처럼 들릴지 모르지만, 두뇌에서 자아의 '위치를 정하는 것'은 의식을 이해하는 데 매우 중요한 단계가 될 수 있다.

일단의 연구원들은 스캐너가 있는 방으로 사람들을 불렀고 참가자들을 스캐너에 눕혔다. 그런 다음 '거칠 것 없이 행동하는', '말이 많은', '의존적인' 등과 같이 특성을 묘사하는 단어를 머리 위 스크린을 통해 보여주었다. 각 단어의 바로 위에는 '자신' 또는 '부시'라는 단어가 나타났다. 이 실험을 하던 시기에 조지 부시가 대통령이었으므로 타인을 대변하는 이름으로 '부시'가 가장 적당하다고 생각했다. 실험 참가자는 손에

버튼 클릭기를 쥐고 있었다. 자신이 마침 생각하던 사람(자기 자신이나 조지 부시 대통령)에게 해당하는 특성이 나오면 특정 버튼을 누르고, 그렇지 않으면 다른 버튼을 누르라고 지시했다.

이마 바로 뒤에는 내측 전두엽피질이라는 부분이 있다. 신용 카드만 한 크기인데 이 부분은 타인을 생각할 때보다 자기 자신에 대해 생각할 때 두드러지게 활성화된다.[15] 쉽게 말해서 조지 부시 대통령에게는 관심이 없고, 오로지 자기 자신에게만 관심이 있는 두뇌 기관이다.

신경과학자와 사회심리학자에게 이는 매우 흥미로운 사실이다. '자기 자신'에 대해 생각하는 것은 뭔가 특별한 점이 있음을 시사하기 때문이다. 나는 이 연구에 관한 신문 기사를 읽고 한 가지 궁금증이 생겼다. 어디까지가 자기 자신이고 어디부터가 타인인지 두뇌가 구분할 수 있고 미래의 자아를 타인처럼 대한다면, 두뇌에서는 미래의 자아가 타인처럼 보일 수도 있다는 뜻일까?

나의 멘토이자 심리학 및 신경과학 전문가 브라이언 넛슨Brian Knutson 교수에게 이 아이디어를 가져가 봐야겠다고 생각했다. 넛슨 교수에게 프로젝트에 관한 조언을 듣고 싶었다. 일이 잘 풀리면 내가 스캐너에 들어가서 두뇌를 스캔하는 비용을 대주실지도 모른다고 생각했다. 그분은 내가 아는 그 어떤 사람보다 아이큐가 높았으며 관심이 없는 프로젝트는 단칼에 거절하셨다. 그런 분이 내 프로젝트에 큰 관심을 보이며 당장 해보자고 하셔서 얼마나 기뻤는지 모른다.

실험 준비는 어렵지 않았다. 실험 참가자를 스캐너에 눕혀놓고 사람의 특성에 관한 단어를 보여주면서 자기 자신, 미래의 자신 그리고 현재 알고 있는 타인과 10년 후 자기 주변에 있는 타인에게 적용되는 단어를 각각 구분하라고 요청했다.

앞서 소개한 신경과학 실험에서는 '타인'을 가리키는 대상으로 조지 부시 대통령을 사용했다. 하지만 우리는 그것이 별로 좋지 않은 아이디어라고 판단했다. 앞선 실험을 진행할 때보다 이번 실험을 할 때 조지 부시를 둘러싼 논란이 더욱 심해졌기 때문이었다.

우리는 '타인'을 가리키는 대상으로 누구를 선택해야 할지 고민하다가 학부생들에게 도움을 구하기로 했다. 학부생들에게 가장 잘 알려져 있으면서도 구설수와 거리가 먼 사람을 골라보라고 했다. 그러자 학생들이 가장 많이 언급한 사람은 맷 데이먼과 내털리 포트먼이었다.

당시는 2007년이었다. 아마 지금 이런 조건에 부합하는 사람을 찾으라 하면 전혀 다른 이름이 거론될 수도 있다. 아무튼 당시 우리의 목표는 모든 사람에게 알려져 있으며 누구에게도 반감을 일으키지 않는 사람을 찾는 것이었다. 두뇌에서 관찰되는 차이점을 토대로 유의미한 결과를 얻으려면 격한 감정처럼 다른 요소 때문에 반응이 일어나는 것을 모두 차단해야 했다.

다음 페이지의 도표는 두뇌에서 자신과 타인을 구분하는 역할을 하는 부분에 일어난 변화를 나타낸 것이다. 도표에 나와 있듯 어떤 것을 생각하거나 어떤 감정을 느낄 때 해당 영역이 얼마나 활성화되는지 알아보는 또 다른 방법은 바로 그곳으로 들어가는 혈류량을 확인하는 것이다. 피가 많이 몰리면 그만큼 활동량이 많다는 뜻이다.

가로축은 스캔 작업이 이루어진 시간을 가리킨다. 왼쪽 끝은 실험 참가자에게 단어를 제시한 시점이며, 가로축의 중앙은 단어를 제시한 4초 후를 뜻한다. 4초 정도 지나면 특정한 생각이 해당 영역의 혈류량에 미

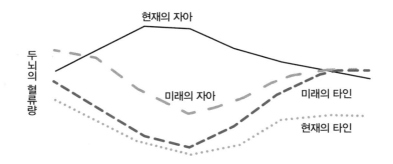

현재의 자아

두뇌의 혈류량

미래의 자아

미래의 타인

현재의 타인

치는 영향을 가장 확실하게 나타낸다고 한다. 아마 도표를 보면 차이가 금방 느껴질 것이다. 회색 점선은 미래의 자신을 생각할 때 두뇌에서 일어나는 활동을 가리킨다.[16] 이 점선은 현재나 미래의 타인에 관해 생각할 때 일어나는 두뇌의 활동과 거의 차이가 없다.

정리하자면 두뇌가 미래의 자아를 현재의 자아와 가깝게 연결하지 않고 타인과 비슷하게 취급한다는 것을 알 수 있다.

브라이언 교수는 실험 결과의 신빙성을 높이기 위해 실험을 다시 해 보라고 하셨다. 나는 두 달 가까이 밤잠을 포기하고 스캐너 앞에 머물렀는데, 실험 결과는 조금도 달라지지 않았다.

그 후에 발표된 다른 연구의 결과도 비슷했다.[17] 개인적으로 흥미롭다고 생각한 연구가 있는데 경두개 자기자극법transcranial magnetic stimulation (이하 TMS)이다. 이는 신경 영상 이미지를 사용한 연구다. TMS는 두뇌 곳곳에 자기 펄스를 전송해 목표로 하는 영역이 어디든 정확히 차단한다. 만성 우울증 환자의 경우 TMS가 현재 기분 조절과 관련된 두뇌 영역을 활성화하거나 차단하는 데 사용되며, 증상 개선에 좋은 효과를 보인다.[18]

두뇌에서 측두두정접합temporal parietal junction은 아주 작은 영역이다. 이 영역은 다른 사람의 입장에서 생각하고 그들에게 공감하는 데 도움을 준다. 실험자가 이 부분을 '정지'시켜도 피실험자가 곧장 냉혈한이나 사이코패스로 바뀌는 것은 아니었다. 하지만 공감 능력의 점수는 계속 떨어졌다. 결국에는 다른 사람의 입장에서 생각하는 것이 사실상 불가능한 상태에 이르렀다.

문제는 여기서부터 시작된다. 참가자들은 다른 사람의 입장에서 생각하는 데만 어려움을 겪은 것이 아니다. 미래 자아의 입장에서 생각하는 것에도 어려움을 느꼈다. 두뇌에서 시간 여행에 해당하는 부분이 작동하지 않자, 사람들은 돈을 모으는 것이 아니라 당장 써버리는 쪽으로 기울었다.[19] 타인에게 공감하는 능력이 저하되자 미래 자아와 공감하는 데도 어려움이 생겼다. 그 결과 미래의 자아를 타인처럼 대하는 태도가 나타났다. 퇴직 이후의 삶을 위해 왜 현재의 내가 저축해야 하느냐는 식이었다. 나이가 든 미래의 자아는 전혀 모르는 타인과 다를 바 없었다.

우리는 왜 미래의 나를 타인으로 여기는가?
—

이러한 사고에 관여하는 경향, 즉 미래의 자신을 타인처럼 보는 경향은 단순한 인식의 왜곡 때문에 발생할 수도 있다.

주방 창문 밖에 벌 두 마리가 윙윙거리면서 날아다니는 것이 보인다고 가정해보자. 지금은 두 마리가 아주 명확하게 보이지만 멀리서 보면 둘을 구분하기가 조금 어려울지 모른다. 벌 두 마리의 이미지가 겹치기라도 하면 어디부터 어디까지가 한 마리인지 구분하기 어렵다.

우리가 현재의 자아와 미래의 자아를 비교할 때도 이와 비슷한 현상이 벌어진다. 심리학자 사샤 브리츠케Sasha Brietzke와 메건 마이어Meghan Meyer가 증명했듯이, 사람들은 현재의 자아와 가까운 미래의 자아는 명확히 구분할 줄 안다.[20] 창문 바로 밖에 있는 두 마리의 벌처럼 현재의 나와 3개월 후의 내 모습을 구분하기란 어렵지 않다. 하지만 3개월, 6개월, 9개월, 아니 1년 후 미래의 나를 생각하면 어떤가? 미래의 자아들이 다 비슷하게 느껴질 수 있다. 이렇게 미래의 자아 여러 개를 뭉뚱그려 생각하는 경향이 두뇌에서 관찰됐다. 현재와 멀리 떨어져 있는 미래의 자기 모습들에 대해서는 신경 활동 패턴이 모두 비슷하게 나타났다.

우리는 아주 멀리 떨어진 물체의 세부적 특징을 잘 알아보지 못한다. 마찬가지로 시간상 멀리 떨어진 곳에 있는 미래의 자아도 그처럼 흐릿하게 느껴진다. 하지만 이와 반대로 현재의 자아는 손을 뻗으면 닿을 만큼 가까운 곳에 있는 물체처럼 매우 선명하고 생생하게 느껴진다. 이런 점으로 미루어 보아 미래의 자아가 아주 명확히 보이지 않기 때문에 이를 '나 자신'이 아니라고 착각하는지도 모른다.

제7장에서 더 자세히 살펴보겠지만, 미래의 자신을 더 잘 인식하는 데 도움이 되는 몇 가지 방법이 있다.

미래의 내가 지금의 나와 다른 사람이라고 생각하는 게 나빠?
—

물론 미래의 자아를 남처럼 여긴다는 것은 유추에 지나지 않는다.[21] 나도 금융 고문 앞에서 프레젠테이션을 하다 까다로운 질문을 받은 적이 있다. "미래의 자아가 정말 나와 다른 사람, 즉 남이라면 그 사람과 결혼도 할 수 있습니까?" 나라면 분명 '안 된다'라고 대답할 것이다.

의미 있는 지적이다. 미래의 자아를 남처럼 생각한다면, 종종 우리가 미래의 자아를 함부로 대하는 이유도 이해할 수 있다. 먼 미래의 낯선 사람을 위해 살을 빼거나 돈을 모으거나 운동하지 않는 것은 별로 이상한 일이 아니다. 특히 현재의 자아가 배고프고 게으르고 새로 나온 아이폰을 몹시 갖고 싶어 한다면 말이다.

여기서 반드시 기억해야 할 점이 있다. 우리는 근본적으로 이기적인 특성이 강화될 때가 있다. 다른 사람의 복지가 아니라 자기에게 유리한 방향으로 행동한다는 뜻이다. 나의 미래 자아가 타인, 즉 낯선 사람이라면 굳이 미래의 자아를 위해 행동할 이유가 없다. 하지만 우리가 항상 자기중심적으로만 행동하는 것은 아니다. 오히려 자녀, 친한 친구, 연로한 부모님, 배우자, 심지어 친한 직장 동료를 위해 희생하고 양보할 때도 많다.

정리해보자. 우리는 미래의 자아를 완전히 타인처럼 여길지 모른다. 하지만 더 중요한 것은 어떤 타인을 가리키는가 하는 점이다.[22]

미래의 자아가 잘 모르는 직장 동료처럼 남과 다름없다면, 미래의 자아를 위해 희생을 치를 이유는 많지 않다. 뱀파이어가 되거나 부모가 되거나 또 다른 자아가 된다고 가정한 시나리오처럼 사실 우리는 미래의 자아가 어떤 모습일지 절대 알 수 없다. 하지만 먼 미래의 자아가 감정적으로 현재의 나와 가깝게 느껴진다면 어떨까? 아주 친한 친구나 사랑하는 사람처럼 느껴진다면 미래의 자아에게 유리한 일을 지금 하려는 마음이 커진다.

다음 장에서는 미래의 자아와의 관계를 더 자세히 살펴보고, 인생의 주요 영역에서 그런 관계가 어떤 차이를 가져오는지 알아볼 것이다.

◦─────────────────── 요점 정리 ───────────────────◦

- 우리는 미래의 자아를 온전히 이해할 수 없다. 미래의 자아에 도달할 때 생각이나 감정이 예상하지 못한 쪽으로 바뀔 수 있기 때문이다. 그래도 여전히 미래의 자아를 소중히 여기며, 계획을 세울 때 미래의 자아를 염두에 둔다.

- 시간의 흐름 위에서 우리는 여러 개의 자아로 나뉠 수 있다. 서로 연결된 체인처럼 각각의 자아가 하나로 연결되어 있다고 생각하는 것이다. 하지만 시간이 흐름에 따라 연결고리가 약해질 수 있으므로 먼 미래의 자아는 전혀 모르는 사람처럼 느껴지기도 한다.

- 우리는 자신과 타인을 매우 다른 방식으로 대한다. 타인을 대할 때는 타인의 관심사를 고려하지 않을 때가 많다. 미래의 자아가 완벽한 타인처럼 보인다면 지금 하는 행동을 나중에 후회할 가능성이 크다.

- 우리는 먼 미래의 자아를 마치 타인을 대하듯 바라본다. 그것도 여러 가지 방식으로. 하지만 진정 중요한 것은 그런 타인과 우리가 어떤 관계를 맺고 있느냐다.

제3장

米

미래의 나와
현명한 관계 맺기

1773년에 벤 프랭클린Ben Franklin은 자크 바르뵈-뒤부르Jacques Barbeu-Dubourg라는 친구에게 편지를 보내 100년쯤 지난 후에 다시 살아나고 싶다고 말했다. 미국의 건국을 도운 주역인 프랭클린은 100년 후에는 나라가 어떤 모습일지 몹시 궁금해했다.

발명가였던 프랭클린은 막연한 소망을 갖는 것으로 만족하지 못했다.[1] 그는 부활의 논리를 직접 파고들었다. "난 평범한 죽음을 맞이하고 싶어. 죽은 뒤에 친구 몇 명과 함께 포도주 통에 푹 담기면 좋겠어." 그는 100년 후에 '사랑하는 조국의 따스한 햇볕을 느끼며 다시 살아나기'를 원했다.

아마 미래의 자신과 연결하는 방법 중 이보다 극단적이고 불가능에 가까운 방법은 없을 듯싶다. 그런데 요즘 200여 년 전 프랭클린이 상상한 것과 비슷한 일을 시도하려는 사람이 점점 늘어나고 있다. 달콤한 포도주 통에 친구들과 함께 들어가는 것은 한 번쯤 해보고 싶은 재미있는 보존 방법처럼 들리기도 한다. 아무튼 최근 사람들의 관심을 끄는 방법은 그와 조금 다르다. 포도주가 아닌 질소로 가득 채운 강철 통에 들어간 상태에서 온도를 영하로 급격히 낮추는 방법이다.

냉동인간, 생명 연장을 꿈꾸다

―

1960년대 후반에 린다 매클린톡Linda McClintock과 프레드 체임벌린Fred Chamberlain은 각자《냉동 인간》이라는 잘 알려지지 않은 책을 읽었다. 인체 냉동보존이라는 개념에 관한 내용이었는데, 당시에는 그러한 발상이 그야말로 공상과학이라고 여겨졌다. 그런데 두 사람은 캘리포니아 남부에서 열린 냉동보존학회 모임에서 서로를 알게 되었다. 그 후 점차 사랑을 키우면서 인체 냉동보존의 가능성을 적극적으로 연구하기로 했다. 당시 체임벌린의 아버지가 뇌졸중을 앓아서 건강이 아주 좋지 않았던 것도 두 사람이 이런 결심을 하는 데 큰 영향을 주었다.

결국 1972년 두 사람은 애리조나주 스코츠데일에 냉동보존회사인 알코르Alcor를 설립했다. 애리조나주는 기후가 건조할 뿐 아니라 미국의 다른 지역과 달리 허리케인, 토네이도, 눈보라, 지진 등의 재해를 당할 가능성이 적은 곳이다. 평화로이 눈을 감은 후라 해도 홍수나 건물 붕괴 등의 끔찍한 일을 당하고 싶은 사람은 아무도 없을 것이다. 이런 생각도 이곳을 택하는 데 한몫했다.

4년 후 체임벌린의 아버지가 알코르의 첫 번째 냉동보존 환자가 되었다. 지금은 화려한 복도와 고급스러워 보이는 보존시설 안에 수십 명이 냉동된 상태로 누워 있다. 사실 체임벌린의 아버지가 보존되어 있는 최신식 시설만 보면 이 회사의 초기 모습은 상상하기 어렵다. 초반에는 환자가 체임벌린의 아버지 한 명뿐이었고, 냉동보존에 동의한 회원이 고작 다섯 명이었다. 하지만 지금은 냉동보존 중인 환자가 거의 200명에 달하며, 회원은 1만 4,000명이나 된다.

세월이 지나도 일반적인 접근 방식은 거의 같다. 정식으로 사망 선고가 내려지면 냉동보존팀이 사망 현장으로 온다. 그들은 인공적으로 혈액 순환과 호흡을 되살린 다음, 환자의 시신을 얼음 욕조에 넣는다. 체온이 내려가면 10종의 약물로 보존 처리한다. 시신을 일반 항공기로 알코르까지 이송해야 할 때는 혈액을 빼내고 장기 보존 용액을 주입한다. 이렇게 처리된 시신은 아주 조심스럽게 스코츠데일로 이송된다. 그런 후 신체나 장기가 손상되는 것을 막기 위해 '냉동 보호제'를 몸에 주입한다. 그리고 5~7일에 걸쳐 시신을 영하 160도까지 냉각시키는데, 이렇게 하면 이론상 수천 년간 고체 상태를 유지할 수 있다. 알코르 사에서는 현대 의술 및 기술의 발전 속도를 고려할 때 약 50~100년만 기다리면 냉동된 시체를 안전하게 해동할 수 있을 것으로 예상한다.

이러한 절차에는 미래 세대가 영구적인 '부활'을 가능케 하는 기술을 개발할 것이라는 희망이 담겨 있다. 일부 냉동보존 고객은 머리나 두뇌만 냉동시킨다. 부활시키는 기술이 존재한다면, 신체를 재생하는 기술도 생길 거라고 기대하는 것이다. 하지만 알코르 회원의 절반은 엄청난 비용을 감수하고도 신체를 전부 냉동시킨다. 다시 생명을 얻었을 때 낯선 팔다리를 갖고 싶지 않기 때문이다.

알지 못하는 자아를 헌신적으로 대하는 것
—

내가 기존의 과학 패러다임에 과하게 제약받는 것일까? 나는 냉동보존이라는 절차에 무려 20만 달러를 쓰는 게 너무 과하다는 생각이 들었다. 냉동인간 기술의 실현성에 아직 명확한 증거가 없으며, 희망 사항에 가까운 것이라서 더 망설여졌다. 하지만 냉동보존학회 회원들의 향후 계획을 들어보니 상당히 흥미롭고 고무적이었다.

그들 중 상당수가 다시 살고 싶어 하는 이유는 과거나 현재에 사랑하는 사람들을 다시 만나려는 열망 때문이었다. 가장 어린 냉동 환자는 고작 두 살 된 여아였다. 부모는 뇌암에 걸린 아기가 죽을 수밖에 없다는 사실을 알고는 냉동보존을 선택했다.

매클린톡의 경우도 마찬가지다. 나중에 다시 살아나면 무엇이 가장 궁금할지 또는 누가 가장 보고 싶을지 물어보았다. 그러자 매클린톡은 잠시 머뭇거리다가 슬픈 표정을 지으며 "음… 프레드가 가장 보고 싶어요."라고 대답했다. 프레드 체임벌린은 2012년에 냉동보존되었다.

냉동보존에 대해 궁금한 점은 한둘이 아니다. 보존 장치의 전원이 꺼지면 어떻게 될까? 하지만 그것은 별로 심각한 문제가 아닐 터다. 냉동고는 가끔 액체질소를 보충해주는 전담 직원만 있으면 되기 때문이다. 내가 가장 궁금한 것은 매클린톡과 미래의 그녀가 과연 어떤 관계냐 하는 것이다. 나는 이 점을 질문했다.

여러 가지 측면에서 냉동보존학회나 린다 매클린톡 같은 사람은 우리가 미래 자아와 맺는 관계에 따라 우리가 내리는 결정, 행동, 나아가 웰빙이 좌우된다는 가설을 아주 극단적으로 시험하는 중이다. 여기에는 전제가 깔려 있다. 냉동보존에 기꺼이 돈을 쓰려는 사람은 먼 미래의 자아가 결국 자기 자신과 연결되므로 그에 대해 강한 유대감을 느낀다는 점이다.

매클린톡의 현재 생활을 보면 미래의 매클린톡과 아주 끈끈하게 연결되어 있음이 분명하다. 매클린톡은 20년간 채식을 유지했으며 지금도 철저히 채식을 고집한다. 채소 위주의 식단이 인지능력 저하를 예방하는 것과 어떤 연관성이 있는지 알려주는 연구 결과를 읽은 후에 채식을 시작했다고 한다. 운동이나 식사에 관해서도 자신의 모든 선택이 장기적으로 두뇌를 건강하게 유지하는 데 최적화되어 있다고 주장한다. 생명을 되돌리는 것 자체가 상당히 어려운 일인데, 신경 퇴행이 이미 진행되었다면 그 가능성 또한 더 낮아질 것이다.

매클린톡이 예외적인 사람일지 모른다. 생명 연장에 대한 그녀의 신념은 주류 과학에서 이제 막 수용하기 시작하는 단계이므로 아직은 사회적으로 널리 인정받지 못하는 실정이다. 그녀가 미래의 자아와 끈끈한 연결고리를 유지하고 있으며, 그 결과 건강에 좋은 생활 습관이 있더라도 이 신념이 일부 사람에게는 다소 극단적인 느낌을 줄 수 있다. 하지만 냉동보존학회에는 린다 매클린톡과 비슷한 생각과 열망을 가진 사람들이 있다.

생명 연장을 지지하는 사람들을 대상으로 하는 '노화 현상 되돌리기'

콘퍼런스에서 참석자들에게 아주 먼 미래의 자아(180세가 된)와 얼마나 강한 유대감을 느끼는지 물어보았다.[2] 해당 콘퍼런스에 참석하지 않은 건강한 성인 집단에도 같은 질문을 했다. 그런데 콘퍼런스 참석자들이 느끼는 유대감이 훨씬 높게 나타났다.

이 결과를 보니 모든 것이 이해되었다. 그 정도로 유대감이 높다면, 이들은 냉동보존이 아니라 다른 방법이라 해도 기꺼이 20만 달러를 냈을 것이다.

냉동보존을 하지 않는 사람들이 생각하는 미래의 나

분명 냉동보존 고객에게는 미래의 자아에게 강한 유대감을 느끼는 것이 매우 중요하다. 하지만 이 결론에서 또다시 많은 질문이 생긴다. 미래의 자아와 공감하는 방식이 다른 상황이나 환경에서도 중요할까? 이런 가상의 존재와의 관계가 실질적으로 어떤 의미가 있다고 봐야 할까? 한동안 나 역시 이런 질문에 대한 답을 찾으려고 고심했다.

가장 먼저 해결해야 하는 것은 '특정 개인에게 미래의 자아에 대해 어떤 식으로 질문할 것인가'다. 미래의 자아에 관해 생각하거나 미래의 자아와의 관계를 능동적으로 생각하는 데 익숙하지 않다면, 이런 식의 질문은 다소 혼란스러울 것이다.

이때 한 가지 명심할 것이 있다. 사람들에게 미래의 자아가 얼마나 마음에 드는지 물어봐서는 안 된다. 특히 미국 대학생들에게 그 질문은 금물이다. 미래 자아와의 관계를 알아보려던 연구 초기에 미국 대학생에

게 그 질문을 던졌다. 그러자 거의 모든 응답자가 "아, 정말 마음에 들어요."라고 답했다.[3]

어쨌든 나는 모든 실험 참가자가 먼 미래의 자아에 대해 그렇게 강한 유대감을 느낄 리 없다고 생각했다. 만약 그랬다면 미래의 자아가 고립된 채로 방치되는 경우가 그렇게 많지 않았을 것이다. 동네마다 헬스클럽에 회원들이 넘쳐날 것이고, 던킨도너츠는 전국적인 체인이 되지 못했을 것이다.

나는 미래의 자아와 진정한 관계를 맺으려면 다른 방법을 찾아야한다고 생각했다.

그 해답은 아트 아론Art Aron이라는 심리학자가 쥐고 있었다. 그는 뉴욕주립대 스토니브룩의 심리학과 교수인데 성품이 아주 부드러우며, 거의 매일 정장 셔츠 위에 밝은색의 스웨터를 입는다. 주로 베이지색이나 갈색을 입고 가끔 패턴이 들어간 스웨터를 입기도 한다. 그리고 한쪽 어깨에 늘 백팩을 걸치고 다닌다.

아론은 1970년대에 UC 버클리에서 대학원 과정을 시작했고, 자신에게 맞는 연구 주제를 찾느라 혈안이 되어 있었다.[4] 그 시절에는 아무도 연구한 적 없는 주제를 파고드는 것이 일반적이었다. 그 무렵 아론은 일레인과 사귀고 있었고, 두 사람은 지금까지 약 40년 이상 결혼생활을 이어오고 있다. 아론은 결국 자신이 느끼는 사랑이라는 감정, 좀 더 구체적으로 말하자면 연인 관계를 연구하기로 했다. 그래서 어떻게 두 사람이 사랑에 빠졌으며, 오랜 결혼 기간을 이어온 비결은 무엇인지, 사랑이라는 감정의 생물학적 근거는 무엇인지를 연구했다.

아론은 사랑에 빠지고 싶은지 물어볼 때 사용하는 36개의 질문을 만든 것으로 유명하다.[5] 그 질문지는 아내와 함께 구상하여 발표한 것이다. 이쪽 연구도 아내와 함께 진행해서 꽤 유의미한 결과를 얻었다.

두 사람은 친밀한 관계에 대한 이론을 완성했다. 가장 핵심적인 요소 중 하나는 연인이나 사랑하는 사람이 자신의 자아 개념에 포함되어 있다는 느낌이었다. 예를 들어 어떤 에피소드가 자신에게 있었던 일인지 연인이나 배우자가 겪은 일인지 잊어버렸다면 이는 자신의 자아에 상대방을 포함시켰기 때문이다.[6] 연인이나 배우자가 승진했을 때 마치 자신이 승진한 것처럼 기뻐하는 것도 마찬가지다. 영화 〈제리 맥과이어〉에서 제리 맥과이어가 도로시 보이드에게 "당신이 나를 완성해요."라고 말했던 장면을 떠올려보자. 이 말이 무슨 뜻일까? 우리가 사랑에 빠지면 서로의 자아가 겹친다. 그러니 서로가 없으면 자신이 불완전한 존재라고 생각하게 된다는 뜻이다.

아론 교수 부부는 '타인과 나의 심리적 거리'inclusion in the self를 측정하기 위해 간단한 그림을 제시한다.[7] 두 개의 동그라미가 하나의 세트이며, 총 일곱 개의 세트가 등장한다. 두 개의 동그라미가 전혀 겹치지 않다가 겹치는 부분이 서서히 늘어나면서 마지막에는 거의 하나로 겹치는 것처럼 보인다.

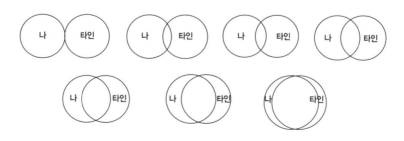

질문은 단순했다. "파트너를 어떻게 생각하는지 가장 잘 나타낸 동그라미를 고르세요." 이에 대한 응답자의 반응은 매우 중요한 점을 드러냈다. 동그라미가 서로 겹치는 부분이 클수록 3개월 후에도 헤어지지 않을 확률이 높았다. 나아가 둘의 관계에 더 만족했으며 상대방에게 헌신하려는 의지가 강했다.

현재의 자아와 미래의 자아는 어떻게 연결될까?
—

미래의 자아와의 관계가 어떤 수준인지 처음 측정해보려고 마음먹었을 무렵, 나는 테스 가튼Tess Garton이라는 석사과정의 대학원생을 지도하고 있었다. 가튼은 아론이 만든 '원형 척도'circles measure(타인과 나의 심리적 거리를 측정하는 방법을 말함.—옮긴이)를 알게 되었고 우리가 하는 연구에 활용해보자고 제안했다.

나는 즉시 고개를 끄덕였다. 타인과의 유대감을 올바로 측정하는 테스트는 이미 많이 나와 있다. 따라서 원형 척도를 사용해 두뇌의 관점에서는 타인과 크게 다를 바 없는 미래의 자아에 대한 유대감을 측정해보기로 했다.

일단 소규모로 실험을 시작했다. 학부생들에게 미래의 자아가 자신과 얼마나 '비슷한지' 보여주는 원형을 고르게 했다. 각 사람의 차이를 확실히 보기 위해 10년 후의 자아를 생각하게 했다.[8] 한 달 후의 자아를 생각해보라고 하면 응답자 대다수가 현재의 자아와 비슷하다고 느낄 것 같았다. 또 40년 후의 자아처럼 너무 먼 미래를 생각하면 다들 현재의 모습과 비슷한 점이 없다고 대답할 것 같았다.

우리는 명확한 질문을 제시한 후에 비슷한 점만 조사했다. 이렇게 시작한 것이 큰 도움이 되었다. 낯선 사람이라도 자신과 비슷한 점이 많을수록 점차 호감을 느끼고 마음의 문을 열기가 쉽기 때문이다.[9] 미래 자아에 관해서도 비슷한 효과가 있을 거라고 생각했다.

학생들을 대상으로 또 다른 실험도 진행했다. 당장 소액의 돈을 받거나(오늘 밤에 16달러를 받는 것) 나중에 더 많은 금액을 받을 수 있다(35일 후에 30달러를 받는 것). 둘 중 어느 쪽을 택할지 물어보았다.

미래 자아와의 관계가 중요하다면, 달리 말해 미래의 자아에게 유대감을 느낀 결과 냉동보존술을 선택하거나 퇴직 이후를 대비하기 위해 돈을 모은다면, 원형 척도가 자산 관리에 대한 질문의 결과와도 어느 정도 일치해야 한다.[10]

실제로 사회적 친밀감social closeness은 다른 결정에도 유의미한 영향을 미친다. 많은 사람이 정서적으로 가깝다고 느끼는 상대를 위해서라면 자기 자신을 위해 돈을 쓰지 않고 상대에게 기꺼이 주려는 태도를 보인다.[11] 그렇다면 먼 미래의 자아가 지금 자신과 비슷하다고 느끼는 사람은 돈 문제에서 더 참을성을 보여야 한다. 즉 지금 적은 돈을 거머쥐기보다는 조금 더 기다렸다가 많은 돈을 받는 쪽을 택해야 한다.

하지만 결과가 어떨지 확신이 서지 않았다. 우선 미래의 자아에 대한 유대감을 표현한다는 것부터 상당히 추상적이었다. 사람들에게 보여준 원형 척도가 이를 구체적으로 이해하는 데는 도움이 된다. 하지만 이렇게 단순한 척도에 대한 응답이 돈 문제에 관한 사람들의 의사결정을 정확히 보여줄지에 대해서는 알 수 없었다.

다행히 원형 척도의 결과와 돈을 아끼거나 모으려는 의지 사이에 유의미한 상관관계가 있음을 알게 되었다. 간단히 말해서 미래의 자아가 자신과 비슷하다고 느낄수록 큰 보상을 얻기 위해 기꺼이 기다리는 태도를 보였다.

여전히 이 결과에 의문을 제기하는 사람이 있을지 모른다. 실험 결과가 명확한 것 같지만 '고작 학부생을 대상으로 한 실험 아닌가?'라며 꼬투리를 잡을 수 있다. 혹은 오늘 밤에 당장 16달러를 받을지 아니면 약 한 달 뒤에 30달러를 받을지 가상의 선택을 하는 것이 과연 얼마나 큰 의미가 있겠느냐고 반문할지도 모른다.

그 또한 합리적인 반론이다. 그래서 우리는 또 다른 실험을 계획했다. 이번에는 대학생이 아니라 지역사회 구성원 중에서 약 150명을 선택했다. 그리고 돈을 받을 수 있는 가상의 상황을 제시하지 않고, 그들 각자가 돈을 어떻게 관리하는지 자세히 알아보았다.

미래의 자아와 유대감이 클수록 부자가 된다?
—

이번에도 미래 자아와의 관계가 크게 작용했다. 미래 자아가 현재 모습과 많이 비슷할 거라고 예상한 사람들은 꾸준히 자산을 모았다. 물론 미래 자아에 대한 유대감과 자산을 모으는 태도를 설명할 수 있는 다른 요소들도 있을지 모른다. 이를테면 나이가 많을수록 미래 자아에 대한 유대감이 높게 나타날 수 있다. 점점 나이가 들어가기 때문에 재산을 모으는 데 관심이 늘어나는 것이다. 하지만 나이, 교육 수준, 소득, 성별 같은 요소를 모두 통제할 때도 미래 자아에 대한 유대감과 자산은 여전히 높은 상관관계를 보였다.

소비자금융보호국Consumer Financial Protection Bureau은 최근 6,000명 이상의 미국인을 대상으로 미래 자아에 관련된 질문을 던졌다. 50개 주에서 소득, 연령, 인종, 교육 수준, 성실성이나 외향성과 같은 성격 특성을 고루 반영해 질문을 선별했다. 이번에는 원형 척도가 아니라 미래 자아를 생각하면 어느 정도로 '유대감'이 느껴지는지 1~100점 사이에서 고르게 했다.[12]

역시 결과는 달라지지 않았다. 미래 자아에 대한 유대감이 강할수록 저축을 많이 했고 전반적인 재정 상태가 양호했다. 이러한 상관관계는 인구통계나 성격을 고려해도 달라지지 않았다.[13]

두뇌를 연구할 때도 결과는 비슷했다. 두뇌에서는 미래 자아를 현재의 자신과 동일시하는 것이 아니라 완전히 다른 사람처럼 인식한다는 점을 기억할 것이다. 그런데 그 결과는 평균치를 반영한 것이었다. 평균적으로 보자면 두뇌는 미래의 나를 대할 때 전혀 모르는 사람을 대하는 것과 비슷하게 반응한다.

문제는 평균치를 앞세울 때 여러 사람이 가진 유의미한 차이가 드러나지 않는다는 점이다. 데이터를 면밀히 살펴보면, 어떤 사람들은 미래 자아를 생각할 때와 현재 자아를 생각할 때 두뇌 활동에 큰 차이가 나타났다. 이런 사람에게는 미래 자아가 정말 타인처럼 보일 수 있다. 하지만 나머지 사람들은 달랐다. 미래 자아가 현재의 자아와 거의 비슷했고 두뇌 활동을 비교해도 차이가 크지 않았다.

나는 이런 차이점이 중요할지 모른다는 생각이 들었다. 첫 번째 실험을 다시 생각해보자. 가장 친한 친구나 부모, 매우 아끼고 사랑하는 사람처럼 자신과 아주 비슷한 사람을 생각하면 자기 자신에 대해 생각할 때와 비교해도 두뇌 활동에 큰 차이가 나타나지 않았다.[14] 한마디로 친밀감은 두뇌 활동에 고스란히 반영되고 있었다.

지금까지 관찰한 두뇌 활동의 차이가, 사람들이 돈과 관련해서 하는 결정을 예측하는 지표가 되는지 알아보기로 했다. 우리는 두뇌를 스캔하고 2주 뒤에 피실험자를 다시 불러서 간단한 의사결정을 내리게 했다. 이번에도 당장 소액의 돈을 받을지 아니면 조금 기다렸다가 훨씬 더 많은 금액을 받을지 선택하는 것이었다. 가상의 선택이 아니라 실제로 그들이 선택한 시기에 미리 알려준 금액을 지불했다.

두뇌 활동에 따라 미래 자아가 타인처럼 느껴질수록 사람들은 돈 문제에서 조급한 태도를 보였다. 달리 말해서 미래 자아가 그저 '남'이라고 생각되면 나중에 큰돈을 갖기보다 지금 적은 돈을 갖는 쪽을 더 선호했다.[15]

미래의 자아가 친근할수록 삶의 만족도가 높다

━

미래 자아와의 연결고리가 결정에 미치는 영향은 돈 문제에만 국한되지 않는다. 사람들은 미래 자아와 유대감이 클수록 선택의 기로에 설때 윤리적인 결정을 내릴 가능성이 크다. 보상이나 혜택은 크지만 윤리적으로 의심스러운 길을 선택하는 것은 미래보다 현재를 중시하는 태도다. 일이 잘못되면 미래의 자아는 현재의 자아에게 책임을 추궁할 것이다. 그뿐만 아니다. 미래의 자아와 유대감이 강할수록 고등학교와 대학교에서 좋은 성적을 받으며 운동도 열심히 하는 것으로 나타났다.[16]

미래 자아와의 관계에서 가장 기억에 남는 결과는 심리적 웰빙, 특히 삶에 대한 만족도와 관련이 있다.[17] 1995년, 미국에 거주하는 20세에서 75세 사이의 성인 약 5,000명을 대상으로 미국 중년 국가 조사Midlife Development in the United States survey라는 설문 조사를 실시했다. 이 설문지에는 본인의 현재 모습에 관한 질문이 많았다. 본인이 얼마나 침착하고 배려심이 있으며 지혜로운지 물어보는 질문도 있었다. 또한 10년 후에는 그런 특성이 어떻게 달라질 거라고 생각하느냐는 질문도 있었다. 미래의 자아가 현재의 자아와 비슷할 거라고 생각하는 사람들은 미래와 현재 자아의 특성이 많이 겹친다고 응답했다. 반대로 미래의 자아에 대해 거리감을 느끼는 사람들은 미래의 자아를 지금 자신과 다른 특성을 가진 타인으로 생각하는 경향이 두드러졌다.

10년 후인 2005년에 같은 대상에게 설문 조사를 재시행했다. 내 학생이었던 조이 리프가 관련 자료를 입수해 검토했는데, 그는 언젠가 현실이 될 미래의 자아에 '체크인'할 수 있다는 것을 깨달았다. 자, 시간이 지날수록 변화와 차이를 더 많이 생각하는 사람과 비슷한 점을 더 많이 생각하는 사람이 있다. 이들 중에서 인생에 대한 만족도는 누가 더 높게 나타났을까?

후자가 더 높았다. 현재 자아와 미래 자아의 교집합의 크기, 즉 유사성은 삶의 만족도와 가장 큰 연관성을 보였다.[18] 사람들이 긍정적인 것을 예상하든 부정적인 것을 예상하든 결과는 별로 다르지 않았다. 물론 유사성을 더 많이 보는 사람이 현재에도 미래에도 더 안정적으로 살 거라 생각할지 모른다. 하지만 이 연구에서 우리는 인구통계학적 특성이나 사회경제적 지위처럼 삶의 질을 개선할 수 있는 다른 요소가 결과를 좌우하지 않도록 세심하게 조정해두었다.

이와 같은 결과는 한 번쯤 깊이 생각해볼 가치가 있다. 미래 자아와의 관계가 어떨지에 대해 많은 점을 알려주기 때문이다. 1995년으로 돌아가서 생활 환경이 비교적 비슷한 중년 여성 두 명에게 약 10년 후의 자기 모습이 현재와 얼마나 비슷할 거라고 예상하는지 묻는다고 가정해보자. 한 사람은 비슷할 거라고 대답했고 다른 사람은 지금과 10년 후 자신의 모습이 매우 다를 거라고 대답했다. 이 경우 비슷할 거라고 대답한 여성이 10년 후에도 자기 삶에 만족할 가능성이 크다. 적어도 이 연구 결과에 따르면 그렇다.

이유가 뭘까? 우선 현재와 미래의 자아가 비슷하다고 생각할수록 저축을 더 많이 하고 운동을 자주 하며 도덕적으로 바르게 살려는 의지가 커진다는 것은 이미 아는 사실이다. 확실히 단정할 수는 없지만 그런 행동이 수년간 이어지면 삶에 대한 만족감도 더 높아질 터다.

여기서 현재와 미래의 자아가 비슷하다고 생각할수록 삶의 만족도가 높아진다는 사실에 대해 다시 생각해보자. 이는 모든 사람이 자기 개선self-improvement을 위해 노력해야 한다는 미국식 사고와 완벽히 모순되는 것처럼 보인다. 하지만 꼭 그렇지는 않다.

사라 몰루키Sarah Molouki와 댄 바텔스Dan Bartels는 사람들이 미래의 자아와 유대감을 느끼게 만드는 요소가 무엇인지 생각할 때 자연스럽게 자기 개선을 떠올린다고 했다.[19] 나는 미래의 자아에 대해 유대감을 느낀다. 서로 비슷하고 연결고리가 있다고 생각하는 것이다. 하지만 시간이 지나면 나를 '나답게' 만들어주는 것들에 더 능숙해지기를 원한다. 다른 사람으로 바뀌는 것이 아니라 더 나은 사람이 되기를 원하는 것이다.

화살표가 가리키는 방향은 따로 있다
—

사회과학 분야에서는 '상관관계와 인과관계는 서로 다르다'라는 말이 매우 자주 언급된다. 일리 있는 말이다. 지금까지 살펴본 내용, 즉 미래 자아와의 높은 유대관계가 장기적인 행동 개선과 관련이 있다는 점은 상관관계를 나타낸다. 그런데 어느 것이 원인이고 어느 것이 결과인지 는 아직 단정할 수 없다.

미래의 자아에 대한 유대감이 돈 문제를 결정할 때 참을성을 보이도 록 만드는 것일까? 아니면 돈이 많고 참을성이 강한 사람이 그저 미래 의 자신에게 더 애착을 느끼는 것일까? 이 질문에 바르게 대답하기 위 한 가장 이상적인 방법은 미친 과학자가 되어 대규모 실험에 참여할 수 있는 1,000명의 사람을 찾아서 두 집단으로 나누는 것이다.[20]

첫 번째 집단에 많은 돈을 준다. 그런 후 미래의 자아와 연결되어 있 거나 비슷하다고 느끼던 것이 달라지는지 관찰한다. 다른 집단의 경우 어떤 방법으로든 미래의 자아와 연결되어 있다는 느낌을 강화한다. 그 런 다음 그들이 미래의 자아에 유리한 긍정적인 행동을 더 많이 하는지 관찰한다.

이렇게 하면 미래의 자아와 긴밀한 사이일 때 바람직한 행동을 하는 지, 아니면 인과관계가 반대로 작용하는지 알 수 있다. 하지만 아직 이런 실험을 제대로 해낸 사람은 없다. 물론 어느 정도 관련성을 유추할 수는 있다. 미래의 자아에 대한 유대감이 적지 않다는 것은 미래의 자아에게 시간과 노력을 투자할 마음이 있다는 뜻이다. 비교적 안정되고 편안한 삶을 즐기고 있다면, 미래를 내다보고 미래의 자아와 유대감을 쌓기가 비교적 쉬울 것이다. 실제로 사람은 나이가 들고 생활이 안정될수록 미래의 자아에게 더 높은 수준의 유대감을 느낀다고 보고되었다.[21]

하지만 화살표가 특정 방향을 더 확실히 가리킨다는 강력한 증거가 있다.

첫째, 수천 명의 성인을 대상으로 설문 조사를 해보았다. 작년에 복권에 당첨되었거나 상속받아서 거액이 생긴 사람들을 그들만큼 운이 좋지 않은 사람과 비교하면 실제로 미래의 자아에 대한 유대감이 유의미하게 높지 않았다.[22] 간단히 말해서 당장 돈이 많아진다고 해서 현재와 미래의 자아 사이에 유대감이나 결속력이 강해지는 것은 아니라는 말이다. 이것이 첫 번째 증거다.

두 번째 증거는 앞서 소개한 댄 바텔스와 그의 동료 올레크 우르민스키Oleg Urminsky에게 있다. 두 사람은 졸업을 앞둔 대학생에게 졸업 후에 성격상 주요 특성이 크게 달라지거나, 반대로 미래에도 지금과 비교할 때 성격상 차이가 거의 없을 것이라는 취지의 짧막한 글을 보여주었다. 그런 다음 지금 당장 소액의 상품권을 받을지, 조금 기다렸다가 금액이 더 큰 상품권을 받을지 선택하게 했다.[23] 현재와 미래의 자아가 비슷할 것이라는 글을 본 학생들은 조금 기다리는 편을 택했다. 이를 통해 미래의 자아에 대한 유대감이 높아지면 미래의 자아를 위해 더 적극적으로 행동하려는 의지가 생긴다는 점을 알 수 있다. 그렇다면 타인을 위해서도 더 적극적으로 행동할 수 있지 않을까?

나는 그렇게 생각한다.

시간의 제약을 넘어 다른 사람들과 유대감을 지속하려면
—

아르네 요한슨Arne Johansen은 서른두 살에 루게릭병을 진단받았다. 아직 앞날이 창창한 나이인데 살아갈 날이 몇 년밖에 남지 않았다는 비극적인 통보를 받은 것이다. 그에게는 자녀가 넷이나 있다. 요한슨은 커뮤니티 활동에 누구보다 열성적이었으며, 아이들의 스포츠팀 코치를 맡고 있었다. 병을 진단받았을 때 장남 라이언은 겨우 열한 살이었다.

라이언은 아버지와 특히 가까운 사이였다. 그래서 두 사람은 아버지가 직면한 현실에 대해 깊이 있는 대화를 오랫동안 나누었다. 요한슨과 라이언은 평소대로 함께 많은 시간을 보냈다. 그런데 요한슨은 루게릭병 진단을 받은 직후부터 매일 편지 쓰는 데 긴 시간을 보냈다. 요한슨의 운동 기능은 급격히 악화됐고 결국 타자를 치는 것조차 힘겨워졌다. 1990년대 초반에는 정교한 받아쓰기 기술이 없었기에 타자를 쳐야만 했다.

라이언은 이렇게 회상한다. "아버지는 항상 타자를 치고 계셨어요. 나중에 그것마저 하지 못하게 되었고, 휠체어에 기계로 된 팔을 달았습니다. 아버지의 손가락 끝에 작은 지우개 조각을 붙인 다음, 기계로 된 팔이 아버지의 양손을 잡고 타자기의 키를 하나하나 누르게 도와줬습니다." 하지만 기계팔은 장기적으로 도움이 되지 못했다. 결국 요한슨의 건강이 악화되어 간호사를 고용했다. 이런 상황에서도 요한슨은 포기하지 않고 간호사에게 대신 편지를 쓰게 했다.

라이언도 아버지를 돌보고 싶은 마음이 간절했기에 매일 아침 등교 전이나 축구를 연습하러 가기 전에 아버지를 보러 왔다. 진단을 받은 지 3년쯤 지난 어느 날 아침, 라이언이 아버지에게 갔을 때 아버지는 이미 '숨을 거둔' 후였다.

라이언은 현재 샌프란시스코의 남쪽에 있는 산 브루노라는 작은 도시의 경찰서장을 맡고 있다. 그는 극도로 힘든 상황에 대처하는 데 익숙해졌지만, 여전히 아버지를 떠나보낸 순간을 떠올리면 고통스러워한다. 많은 사람이 라이언의 말에 공감할 것이다. "절대 잊을 수 없어요. 아버지가 그렇게 죽어 있는 모습을 내 눈으로 보았으니까요."

그날 아침을 돌아볼 때 라이언의 기억에 가장 선명하게 남아 있는 것은 돌아가신 아버지의 모습일까? 아니, 그렇지 않다. 라이언은 아버지가 숨을 거두었다는 사실을 깨닫자마자 어머니에게 달려갔다. 10분쯤 지난 후 어머니는 라이언에게 서류 봉투를 건네주었다. 봉투 안에는 아버지가 남긴 짧막한 편지가 들어 있었다.

사별의 트라우마와 거기서 생긴 부정적 감정보다 그 편지가 라이언에게 더 깊은 인상을 남겼다. 다른 자녀들도 아니고 엄마도 아닌 오로지 라이언만을 위해 쓴 편지였다. 한 단락으로 된 짧은 글이었지만 어린 그에게는 가장 강한 기억으로 남았다. 인생에서 가장 힘든 시기를 보낼 것이 분명한 아들을, 그 어느 때보다 아버지가 곁을 지켜줘야 하는데 그럴 수 없기에 편지로 함께하려고 노력한 것이다.

당시 라이언이 미처 몰랐던 한 가지가 있다. 사실 아버지가 그에게 더 많은 편지를 남겨두었다는 사실 말이다. 어떤 편지에는 죽는 것이 두렵기만 한 것은 아니었다는 아버지의 솔직한 심정이 담겨 있었다. 아르네 요한슨은 병을 진단받았을 무렵 이미 죽음을 예감하고 받아들였던 것 같다. 그에게는 죽음보다 앞으로 아내와 아이들 곁에 있어줄 수 없다는 현실이 더 힘들었다.

요한슨은 가족들에게 오로지 기쁨으로 가득 차야 할 평범한 통과의례의 순간들이 자신의 부재로 인해 영원히 슬픔으로 기억될 것 같았다. 그는 가족의 슬픔을 조금이라도 덜어주고 싶었다. 그래서 아이들이 크면서 중요한 시기를 맞이할 때마다 자신의 편지를 열어볼 수 있게 준비해둔 것이다.

이제 라이언은 40대 중반이다. 그는 아버지의 장례식 이후에도 계속 아버지의 편지를 받고 있다. 아버지가 돌아가신 지 1년째 되던 날에도, 고등학교와 대학교 졸업식에도, 그가 결혼하던 날에도, 첫아이가 태어나던 날에도 아버지의 편지가 항상 그와 함께했다. 심지어 첫 손자의 생일을 기념하는 편지도 마련되어 있었다. 그뿐만이 아니다. 요한슨은 라이언 외의 다른 자녀들과 아내, 친지 등에게도 수십 통의 편지를 남겼다.

때로는 죽음도 갈라놓을 수 없는 것이 있다
—

이런 편지들을 보면 사람들이 죽은 이후에도 그들과 연결되어 있다는 느낌을 유지할 수 있다는 확신이 든다. 요한슨은 미래의 자신과 또 자신이 이 세상에서 완전히 사라진 이후의 삶을 생각해보았다. 그리고 그 결과 다른 사람들이 자신의 미래 자아를 형성하는 데에도 적지 않은 영향을 주었다.

수많은 편지 덕분에 라이언은 아버지와 계속 친밀한 사이라는 느낌을 간직했다. 아버지는 그의 인생에 지대한 영향을 주었다. 또 한 가지 예상하지 못한 결과는 라이언의 자녀들이 할아버지를 가깝게 생각한다는 것이다. 아이들은 할아버지의 목소리를 인식하며 할아버지가 '어떤 분'인지, 어떤 성품을 가졌는지 이해하고 있다. 그가 남긴 편지 덕분에 가능한 일이다.

사실 라이언은 아버지의 편지에 힘을 얻어 직접 회사를 차리기까지 했다. 라이언은 20년 전에 경찰이 되었는데, 샌디에이고 경찰서에 근무하면서 폭력 사건이 빈번한 지역을 배정받았다. 첫해에는 어떤 사건을 다루다가 여러 발의 총탄을 맞기까지 했다. 그의 아버지는 수년간 남은 인생을 설계할 '사치'를 누렸지만, 라이언은 자신의 직업 때문에 언제 죽을지 모른다는 생각이 들었다.

그래서 라이언은 아버지처럼 편지를 쓰기 시작했다. 하지만 실제로 써보니 쉬운 일이 아니었다. 편지지 절반을 채우는 데에만 여러 시간이 걸렸다. 차라리 웹캠을 사용해서 동영상 '편지'를 녹화하는 것이 낫겠다고 생각했다. 그런데 동영상 녹화도 생각만큼 쉽지 않았다. 딸의 결혼식에 선물로 사용하려고 동영상을 준비했는데 흐느껴 우느라 무슨 말을 하는지 전혀 알아들을 수 없는 영상이 되어버렸다.

이런 경험을 토대로 라이언은 에버프레젠트EverPresent를 설립했다. 아픈 사람이든 건강한 사람이든 종국에는 누구나 세상을 떠난다. 세상을 떠난 후 사랑하는 이들에게 남길 '유산'legacy 동영상을 만들게 도와주는 것이 회사를 설립한 목적이다.

갑자기 경찰청장이 등장하기라도 한 것처럼 뜬금없이 들릴지 모르겠다. 이 비디오 프롬프트는 실제로 표준심문 기술에 따라 제작된 것이다. 사용자가 일련의 질문에 대답하면 이를 토대로 한 편의 이야기를 완성할 수 있다. 실제로 해보면 대본 없이 카메라 앞에 서서 횡설수설하는 것보다 훨씬 쉽게 동영상을 완성할 수 있음을 알게 된다.

라이언에게 이 과정은 매우 큰 의미가 있었다. 동영상을 제작하면서 사랑하는 이들에 대해 더 깊이 생각하게 되었고, 그들과 더욱 가까운 사이가 되었다. 에버프레젠트의 다른 고객들도 라이언과 비슷한 경험을 했다. 한 사용자는 이런 글을 남겼다. 어머니에게 크리스마스 선물로 이용권을 구매해드렸는데, 어머니가 동영상을 여러 개 찍으신 덕분에 결국 온 가족에게 큰 선물이 되었다는 후기다.

또 다른 이점도 있었다. 동영상을 제작하면서 라이언은 자신이 죽은 뒤를 곰곰이 생각해보았다. 그리고 자신도 언젠가 죽을 수밖에 없다는 사실을 편안하게 받아들이게 되었다. 자신과 가족들의 유대감이 느슨해지거나 곧 끊어질 정도로 약하지 않다는 점이 아마 큰 위안이 되었을 터다. 또한 죽음에 대한 두려움이 줄어든 덕분에 경찰로서 중요한 결정을 내려야 할 순간에 상대에게 동정심을 발휘하고 용기를 내는 것이 한결 쉬워졌다. "권총을 뽑기 전에 대화를 좀 더 시도하려는 마음이 생기죠." 자신이 죽어도 동영상 '편지' 덕분에 가족과 끈끈한 유대감이 계속 이어질 것이라는 확신이 있기 때문이다.

이것은 라이언 개인의 생각에 불과한 것이 아니다. 스탠퍼드대학 병원의 의료진도 환자들을 대상으로 이와 비슷한 편지 쓰기 프로젝트를 진행하고 있다. 호스피스 치료를 맡은 의사들이 편지 형식으로 된 사전 의료의향서advance directive를 도입했다. 이는 환자가 생애 마지막 바람에 대해 더 깊이 생각해보도록 도와준다. 라이언이 에버프레젠트를 통해 이룩한 성과와 완전히 같다고 하긴 어려우나, 크게 보면 비슷한 전략이다.

환자들은 지금 자신에게 가장 중요한 것과 삶의 마지막 순간을 기준으로 중요하게 여겨지는 것, 그리고 가족에게 어떤 모습으로 기억되고 싶은지를 글로 쓴다. 이런 편지를 통해 환자가 바라는 것이 빠짐없이 의사에게 전달된다.[24] 명확하게 문서화된 임종 계획이 환자와 보호자 모두에게 죽음을 어느 정도 '더 나은' 것으로 만들어준다.[25] 마찬가지로 편지 쓰는 연습을 하면 인생에서 가장 힘든 단계를 조금은 쉽게 지나갈 수 있다.

여기에서 매우 큰 교훈을 얻게 된다. 데릭 파핏과 같은 철학자에게는 미래 자아와의 연속성을 생각하는 것이 죽음에 대한 두려움을 조금 덜어주는 도구일지 모른다. '자아'가 단 하나라고 생각하면 죽음이 닥칠 때 삶은 끝난다. 파핏은 "죽음이 닥치면 나로서 살아가는 사람이 더는 존재하지 않을 것이다."라고 설명한다.

그런데 인생이 여러 자아의 집합체이며 각 자아가 서로에 대해 어느 정도 유대감을 느낀다면, 죽음이 더는 공포와 두려움의 대상이 아닐지 모른다. 파핏의 말을 빌리자면 죽음은 '나의 현재 경험과 미래의 경험'을 완전히 갈라놓지만 '그 밖의 다양한 관계마저 다 무너뜨리지는 않을 것'이다.[26] 사랑하는 사람들의 마음과 정신에는 우리가 계속 남아 있을 테니 말이다. 그렇게 존재의 반짝거림은 살아남는다.

이것을 통해 우리의 존재는 얼굴, 관심사, 기억, 뼈와 살에 좌우되는 것이 아님을 알 수 있다. 그런 요소도 우리 자아의 일부지만 죽음이 닥치면 다 사라져버린다. 하지만 다른 요소는 죽음을 겪은 후에도 지속된다. 그것은 주로 가까운 인간관계를 통해 존재한다. 다른 사람에게 전달되는 우리의 핵심 가치나 우리가 그들에게 남기는 인상 또는 그들이 우리에 관해 나누는 이야기를 통해서 우리는 이 세상을 떠난 후에도 이 세상에 계속 영향을 미칠 수 있다. 아직 잘 모르겠다면 라이언이나 알코르 관계자에게 직접 물어보길 바란다.

시간이 지남에 따라 자아가 서로 연결되어 있다는 점을 더 잘 인지할 수 있다. 그렇게 되면 행동이나 삶의 만족도에 큰 영향을 준다. 재정적 결정이나 치료법을 선택하는 일, 윤리적으로 바람직한 길을 가기로 결정하는 것, 사랑하는 사람이 죽는 문제 등에서, 먼 미래의 자아와 끈끈한 유대감을 유지하는 것은 모두 긍정적인 결과를 가져올 수 있다. 요약하자면 미래 자아와 가까워질수록 어떤 일이 닥치더라도 미래를 더 잘 준비할 수 있다.

현재와 미래의 자아 사이의 간극을 메우는 방법은 제3부에서 살펴볼 것이다. 그전에 먼 미래 자아와의 관계에서 어두운 면이 무엇인지 이해해야 한다. 미래 자아와의 연결이 끊어지면 어떤 일이 발생하는가? 미래 자아와의 유대감이 약하다는 사실은 일상생활에서 자주 저지르는 실수와 무슨 관련이 있는가? 이에 대해 알아보자.

○ ─────────────────── ⬭ 요점 정리 ⬭ ─────────────────── ○

- 미래 자아와의 관계는 현재 우리가 내리는 결정에 큰 영향을 미친다.

- 먼 미래의 자아에 관한 유대감이 강할수록 긍정적인 결과를 얻을 수 있다.

- 긍정적인 결과는 여러 방면에서 나타난다. 재정적 상황이 안정되거나 운동
  하려는 마음이 생기거나 성적이 향상될 수 있다. 또는 심리적으로 안정을
  찾는 경우도 있다.

- 미래의 자아와 유대감을 강화하면 미래의 자아를 위해 적극적으로 행동하
  려는 마음을 갖게 된다.

제2부

격동

현재에서 미래로 이동할 때 저지르는
실수를 이해하려면

제4장

눈앞의 유혹에 한눈팔다가
비행기를 놓치다

2008년에 만들어진 그루폰Groupon의 주요 사업은 '공동 구매가 활성화된 파격적인 할인가 판매'였다. 판매가 활성화되려면 일정 수 이상의 회원이 판매 쿠폰을 먼저 구매해야 했다. 늘 돈이 부족한 대학원생이었던 나는 이 회사가 훌륭한 서비스를 제공한다고 생각했다. 그리고 정말 필요하거나 필요하다고 생각되는 쿠폰을 거리낌 없이 사들였다.

그루폰이 생기고 약 2년 후 나는 시카고에서 MBA 학생들을 처음으로 가르치게 되었다. 더는 반바지와 티셔츠 차림으로 다닐 수 없었다. 학생들 앞에 서려면 정장이 필요했다. 그루폰에서 드레스 셔츠 두 장을 90달러에 살 수 있는 쿠폰을 발견해서 뛸 듯이 기뻤다. 그전에도 그루폰에서 쿠폰을 여러 번 사보았기에 쿠폰을 사용할 때 다른 유혹에 빠지기 쉽다는 점을 잘 알고 있었다.

대체로 쿠폰에 쓰인 액수보다 더 비싼 상품을 살 가능성이 컸다. 꼭 필요하지도 않은 물건을 사느라 90달러보다 더 쓰게 될 것 같았다. 돈을 아끼려고 쿠폰을 산 건데, 오히려 낭비할 가능성이 컸다. 물론 해결책도 있었다. 예측 가능한 문제를 해결하기 위해 아내에게 같이 가서 내가 셔츠 두 장 외에 다른 것을 사지 못하게 막아달라고 했다.

나는 어쩌다 셔츠 네 장을 사게 됐을까?

—

쇼핑하러 가기로 약속한 날짜가 되지 않았지만 예산을 훌쩍 넘길까 봐 나는 미리 걱정이 되었다. 시카고에서도 고급 쇼핑몰이 모여 있는 미시간 애비뉴에 자리 잡은 매장에 갔는데 이름도 아주 세련된 느낌을 주는 곳이었다.

계단을 올라가 보니, 잘 생기고 깔끔하게 차려입은 제이크라는 직원이 우리를 맞이해주었다. 머리도 깔끔하게 손질했고 셔츠의 옷깃, 단추 하나까지도 흐트러짐이 없었다. "그루폰에서 산 쿠폰을 쓸 겁니다."라는 말을 꺼내기도 전에 그는 나에게 악수를 청하더니 마실 것을 권했다. 차, 커피, 포도주, 맥주 등 무엇이든 다 준비되어 있다며 미소 지었다. 나는 맥주를 달라고 했다.

그가 음료를 가져오자 나는 그루폰에서 산 쿠폰이 있다고 말하려 했다. 하지만 이번에도 그는 말할 기회를 주지 않았다. 안부를 물으며 근사하게 차려입었다고 나를 칭찬해주었다. 그제야 나는 쿠폰이 있어서 셔츠 두 장만 살 계획이라고 말할 수 있었다.

"그러시군요. 먼저 우리 가게 정장을 좀 보여드릴게요."

"아니요. 그럴 필요 없습니다. 오늘은 정말 셔츠 두 장만 살 겁니다. 다른 건 필요 없어요." 그 직원에게 '당신이 이미 내 옷을 보고 멋지다고 칭찬했으니 나는 셔츠 두 장 외에는 굳이 옷을 살 이유가 없다'고 딱 잘라서 말했다면 좋았겠지만, 나는 그럴 만한 배짱이 없었다. 게다가 그 직원은 아주 노련해서 나 같은 손님을 어떻게 설득해야 할지 아주 잘 알고 있었다.

"네, 알겠습니다. 셔츠 두 장만 필요하시군요. 그런데 셔츠를 보시려면 어차피 정장 코너를 지나가야 해요. 그래서 정장을 보여드릴 수도 있다는 취지로 말씀드린 겁니다."

그는 정장이 크게 세 종류로 나뉜다고 설명했다. '저가' 제품은 약 500달러고, '대다수 고객이 선택'하는 '중간' 제품은 900달러 선이었다. 고가 제품은 한 벌에 약 18,000달러였다.

18,000달러라고? 나는 도대체 고작 옷 한 벌이 왜 그렇게 비싸냐고 되물었다. 물론 소재가 아주 좋아 보였다. 나도 그 정도는 알아볼 수 있었다. 하지만 전체적인 느낌은 흔히 볼 수 있는 스트라이프 정장이었다.

제이크는 모든 부분을 고객의 요구사항에 맞추어 손바느질로 완성한 옷이라고 설명하며 "스트라이프 무늬를 자세히 보세요."라고 했다. 한 걸음 다가가서 옷을 자세히 들여다보니 스트라이프 무늬는 모노그램(두 개의 문자를 조합한 기호)으로 만들어진 것이었다. 제이크는 꿈꾸는 듯한 표정으로 말을 이었다. "잠시 생각해보세요. 이 정장 전체에 당신의 이름을 모노그램으로 새길 수 있어요!" 게다가 수금 liquid gold 처리한

실을 사용했다니 더 할 말이 없었다.

물론 나는 그 정장을 사지 않았다. 그만한 돈이 있으면 차라리 차를 바꿨을지 모른다. 그리고 제이크도 나에게 그 정장을 팔려고 마음먹은 것은 아니었다. 그래도 제이크는 내가 미리 생각해둔 90달러라는 예산보다 훨씬 더 비싼 제품에 관심을 갖게 만들었다. 나는 이미 그의 회유에 넘어간 상태였다.

한 시간 뒤, 나는 셔츠 네 장을 구매한 영수증을 꼭 쥐고 있었다. 원래 사려던 것보다 두 배를 더 사버린 것이다. 그런데도 나는 아내에게 아주 당당하게, 적어도 쓸데없이 비싼 양복에 돈을 낭비하지 않았다고 자랑했다.

현재에 시선과 발을 묶어두는 앵커링

—

제이크는 내 시선을 훨씬 더 높은 가격에 '고정'시켰다. 그는 유능한 판매직원답게 내가 가격표를 보면 크게 놀랄 것을 알았다. 나아가 일단 비싼 가격표를 보고 나면 원래 사려던 것보다 더 많이 사는 데 쉽게 동의할 것임을 예상했으리라.

다들 이러한 현상에 대해 한 번쯤 들어보았을 것이다. 행동경제학에 나오는 개념을 일상생활에 적용한 사례 말이다. 쉽게 설명하자면 수치와 관련된 결정을 할 때, 종종 처음에 접한 숫자에 너무 신경을 써서 갈고리에 걸린 듯 그 숫자에 얽매이는 현상을 말한다. 비슷한 예로 앵커링 anchoring을 들 수 있다. 선박이 바다에 닻을 내리면 그 배는 닻을 내린 곳

근처에 머물게 된다. 파도가 치면 이리저리 흔들리긴 하지만 처음 닻을 내린 곳에서 크게 멀어지지 않는다.

숫자도 이와 비슷하다. 우리는 가장 처음 본 가격에 앵커링된다. 그 수치에서 벗어날 수 있고, 벗어나야 한다는 것을 알면서도 좀처럼 벗어나지 못한다. 내가 거의 2만 달러를 내고 내 이름 '할HAL'이 새겨진 스트라이프 정장을 사지는 않을 것이다. 하지만 그렇게 큰돈을 계속 생각하다 보면 100달러가 별로 크게 느껴지지 않는다. 어쨌든 그 돈은 내가 원래 계획한 것에 비하면 사실 적은 돈이 아니다.

이것이 바로 앵커링이라는 개념이며 시간 여행에서 가장 처음 저지르는 실수와 밀접한 관련이 있다. 처음 나오는 수치가 큰 의미가 없을 때도 사람들이 과도하게 그것에 집착하듯이, 우리는 종종 현재의 자아에 지나치게 집중하려 든다. 지금 이 순간이 배의 닻처럼 우리를 단단히 붙잡는다. 그리고 미래에 관한 결정을 내릴 때 올바른 판단을 하지 못하게 만든다.

아주 먼 곳으로 호화로운 여행을 떠난다고 가정해보자. 비행기 출발 시간보다 훨씬 일찍 공항에 도착한다. 검색대를 통과한 후에 술을 몇 잔 마셔야겠다고 마음먹는다. 휴가를 떠나는 길이니 이 정도는 괜찮다고 생각할지 모른다. 그러다가 시간이 흐르는 것을 잊어버리고 결국 비행기를 놓친다.

시간 여행에서도 비슷한 문제가 발생한다. 머릿속에서 미래로 여행을 떠날 때는 미래의 자신에게 도움이 되는 방향으로 행동해야 한다. 그런데 현재에 너무 몰두하는 바람에 비행기를 놓치고 만다. 달리 말하면 이런 식이다. 공항에서 기분 좋게 맥주를 마시는 현재의 자아가 가진 변덕이나 생각에 앵커링되어서 올바른 결정을 내리지 못하고 일을 그르치는 것이다.

하루가 멀다 하고 스크래치 복권을 산다는 상상

마법의 복권을 예로 들어 설명하려 한다. 당신이 스크래치 복권을 자주 구매하는 사람이라고 상상해보자.[1]

일주일에 며칠씩 아침마다 복권을 사서 출근한 다음, 일을 시작하기 전에 복권부터 긁어본다. 특히 맑고 상쾌한 가을 날씨에는 책상 위에 복권을 놓아두고 그 옆에 따스한 커피 한잔을 준비할 것이다.

자, 오늘도 복권을 긁었다. 놀랍게도 1,000달러에 당첨되었다. 안내문을 자세히 읽어보니 "1,000달러에 당첨되셨습니다. 6개월 후에 당첨금을 받을 수 있습니다."라고 쓰여 있다. 오늘 당장 당첨금을 받을 생각이었다면 조금 실망스러울 것이다. 그래도 복권당첨금은 예정에 없던 공돈이 아닌가. 당장 돈을 받지 못해도 기분이 좋다. 복권을 산 편의점은 회사에서 멀지 않으므로, 어쩌면 그곳에 다시 가서 편의점 주인 이지에게 당첨 사실을 자랑하고 싶을지 모른다.

복권에 당첨되었다고 말하자 이지가 내게 이렇게 제안한다. "우리 둘은 친구니까 당첨금을 당장 줄게." 물론 복권에 안내된 대로 6개월 후에 돈을 받겠다고 할 수도 있다. 하지만 누가 기다리려 하겠는가. 지금 받는 금액과 한 달 후에 받는 금액이 같다면 다들 당장 당첨금을 받으려 할 것이다.

이렇게 나중에 받을 수 있는 돈보다 지금 당장 거머쥘 수 있는 돈을 택하는 것은 비행기를 놓치고 현재에 최대한 가까이 머무르려는 것과 같다. 하지만 1,000달러를 6개월 뒤에 받기보다 지금 당장 받기를 선호하는 게 어리석은 선택이라고 보기는 어렵다.

이번에는 다른 상황을 가정해보자. 복권에 당첨된 지 여러 주가 지난 11월의 어느 날 비가 내리고 있다. 오늘도 책상에는 커피 한잔과 아침에 산 복권이 나란히 놓여 있다(한번 당첨되었다고 해서 더는 당첨되지 않는다는 법칙은 없으니 말이다). 오늘 산 복권을 긁어보자. 운이 좋아서 당첨될 수도 있고 편의점 주인만 돈을 버는 것으로 끝날 수도 있다. 놀랍게도 이번에도 같은 결과가 나왔다. 6개월 후에 1,000달러를 받을 수 있는 복권이다.

지난번과 마찬가지로 편의점 주인 이지에게 가서 아침에 산 복권이 당첨되었다는 소식을 알렸다. 저번처럼 당첨금을 바로 주겠다고 할지도 모르는 일이다. 그런데 오늘은 편의점 주인 이지가 전혀 생각지 못한 제안을 한다.

"내 말 좀 들어봐. 6개월 후에 1,000달러를 줄 수 있어. 그런데 만약 네가 동의하면 지금 돈을 줄 수도 있어. 하지만 금액은 좀 적을 거야. 당장 받겠다고 하면 990달러밖에 못 줘."

금액이 좀 적어도 당장 돈을 받는 쪽을 택해야 할까? 아니면 좀 더 기다렸다가 돈을 많이 받는 것이 나을까? 지금 당장 돈을 받는 것이 합리적이라고 주장할 이유는 얼마든지 찾을 수 있다. 적은 금액을 받더라도 그 돈으로 더 많은 일을 할 수 있다면 어떨까? 투자를 할 수도 있고, 미래에 더 나은 결과를 얻게 될 다른 방법도 있지 않을까?

정말 그렇다면 지금 당장 990달러를 받는 것이 어리석은 일이라고 할 수 없다. 요점은 좀 더 기다렸다가 더 많은 돈을 받는 것보다 당장 더 적게 받는 것이 나을 때도 있다는 것이다. 더 적게 받는 쪽을 택하는 것을 가리켜 '미래 보상의 가치를 평가절하'한다고 표현한다.[2] 미래에 얻는 보상이 지금 당장 손에 거머쥘 수 있는 것보다 가치가 적다고 생각하는 것이다.

이건 어떤가? 당신이 계속 복권에 당첨되는데 이지가 980달러, 970달러… 500달러처럼 당장 받을 수 있는 금액을 계속 낮춘다면 어떻게 될까? 어느 순간이 되면 아마 당신은 두 손을 내저으며 이렇게 말할 것이다. "됐어, 됐다고. 그냥 기다렸다가 1,000달러를 받을게." 그 차액이 100달러든 200달러든 간에, 아니면 개인의 '무차별점'indifference point (서로 다른 두 대안이 동일해지는 지점 – 옮긴이)이 어디든 간에 지금 당장 돈을 받기 위해 일정 금액을 포기하는 것이 아무런 의미가 없어진다.

내가 뭐라고 감히 나서서 당신의 선택이 틀렸다고 판단하겠는가? 급하게 돈이 필요하면 6개월을 기다리지 않고 당장 900달러, 아니 600달러라도 받는 것이 나을 수 있다. 합당한 이유가 있다면 조급하게 행동할 수도 있다는 말이다.

그러나 우리가 이상적이라고 생각하는 행동 방식과 정반대로 미래의 보상을 평가절하하는 경향이 나타날 때 진짜 시간 여행에서 실수를 저지르게 된다. 달리 말하자면 공항에서 술을 마시느라 비행기를 놓치는 실수 같은 것 말이다. 여행을 가고 싶어 한 것도 당신이고, 비행기를 예매하고 호텔을 검색하고 가이드북을 꼼꼼히 살펴본 것도 당신이다. 모두 당신 자신이 원해서 했던 일이다.

그런데 현재의 자아가 순간적으로 잘못된 선택을 해서 비행기를 놓치고 만 것이다.

댄스 음악을 들으면서 아이스크림을 먹을게요
—

라스베이거스에서 가장 많은 수익을 창출하는 것은 뭘까? 슬롯머신, 블랙잭 테이블, 호텔 스위트룸, 화려한 쇼일까? 아니면 아주 호화로운 식사일까? 이 중 어느 것도 정답이 아니다. 라스베이거스에서 가장 수익이 많이 나오는 곳은 바로 클럽이다.

하카산Hakkasan, 타오Tao, 주얼Jewel과 같은 초대형 클럽에는 전 세계적으로 유명한 DJ가 나온다. 새벽 1~2시부터 화려한 세트를 운영하는데 그들의 쇼는 새벽까지 이어진다. 여러 층으로 된 이런 클럽에 들어가려면 몇 시간씩 줄을 서서 기다려야 하고 줄을 서지 않으려면 어마어마한 비용을 내야 한다. 후원자들이 입장료나 음료에 물 쓰듯이 돈을 쓰고, 테이블 서비스로 수천 달러를 내기 때문에 어떤 DJ는 하룻밤에 수십만 달러 이상 벌기도 한다.

이처럼 젊은 DJ 상당수가 일확천금을 벌어들이면서도 생활에 어려움을 겪는다. 유명한 DJ 아프로잭은 매년 수백만 달러를 벌었지만 그 많은 수입의 상당 부분을 과시욕을 채우는 데 써버렸다. 몇 년 전 그는 이미 페라리 한 대, 메르세데스 한 대, 아우디 세 대를 갖고 있었다. 그런데 페라리를 또 사더니 45분 만에 미끄러운 길에서 사고를 내 새 차를 완전히 망가뜨렸다. 이렇게 차를 사들이는 것 외에도 사치스러운 생활 방식은 계속되었다. 딸의 생일을 축하하기 위해 24미터가 넘는 대형 요트를 대여했으며, 자기가 DJ를 맡은 쇼에 가려고 3만 8,000달러를 내고 제트스트림 비행기를 불렀다.

그는 2미터가 넘는 장신의 뉴요커이자 큰 인기를 누리는 연예인이지만, 아무리 점잖게 표현해도 자기가 사는 방식이 '이상하다'는 말을 들을 만하다는 걸 모르지 않는다. 하지만 정작 사람들이 생활 방식에 대해 물어보면, 강렬한 예를 사용해서 이렇게 반박한다. "누가 너한테 커다란 아이스크림을 주면 어떻게 할 거야? 그대로 냉장고에 넣어둘 거야? 그럴 수는 없잖아. 다 먹어버려야지. 안 그래?"[3]

아프로잭의 독특한 상황을 온전히 이해할 수 있는 사람은 아무도 없겠지만, 그의 말이 무슨 뜻인지는 충분히 이해할 것이다. 당장 먹어 치우지 않으면 아이스크림이 다 녹아버린다. 하지만 이런 식으로 생각하면 자기 인생에서 지금 눈앞에 일어나는 일들의 중요성을 과대평가하게 된다. 내일 휴양지에서 즐겁게 지내는 계획보다 당장 공항에서 최대한 기분을 내려 하고, 러닝머신에 올라가서 운동하기보다 편안한 소파에서 뒹구는 편을 택하게 된다.

이상적인 세상에서 행동하는 방식과 정반대로 행동한다는 것, 모두 이런 욕구의 반영이다.

눈앞의 작은 보상에 탐닉하는 이유
—

잠시 복권 이야기로 돌아가 보자. 편의점에서 몇 차례 친구들과 재미있는 시간을 보낸 후 편의점 주인 이지는 당신에게 한 가지 질문을 한다. "이렇게 가정해봐. 지금부터 1년 후에 당첨된 복권을 다시 긁는 거야. 6개월 후에 당첨금 1,000달러를 다 받거나 나에게 와서 900달러를 현금으로 바로 받을 수도 있어."

정리하자면 1년 후에 900달러를 받을지, 아니면 1년 반 후에 당첨금 1,000달러 전액을 받을지 선택하라는 것이다.

당신이라면 어떻게 하겠는가? 1년 반을 기다렸다가 1,000달러를 받느니 차라리 1년 후에 900달러를 받는 쪽을 택하겠는가? 아마 많은 사람이 참고 기다렸다가 돈을 많이 받는 쪽을 택할 것이다. 이상적인 상황이라면 참을성이 더 많이 필요한 행동을 하는 것이 더 나은 선택이라고 여기게 마련이다.

그런데 곰곰이 생각해보면 좀 이상하지 않은가? 1년이든 1년 반이든 둘 다 상당히 먼 미래의 일이다. 그런데 이 경우처럼 돈을 더 많이 받는 쪽을 택하고 지금 당장 받을지 6개월을 더 기다릴지 결정해야 할 때는 당장 더 적은 금액을 받는 쪽을 택하다니. 이는 논리적으로 따지면 일관성이 없는 선택이다. 하지만 현실에서는 다르다. 미래에서 현재와 가까워질수록 참을성을 발휘하기가 더 어렵게 느껴진다. 먼 미래를 생각할수록 미래의 자아에게 유리한 쪽으로 행동하기가 어렵기 때문에 현재의 자아에게 초점을 맞추게 된다.

사실 내가 제시한 것과 비슷한 선택권을 부여한 다른 연구에서도 선호도가 반전되는 증거를 종종 볼 수 있다.[4] 결론은 즉각적인 보상이 없으면 사람들은 미래를 가치 있게 생각하며 참을성을 보이는 쪽을 선택한다는 것이다. 하지만 지금 또는 아주 가까운 미래에 유혹 거리가 있으면 미래와 관련된 모든 것이 급격히 평가절하된다.

흔히 알려진 연구 결과 하나를 살펴보자. 8일 후에 30달러를 받는 것과 17일 후에 34달러를 받는 것 중에서 선택하라고 하면 사람들은 좀 더 기다렸다가 더 많은 돈을 받는 쪽을 택한다. 하지만 지금 당장 30달러를 받을지, 9일 후에 34달러를 받을지 선택하라고 하면 반대의 결과가 나온다. 액수가 적어도 당장 보상받는 쪽을 택하는 것이다.[5]

이런 패턴은 다른 분야에서도 볼 수 있다. 예를 들어 지금부터 1주일 후에 바나나, 사과, 초콜릿 바 또는 맛있게 볶은 견과류를 받을 수 있다면 당신은 과연 어떻게 할까?

당신이 이 질문을 받은 실험 참가자와 비슷한 사람이라면 1주간 건강에 좋은 음식을 먹겠다고 할 것이다. 1주 후 다시 같은 선택을 하게 했는데, 이번에는 보상을 즉각 제공하는 조건이었다. 그러자 참가자 대다수가 태도를 바꾸더니 건강에 좋은 음식이 아니라 정크푸드를 선택했다.[6] 당신도 분명 같은 선택을 할 거라고 장담한다.[7] 사람들은 미래의 자아를 위해 선택하라고 하면 바나나를 고르지만, 현재의 자아가 관련되면 초콜릿을 양껏 먹는 쪽을 택하고 만다.

이런 행동을 '미래 보상에 대한 과도한 가치 폄하'라고 한다. 이는 흡연, 알코올 의존이나 남용, 헤로인과 같은 자극제 사용, 비만, 도박과 같이 우리가 회피하려는 행동과 관련이 있다. 심지어 어떤 경우에는 회피행동을 예측하는 데도 도움이 된다.[8]

사람이 아닌 경우에도 이렇게 선호도가 반전되는 것을 볼 수 있다. 일례로 비둘기에게 2초간 모이에 접근할 기회와 6초간 접근할 기회를 주되, 두 경우 모두 당장이 아니라 미래의 특정 시점에 모이를 먹게 했다. 그러자 비둘기들은 6초간 접근할 기회를 선택했다. 그리고 28초를 기다렸다가 약간의 모이를 먹을지 32초를 기다렸다가 모이를 많이 먹을지 선택하게 했다. 그 결과 한 마리도 빠짐없이 모든 비둘기가 후자를 선택했다.

그런데 두 가지 보상 사이의 시간이 길어지자 반응이 달라졌다. 2초를 기다리면 작은 보상을 주고 6초를 기다리면 큰 보상을 주었다. 어떤 일이 벌어졌을까? 앞서 언급한 정크푸드를 먹는 인간처럼 비둘기는 오래 기다리지 못하고 적은 양의 모이를 먹는 편을 선택했다.[9] 쥐도 같은 반응을 보였다.[10]

일상생활에서는 이처럼 선택이 180도 달라지는 것을 감지하기 어려울 수 있다. 자신이 무엇을 원하는지 명확하게 의사 표현을 한 뒤 유혹에 직면해 결정을 번복하는 상황이 현실에서는 매우 드물기 때문이다.

더 일반적인 경향이 있는데, 사람은 미래의 특정 시점에 어떻게 행동하고 싶은지에 대해 선호하는 바가 정해져 있다. 예를 들면 이런 식이다. 누구나 건강에 좋은 음식을 챙겨 먹는 습관을 기르고 싶어 한다. 그렇게 결심했다 해도 해가 지고 나면 '너무 힘든 하루였으니까 이 정도는 괜찮아'라며 스스로 변명거리를 찾는다. 그리고 몸에 좋은 사과가 아니라 열량이 높은 과자 한 봉지를 다 먹어버리기도 한다.

하늘을 나는 천 마리 새보다 내 손 안의 한 마리 참새가 낫다

—

우리는 왜 이렇게 충동적일까? 즉각적인 만족이 아니라 장기적으로 바람직한 것에 고착하기가 왜 그리도 어려울까?

　미래의 확실성 또는 불확실성을 두고 한 가지 설명을 제시할 수 있다. 동물이나 사람이나 어떤 미래가 펼쳐질지 모르는 처지라는 점은 같다. 당장 눈앞에 놓인 확실한 것을 낚아채지 않고 미래의 보상에 대한 약속을 기다리려면 어느 정도 위험 부담을 떠안아야 한다.

　이 말을 들으니 '손에 쥐고 있는 새'라는 관용구가 떠오를지도 모르겠다. 오래전 7세기 무렵의 한 고대 문헌에는 "하늘을 나는 천 마리 새보다 내 손에 쥐고 있는 한 마리 참새가 낫다."라는 표현이 등장한다.[11] 이 문장을 쓴 저자는 같은 맥락에서 동물이 등장하는 여러 가지 격언을 남겼다. 이를테면 "모르는 사람이 쥐고 있는 양의 어깨보다 네 손에 쥐고 있는 양의 발이 훨씬 낫다."라는 말 등이다.

　미래에 관해서는 어떤 것도 확실히 보장할 수 없다는 점을 인류는 오랫동안 알고 있었을 것이다. 그래서 양의 발처럼 보잘것없는 것이라도 현재 나에게 확실하게 주어진 것이 더 낫다고 생각하는지 모른다.[12] 이처럼 우리가 현재에 앵커링하는 이유 중 하나는 현재의 한계를 넘어가면 무엇이 존재하는지 알 수 없지만, 적어도 현재는 그보다 잘 알 수 있기 때문이다.

　이러한 논리는 직관적으로 매우 설득력 있게 들린다. 하지만 미래가 어떨지 상당히 명확한데도 미래의 자아를 실망시키는 경우가 여전히 많다는 점을 기억해야 한다. 사과 대 초콜릿 바의 연구를 생각해보라. 미국이라는 나라에서 사과가 자취를 감출 확률은 거의 없다. 그래도 우리는 디저트가 주는 즉각적인 만족감을 거부하지 못한다.

　그렇다면 왜 현재를 더 중시하는 것일까? 현재에 앵커링하면 미래에 대가를 치러야 하는데도 그렇게 하는 이유는 무엇일까? 대답은 절대 간단하지 않다. 현재를 지나치게 강조하는 경향에는 여러 가지 이유가 있기 때문이다.[13] 이에 대해 몇 가지 설득력 있는 설명이 있으므로 하나씩 살펴보도록 하자.

당장의 보상은 과대평가된다

—

브리티시컬럼비아대학교의 심리학 교수 리즈 던Liz Dunn은 행복 연구 분야를 선도하는 국제 전문가이며 서핑을 매우 좋아하는 사람이다. 몇 년전에 그와 점심을 먹을 기회가 있었다. 나는 음식을 기다리면서 서핑에 관한 재미있는 경험이 있으면 이야기해달라고 했다.

"잠시만요, 우리가 서핑에 대해서 한 번도 이야기한 적이 없어요?" 황당해하는 그녀의 표정을 보니 내가 뭔가 놓쳤다는 생각이 들었다. 던 교수가 계속 말을 이어갔다. "상어에 물린 적이 있다고 저번에 이야기하지 않았나요?"

당연한 말이지만 내가 사람들에게 들은 이야기를 다 기억하지는 못한다. 하지만 이런 이야기라면 당연히 기억하고도 남았어야 했다. 상어의 공격은 흔한 일이 아니지 않는가. 상상 속에서나 가능할 법한 일이 실제로 그녀에게 벌어진 것이다.

하와이로 떠난 던은 현지 사람들이 휴가를 보내는 곳에 가려고 가이드를 구했다고 한다. 나중에 한 말이지만 던은 엉뚱한 곳에 도착하고 싶지 않았다. 그런데 어쩌다 보니 큰 파도에 밀려 가이드와 그가 데려온

친구와 잠시 떨어졌다. 던은 조용히 서프보드에 누웠다. 팔을 저어서 두 사람이 있는 곳으로 되돌아갈 생각이었다. 하지만 평온한 느낌은 잠시였고, 갑자기 아래쪽에서 커다란 물체에 쾅 부딪히는 느낌이 들었다. 어리숙한 바다거북이 지나가다가 서프보드에 부딪힌 거라 여겼다. 하지만 갑자기 무언가가 나타나서 그녀의 다리를 물어뜯었다. 그순간, 너무 놀라 그만 심장이 멈출 것만 같았다. 수영복에는 커다란 구멍이 세 개나 생겼고, 물린 상처가 얼마나 깊은지 뼈가 드러날 정도였다.

던의 시야에는 상어의 거대한 꼬리지느러미밖에 보이지 않았다. 고맙게도 그 상어는 위협을 가하듯이 한동안 그녀의 주위를 맴돌다가 다른 곳으로 가버렸다.

이런 경험에도 흥미로운 점이 과연 있겠느냐는 생각이 들 수 있다. 그러나 나중에 던은 이렇게 말했다. "그 사건에서 흥미로운 점이 있다면, 나중에 기자들이 몰려와서 당시 상황을 아주 자세히 캐물었다는 거죠. '얼마나 멀리 나간 겁니까?', '상어는 어떻게 생겼나요?' 하지만 나는 '몰라요'라고 말할 수밖에 없었어요." 마치 법정 드라마의 한 장면 같은 상황이 펼쳐졌다고 한다. 상어 사진을 잔뜩 늘어놓고 어떤 상어가 그녀를 물었는지 고르라고 했지만 던은 도무지 선택할 수 없었다.

요즘 던은 사회심리학 수업에서 이 일화를 인용해 목격자 증언의 신빙성이 부족할 수 있다는 점을 설명한다. 그도 그럴 것이 그녀는 당시 벌어진 상황에 온통 관심이 쏠려 있었다. 상어가 또 공격할지 몰라서 신경이 곤두선 상태였다. 그렇게 무섭고 충격적인 순간에 어떻게 다른 생각을 하겠는가. 던은 이렇게 설명했다.

"그런 위기의 순간에 이따 저녁에 뭘 먹을지… 아니면 퇴직 후에 어떻게 살아갈지 고민할 수 있겠어요?"

사람은 누구나 현재 순간에 집중하게 마련이다. 이것은 당연한 습관인데, 던의 경험은 이 점을 극단적으로 강조하는 사례라 할 수 있다. 지금 진행 중인 상황이 상어의 공격을 받는 것만큼 강렬하지 않더라도, 지금 이 순간에 정신적 에너지를 다 쏟기에 미래를 생각할 겨를이 없다. 던은 하와이에서 그처럼 끔찍한 경험을 하고 몇 년이 지난 후 발표한 공동연구논문에 이런 표현을 사용했다. "우리는 감정의 확대경으로 현재를 보는 것 같다."[14]

표현을 바꿔 이렇게 말할 수 있다. 특정 순간에 느끼는 감정은 과거에 이미 경험한 감정이나 미래에 어떻게 느낄지 상상하는 것보다 훨씬 더 중요해 보인다. 일기를 꾸준히 쓰는 사람이라면 일기장에서 몇 가지 주제를 찾은 다음, 글에 담긴 감정을 생각해보라. 분명 자기 인생에서 과거에 겪은 일이다. 그 일들이 얼마나 중요하고 강렬하게 다가오는가? 장담하건대 과거의 일을 회상하는 지금보다 그 일을 경험하던 당시에 훨씬 더 강렬한 감정을 느꼈을 터다.

일기를 쓰지 않는 사람도, 현재를 돋보기로 들여다보는 상황의 예시를 얼마든지 생각할 수 있다. 가장 전형적인 예시를 들어보자. '배고플 때 쇼핑하러' 가면 식료품을 불필요하게 많이 산다. 저녁을 먹고 나면 제정신이 돌아오거나 냉장고가 비좁아진 것을 보고 나서야 후회하지만 이미 늦었다.

경제학자들은 '본능적인 요소'visceral factors를 들어서 순간의 감정에 지나치게 끌리는 경향을 설명한다.[15] 배고프거나 목이 마르거나 그밖에 다른 박탈감이 본능적으로 느껴지거나 내면 깊숙이 밀려 들어오면, 우리는 그러한 욕구를 채우기 위해 최선을 다한다. 그때는 나중에 후회할지 모르는 방법도 서슴지 않는다.

본능적인 충동에 굴복하면 즉흥적이고 어린아이 같은 내면의 자아가 어른스러운 자아를 압도한다. 생물학적 관점에서 설명하자면 이렇다. 두뇌에는 어린아이처럼 행동하게 만드는 도파민 시스템도 있고, 현명한 어른처럼 행동하게 해주는 전두엽 피질과 관련된 시스템도 있다. 도파민 시스템은 바로 눈앞에서 펼쳐지는 상황에 감정적인 반응을 일으킨다. 이를 통해 주변의 모든 상황이 나에게 좋은지 나쁜지, 그 가치를 알아낼 수 있다.

전두엽 시스템은 이와 반대다. 머릿속에 큰 그림을 그리면서 유혹이 닥쳐도 참을성을 발휘하게 해준다.[16] 전두엽에 병변이 있는 환자를 관찰해도 이러한 시스템에 대해 어느 정도 정보를 얻을 수 있다. 그런 환자는 환경 의존 증후군environmental dependency syndrome이라는 증상으로 어려움을 겪는다.

전두엽 피질이 작동하지 않으면, 도파민 시스템에 전적으로 의존하게 되어 주변 환경의 즉각적인 자극이 유발하는 감정대로 행동하게 된다. 1980년대에 프랑스 신경학자 프랑수아 레르미트François Lhermitte가 이 증후군을 앓는 환자의 사례를 소개해 많은 사람에게 감동을 주었다.

그중 매우 안타까운 사연을 하나 소개하려 한다. 한번은 레르미트 박사가 환자를 자신의 아파트에 데려갔다. 환자는 안방에 침대가 있는 것을 보자마자 아무렇지 않게 옷을 벗고 침대에 누웠다.[17] 평소처럼 잠을 청하듯 아주 자연스럽게 자리를 잡은 것이다. 안타깝게도 이 상황을 설명하는 기사에 관련 사진이 그대로 공개되었다. 1980년대만 해도 개인

정보 보호 문제에 대한 인식이 지금과 많이 달랐기 때문이다. 그 환자는 전두엽 피질이 온전히 작동하지 않았기 때문에 그냥 생각나는 대로 행동했다. 피곤했기 때문에 옷을 벗고 가장 가까운 침대에 벌러덩 누운 것이다. 침대 주인이 누구인지는 안중에 없었다.

이것만큼 심각하지는 않지만 또 다른 사례가 있다. 바바 시브Baba Shiv 와 알렉산더 페도리킨Alexander Fedorikhin은 실험 참가자에게 초콜릿케이크와 과일샐러드 중 하나를 고르게 했다. 사람들이 둘 중 어느 것을 더 먹고 싶어 할지 굳이 설명하지 않아도 될 것이다. 당연히 초콜릿케이크를 선택한 사람이 많았다. 하지만 어디까지나 전두엽 피질이 부담을 느껴 제대로 작동하지 못하는taxed 경우에 한해서만 그랬다.

실험 참가자 중 특정 집단에 케이크와 샐러드 중에서 하나를 고르기 전에 일련의 숫자를 암기하게 요구했다. 전두엽 피질에 강한 부담을 가하기 위해서다. 그렇게 하자 이 집단이 초콜릿케이크를 고를 가능성이 가장 큰 것으로 나타났다.[18]

이러한 결과에서 21세기 현대 사회에 적용되는 교훈을 찾을 수 있다. 많은 사람이 이미 알고 있듯이 다른 사람과 상호작용할 때는 전화기를 다른 방에 갖다 놓는 것이 좋다. 벨소리나 진동 같은 부수적인 방해 요소조차 친구나 가족과 친근한 관계를 맺겠다는 더 큰 목적을 잊고 즉각적인 현재에 반응하는 쪽으로 마음이 기울게 만든다.[19] 소셜 미디어의 최신 자료를 스크롤하는 것보다 친구나 가족과 친근한 관계를 맺는 것이 장기적으로 더 큰 의미를 가져다주는데도 말이다.

당장 받을 수 있는 보상을 과대평가하는 이유 중 하나는 현재의 자아가 느끼는 감정이 미래의 자아가 느끼게 될 감정보다 더 중요하다고 생각하기 때문이다. 물론 전두엽 피질의 도움을 받으면 지나치게 중요시되는 현재의 감정을 억누르고 먼 미래에 주어지는 보상에 시야를 고정할 수 있다. 하지만 주변 요소 때문에 주의가 산만해지는 일이 현실에서는 자주 일어난다. 그렇게 지금 이 순간에 느끼는 감정이 너무 강렬하게 다가오면 우리는 굴복하게 된다.

앞서 잠깐 언급했지만 이렇게 추론하다 보면, 사람들이 원래 의도와 달리 미래의 보상이 아니라 현재 눈앞에 보이는 보상을 거머쥐려 하는 이유를 이해하게 된다. 그런데 이 문제를 또 다른 방식으로도 설명할 수 있다. 먼저 우리가 시간이라는 개념을 어떻게 생각하는지 알아보기로 하자. 거기에 힌트가 있으니까.

뜨거운 스토브에 앉기 vs. 예쁜 사람 옆에 앉기

—

아인슈타인은 아주 유명한 말을 남겼다. "예쁜 여성과 한 시간 동안 앉아 있으면 1분처럼 느껴집니다. 하지만 1분 동안 뜨거운 스토브에 앉아 있으면 정말 시간이 길게 느껴집니다. 그게 바로 상대성입니다." 나는 이 말이 어디까지나 생각에 관한 실험이라고 여겼다. 하지만 과학 잡지 《사이언티픽 아메리칸》Scientific American에서 '아인슈타인의 뜨거운 시간'이라는 기사를 읽고는 생각이 달라졌다.

기사에서 알려주듯이 어느 날 오후, 아인슈타인은 자기 생각이 옳은지 직접 실험해보기로 마음먹었다. 그는 먼저 차고에 내려가서 오랫동안 사용하지 않은 작은 스토브를 가져왔다. 그런 다음 어색함을 억누르며 친구인 찰리 채플린과 그의 아내 폴레트 고더드에게 연락했다. 고더드에게 한 시간만 내줄 수 있는지 물어보았다.

고더드와 잠깐 시간을 보낸 후 시계를 봤다. 어느새 한 시간이 지나 있었다. 이렇게 해서 아인슈타인의 이론 전반부는 확실하게 증명되었다. 하지만 실험의 두 번째 부분은 예상보다 빨리 끝나버렸다. 아인슈타인이 왼쪽 엉덩이에 가벼운 화상을 입어서 병원에 가야 했기 때문이다.[20]

그 기사를 읽고 몇 년이 지나서야 그것이 풍자였을지 모른다는 생각이 들었다. 그래도 그 기사는 여전히 중요한 의미를 전해준다. 그것은 시간의 흐름이 상대적이라는 점이다. 좀 더 정확히 말하자면, 우리가 시간의 흐름을 인식하는 방식이 상대적이라는 것이다. 객관적으로 같은 길이의 시간이라도 어떤 상황에 놓여 있느냐에 따라 길게 느껴질 수도 있고 아주 짧게 느껴질 수도 있다.

예일대 연구진은 여러 차례 피실험자에게 종이와 연필만으로 주어진 시간이 얼마나 길게 느껴졌는지 표현하게 했다. 그리고 거기에서도 같은 결론을 얻었다. 그들은 피실험자에게 왼쪽 끝에는 '매우 짧다', 오른쪽 끝에는 '매우 길다'라고 써넣은 직선을 보여주었다. 그리고 3개월, 1년, 3년이 각각 얼마나 길게 느껴지는지 직선 위에 표시하도록 했다.

물론 객관적으로 보면 1년보다 3년이 길고, 3개월보다 1년이 길다. 하지만 사람마다 주관적인 느낌은 다르게 마련이다. 1년이 3개월보다 네 배나 길지만, 사람들은 1.2배밖에 되지 않는다고 응답했다. 더 이상한 것은 3년과 1년이 거의 같은 기간처럼 느껴진다고 응답했다는 사실이다. 즉, '현재'에서 멀어질수록 시간이 압축되어 짧게 느껴진다.[21]

이 결과에서 중요한 점을 추론할 수 있다. 지금 이 순간부터 내일까지의 하루는 3개월 후의 하루보다 더 길게 느껴진다. 비슷한 사례가 있다. 오랜 시간 비행기나 차를 타면 어떤 기분이 드는지 생각해보라. 여행을 떠나기 전에는 그 시간이 길게 느껴지면서도 단 하나의 시간 블록으로 여겨진다.[22] 하지만 여행하다 보면 달라진다. 목적지에 가까워질수록 마지막 몇 시간이 길게 잡아당겨 늘린 것처럼 느껴진다. 여기에 중요한 점이 있다. 어떤 기간이 아주 길게 늘어지는 느낌이 들면, 참을성을 발휘해 마지막에 주어지는 보상을 기다리기가 훨씬 힘들어진다.[23]

이렇게 시간이 왜곡되면 현재 일어나는 상황이 지나치게 다르게 받아들여질 가능성은 없는지 한번 생각해보자. 4주 뒤에 100달러를 받을지 아니면 6주 뒤에 125달러를 받을지 고를 경우, 두 가지 보상은 큰 차이가 없어 보이므로 후자를 택할 가능성이 크다. 고작 2주만 참으면 되기 때문이다. 하지만 조건을 바꿔서 당장 100달러를 받을지 아니면 2주 뒤에 125달러를 받을지 고르라고 하면 어떨까? 2주라는 기간이 주관적으로 더 길게 느껴질 수 있다. 길다고 느껴지면 참을성을 보여주기 어렵다. 결론은 우리가 현재라는 순간을 특별하게 생각한다는 것이다.

그런데 우리가 말하는 '현재'는 무슨 의미일까? 현재가 사람의 심리에 매우 독특한 영향을 준다는 점을 생각하면 이 질문은 매우 중요한 의미를 지닌다. 물론 대답은 너무 단순하고 명확하다. 현재는 지금의 또 다른 말이며 지금 이 순간을 가리킨다. 하지만 나는 이 뻔한 대답을 좀 복잡하게 만들어보려 한다.

현재라는 순간의 핵심에는 전환이라는 개념이 자리 잡고 있다. 무슨 뜻인지 애벌레를 사용해서 설명해보자.

좋아, 대체 '현재'가 뭘 의미하는데?

—

두 살배기 아이들이 다 그렇듯 내 딸도 어린 시절에 에릭 칼의 《아주아주 배고픈 애벌레》The Very Hungry Caterpillar를 아주 좋아했다. 그런데 나는 그 책을 읽는 순간, 작은 애벌레가 아름다운 나비로 변모하는 과정이 현재에서 미래로 이어지는 시간의 행진과 그리 다르지 않다는 생각이 들었다.

그 비유는 내 머릿속을 떠나지 않았다. 그도 그럴 것이 에릭 칼의 동화책을 밤마다 읽었기 때문이다. 그래서 나는 캘리포니아대학교 리버사이드 캠퍼스에서 곤충학과 부교수로 재직하던 야마나카 나오키Naoki Yamanaka에게 연락해 몇 가지 질문을 던졌다. 그는 변태metamorphosis 연구 분야의 세계적인 권위자다.

온통 벌레에 관심이 쏠린 어린아이가 아니라 곤충학자와 대화하는 것은 처음이었다. 그와 나눈 대화는 내가 기대했던 모든 것을 충족시켜 주었다. 야마나카 교수는 만난 지 얼마 되지 않았을 때 수십 마리의 초파리가 들어 있는 유리병도 보여주었다. 그러다가 애벌레에서 나비로 변하는 과정을 설명할 때는 목소리에 이전보다 더 활기가 넘쳤다.

야마나카 교수는 과학자들이 애벌레를 애벌레라고 부를 때와 다른 이름으로 부르는 시기가 명확하게 구분된다고 말했다. 그들이 쉬지 않고 꿈틀거리며 눈에 보이는 것은 무엇이든 먹어 치우는 시기에는 애벌레라고 부른다. 하지만 움직이지 않고 가만히 있는 시기가 있는데, 그때는 애벌레라 부르지도 않고 나비라 부르지도 않는다. 바로 번데기라고 부른다. 번데기 껍질을 벗고 나오면 비로소 나비가 된다.

시간을 묘사할 때도 이와 비슷한 패턴을 사용할 수 있다. 시간을 압축해서 생각하면 우리 대부분은 현재와 미래가 존재한다는 사실에 동의할 것이다. 하지만 어디까지가 현재이고 어디부터 미래가 시작될까? 곤충학자는 곤충이 애벌레인지 번데기인지 정확히 구분할 수 있다. 하지만 심리학자는 어느 시점에 현재가 미래로 바뀌는지 명확하게 판단할 수 없다. 사실 현재가 끝나고 미래가 시작된다고 생각하는 시기는 개개인이 판단할 사항이다.

토론토대학교의 샘 마글리오Sam Maglio 교수와 공동연구를 할 때 이 질문을 수천 명에게 했다. 시간에 대해 일반적으로 어떻게 생각하느냐고 물었다. 실험 참가자들은 '애벌레-번데기-나비'로 이어지는 수명주기처럼 시간을 현재, '중간' 기간(이 부분이 번데기에 해당한다), 미래로 나누었다.[24]

참가자들은 언제 현재가 끝나고 미래가 이어지는지 명확하게 정의할 수는 없지만, 나름의 기준으로 답을 했다. 어떤 사람은 "하나의 일을 끝내고 다른 일을 할 때 미래가 시작된다."라고 했다. 또 다른 사람은 "모든 현재는 사흘 정도 지속된다."라고 했다. "이 이상한 연구에 참여하는 것이 끝나면 현재가 끝날 것이다."라고 말하는 사람도 있었다. 독자의 생각을 실험 참가자들의 응답과 비교하고 싶다면 옆의 도표[25]를 참고하길 바란다.

하지만 분명한 특징도 있었다. 응답자마다 서로 다른 정의를 내렸지만 아무도 대답하는 데 주저하는 모습을 보이지 않았다는 점이다. 아마 현재라는 시간 블록에 우리가 인생의 대부분을 사용하며, 가장 중요하게 여기는 시간이라서 그랬지 싶다.

야마나카 교수는 한 가지 유의미한 사실을 언급했다. 어린이 도서에

는 나오지 않는 내용이다. 애벌레는 '척추' 부위에 '상상 디스크'라는 것이 있다고 한다. 애벌레를 해부하면 그 부분의 세포 덩어리가 미니어처 DVD처럼 보일 것이다. 물론 많은 세포가 시간이 지나면 죽을 수밖에 없지만, 상상 디스크의 세포 덩어리는 앞으로 어떤 부분으로 변할지 각각 정해져 있다.

어떤 부분은 눈이 되고, 어떤 부분은 다리로, 또 어떤 부분은 나비의 날개로 변한다. 달리 말해서 애벌레는 몸속에 이미 미래에 나비가 되기 위한 구성 요소를 가지고 있다는 뜻이다. 성체가 된 나비를 해부해보면 이전 단계인 애벌레 시절의 흔적이 남아 있는 것을 볼 수 있다. 이처럼 세포 덩어리에서 우리는 중요한 점을 발견할 수 있다. 사람들은 미래와 현재는 쉽게 구분하지만 각각의 '현재'가 모여서 전체적인 미래가 된다는 사실에는 둔감하다. 현재를 살아가는 자신, 즉 현재의 자아에게 일어나는 일이 다른 무엇보다 더 중요하게 느껴진다. 그래서 공항 술집에서 맥주를 한 잔 더 마시고 싶고, 운동하기 위해 자전거에 올라가는 게 너무 싫고, 초콜릿 바에 자꾸 눈길이 간다. 우리는 본능적으로 현재에 끌린다. 그렇기 때문에 현재를 필요 이상으로 중시하는 현상도 어느 정도 이해할 만하다. 샘 마글리오 교수와 함께 진행한 연구를 생각해보자. 현재가 유난히 커 보인다고 응답한 실험 참가자들, 즉 현재가 차지하는 비율이 크다고 생각한 사람들은 가상의 장기저축 계좌에 돈을 거의 넣지 않았다. 현재가 크게 보일수록 미래는 멀어지고 현재의 자아는 미래를 중시하지 않는다.

이런 식으로 '지금' 이 순간을 지나치게 강조하면 현재를 타임라인에서 따로 분리해 별개의 광활한 시간처럼 다루게 된다. 그러나 이것은 어디까지나 착각일 뿐이다. 지금 '현재'라고 부르는 모든 순간은 미래의 자아가 직면할 '현재'가 된다. 우리는 배가 고파서 과일이나 사탕을 정신없이 먹는다. 이런 행위는 곧 자기 몸이 번데기가 되고 결국에는 나비가 된다는 것을 전혀 모르는 애벌레와 같다. 간단히 말하자면 미래에 일어날 여러 가지 변화를 우리 스스로 모른 체하고 있다. 하지만 자신의 현재를 맞이할 준비가 제대로 되어 있지 않다면 미래의 자아가 크게 실망할지 모른다. 애벌레 시절에 자신이 선택한 것들을 뼈저리게 후회하며 실망에 가득 찬 나비가 되어버리는 것이다.

현재를 지나치게 중시하는 것, 다시 말해서 비행기를 놓치는 것 외에도 시간 여행에서 우리가 저지르는 실수가 더 있다. 현재와 미래의 상호 관련성을 이해한다 해도 미래와 미래의 자아를 현실적으로 다루는 면에서 우리는 서투르기 짝이 없다. 마치 자기가 메뚜기가 될 거라고 철석같이 믿고 있는 애벌레와 같다. 이런 경향을 '허술한 여행 계획'이라고 한다. 제5장에서 자세한 내용을 살펴보자.

- 시간 여행에서 저지르는 첫 번째 실수는 현재에 너무 치중해서 미래를 제대로 생각하지 못하는 것이다. 이러한 경향이 나타나는 데는 적어도 세 가지 이유가 있다.

- 첫째, 미래보다 현재가 더 분명하다. 그러니 나중에 더 위험한 것보다는 지금 확실한 것을 선호하는 게 당연하다.

- 둘째, 현재의 자아가 느끼는 감정이 미래의 자아가 느낄 거라고 예상되는 감정보다 더 강력하게 느껴진다.

- 셋째, 지금 이 순간이 더 오래 지속될 것처럼 느껴지므로 참을성을 보이기가 더 어려울 수밖에 없다.

- 어떻게 현재의 자아들이 차곡차곡 모여서 미래의 자아가 되는지 이해하기 어려울 때가 있다.

제5장

✳

허술한 여행 계획이
불러들이는 재앙

위대한 천재 음악가 모차르트는 사람들이 흔히 말하는 음악 신동과는 다소 거리가 멀다.

그는 매일 몇 시간씩 연습에 몰두했을까? 그렇지 않다.

계획을 세울 때 좋은 의도가 있었을까? 그 또한 아니다.

모차르트는 성실한 어른이라기보다는 파티에 열광하는 편이었다. 그의 전기를 기록한 사람들은 모차르트가 '시시한 오락에 상당히 중독'된 사람이었다고 묘사한다.[1]

그렇게 생각해보면 모차르트가 작곡을 빨리 마무리하는 것으로 유명하지 않았다는 점이 이해된다. 1787년 10월 말, 모차르트는 오페라 〈돈 조반니〉 악보를 거의 마무리하고 나서 밤에 친구들과 술을 마시려고 밖에 나갔다. 그날 저녁 한 친구가 다음 날 오페라 초연을 앞둔 상황인데 아직도 서곡을 만들지 않았다는 것이 믿기지 않는다고 말했다.

그 말을 듣고 모차르트는 허둥지둥 집으로 돌아갔다. 서곡을 빠뜨렸으니 그 부분을 바로 작업했을 것이다. 하지만 술을 마신 데다 밤늦은 시간이라 졸음이 쏟아졌다. 결국 모차르트는 아내 콘스탄체에게 자기가 잠들지 않도록 계속 말을 걸어달라고 부탁했다.

놀랍게도 불과 세 시간 만에 서곡이 완성되었다.

당시에는 복사기가 없었기 때문에 필사자들이 오케스트라 악보를 일일이 필사해야 했다. 전해지는 바에 따르면 악보의 마지막 몇 장은 공연의 시작을 알리는 커튼이 올라가기 몇 분 전에 완성되었다고 한다. 오케스트라 단원들은 무대에서 처음으로 곡을 연주했고 악보의 잉크도 다 마르지 않은 상태였다.[2] 그래도 오페라 공연은 성황리에 마무리되었다. 그 후로 250년이 지난 지금도 세계 곳곳의 오페라 하우스에서 모차르트의 작품이 정기적으로 무대에 오르고 있다.

많은 사람이 마지막 순간까지 일을 미루는 못된 습관에 사로잡혀 있다. '웨이트벗와이'Wait But Why라는 유명한 블로그를 만든 팀 어반Tim Urban의 사례를 살펴보자. 그는 자칭 '미루는 일의 달인'인데, 대학 졸업반일 때 연구논문을 계속 미루었던 일화를 나에게 들려주었다.

연구논문은 족히 1년이 걸리는 일이었다. 그의 계획은 가을에 시작해서 1월부터 천천히 속도를 올리고 마감일인 5월까지 계속 같은 속도로 달려서 논문을 마무리하는 것이었다. 하지만 현실은 계획과 달랐다. 그는 이런저런 핑계로 계속 미루면서 논문을 시작조차 하지 않았다. 그러다 마감일을 고작 이틀 남겨두고 책상 앞에 앉아서 논문을 쓰기 시작했다. 이틀 연속으로 밤샘을 하면서 90페이지나 되는 논문을 겨우 완성해 시간 내에 제출했다.

어반은 자신의 블로그와 TED 연설에서 이 일화를 공개했다. 그러고 1주일쯤 지난 후 대학 관계자에게 연락이 왔다.

"어반 씨, 논문에 대해 말씀 좀 나누었으면 합니다."

"네, 그러시군요." 팀은 긴장한 목소리로 대답했다.

"사실은요, 지금까지 살펴본 논문 중에서 최고였어요."

그 말을 들었을 때 매우 놀랐던 표정도 그대로 재현해주었다.

그런데 갑자기 말을 멈추더니 어반은 모두를 놀라게 했다.

"사실, 그런 대화는 없었습니다. 논문이 아주 엉망진창이었거든요."

일을 미뤄도 〈돈 조반니〉처럼 긍정적인 비평을 받을 수 있다면 얼마나 좋겠는가. 하지만 우리는 모차르트보다는 어반과 비슷한 경험을 한다. 일을 최대한 미루다가 가까스로 해내고서 큰 성과를 거두는 경우는 거의 없다.

잠시만요, 이 비행기가 보스턴으로 가는 줄 알았단 말이에요!
—

모차르트처럼 지나치게 일을 미룬 경험은 없다 해도, 아마 지금부터 소개하는 내용은 비교적 친숙하게 느껴질 것이다. 전 세계 인구의 약 20퍼센트가 미루는 버릇을 오랫동안 고치지 못한 채 살아간다.[3] 얼마나 많은 사람이 어느 정도까지 할 일을 미루는지 정확히 알아내기는 어렵지만, 어떤 비공식 설문 조사에 따르면 85퍼센트가 미루는 습관 때문

에 고충을 겪는다.[4]

한 가지 짚고 넘어갈 점이 있다. 일을 미루는 경향은 긴 논문을 써야 하는 대학생에게만 문제가 되는 게 아니다. 심리학자 푸시아 시로이스 Fuschia Sirois는 미루는 경향이 생각보다 더 심각한 결과를 초래할 수 있음을 지적한다. 미루는 습관이 오랫동안 몸에 배면 정신 건강이 나빠지고 불안과 걱정이 늘어난다. 그리고 고혈압, 심혈관 질환 등 건강상 여러 가지 부정적인 문제가 초래된다.[5] 미루는 행동은 또 다른 악순환으로도 이어진다.[6] 미루는 버릇 때문에 건강 검진을 제때 받지 않으면 치료 시기를 놓쳐서 건강을 잃을 가능성이 크다.

미루는 것이 무엇인지 잠깐 짚고 넘어가자. 미루거나 꾸물거림을 뜻하는 영어 단어 procrastination은 'prōcrāstinō'라는 라틴어에서 유래한다. 이 단어는 '내일까지 미루다'라는 뜻을 갖고 있다. 그건 이미 알고 있는 내용이라고 말하는 사람이 있을지 모르겠다. 여기엔 더 흥미로운 사실이 있다. 이 단어는 그리스어 '아크라시아'akrasia와도 관련이 있는데, 이는 스스로 판단하기에 더 나은 방법이 있음을 알면서도 그렇게 하지 않고 마음대로 행동한다는 뜻이다.[7]

정리하자면 미루는 행동에는 오늘 후딱 해치울 수 있는 일을 굳이 내일까지 미룬다는 뜻보다 더 많은 의미가 담겨 있다. 이렇게 꾸물거리고 미루면 결국 자신에게 손해가 되는 줄 알면서도 그렇게 한다는 뜻이다.

이러한 정의를 현재와 미래의 자아와 관련해서 생각해보자. 빨래를 개거나 심장 전문의에게 진료를 받는 것처럼 정말 하기 싫은 일이 있는데, 결국 안 하기로 마음먹을 때가 있다. 이것은 부정적 감정을 회피하려는 현재의 자아를 우선시한 결과다. 제4장에서 이미 살펴본 것과 내용상 어느 정도 겹친다. 우리는 현재 감정을 중심으로 생각하고 판단한다. 그런데 미루거나 꾸물거리는 태도는 또 다른 부정적인 측면을 안고 있다. 지금 회피하려는 부정적 감정을 미래의 자아도 회피할 것이라는 점을 미처 생각하지 못하는 것이다.

미래의 자아를 배려하지 못하는 것만이 문제가 아니다. 할 일을 미룰 때 우리는 미래와 미래의 자아에 대해 생각하기는 하지만, 심층적으로 또는 유의미한 방식으로 생각하지는 않는다.

이처럼 미루는 행동은 시간 여행의 두 번째 실수, 즉 허술하게 여행 계획을 세우는 것과 같다. 1주일간 보스턴으로 휴가를 떠난다고 해보자. 보스턴에 가면 하고 싶은 일도 몇 가지 생각해두었다. 보스턴에서 유명한 음식을 먹어보고 풍부한 문화 역사도 탐방하고 핫플레이스에도 가보면 좋을 것이다. 그런데 정작 비행기에 탑승해 생각해보니 호텔 예약 외에는 제대로 계획한 것이 하나도 없음을 깨달았다. 이제 그 여행은 어떻게 될까?

클램 차우더는 먹을 수 있겠지만, 펜웨이 파크 투어를 하거나 폴 리비어의 생가를 방문하기는 어려울 터다. 이런 관광 명소의 입장권은 일찌감치 매진되기 때문에 원하는 곳을 여행하지 못할 테고, 결국 미래의 자아가 크게 실망할 가능성이 크다. 보스턴으로 여행을 떠났다는 사실은 변함없지만, 처음에 꿈꾸었던 여행과는 상당히 다른 결과에 직면할지 모른다.

시간 여행도 마찬가지다. 미래를 피상적으로만 생각하면 처음에 바란 것과 전혀 다른 미래에 봉착할 수 있다. 쉽게 설명하자면 이런 식이다. 행복하고 건강할 뿐 아니라 경제적으로 안정된 삶을 누리는 미래의 시점에 도달하고 싶다. 하지만 마음만 그럴 뿐이고 전혀 다른 곳으로 이어지는 길로 발걸음을 내딛는 것과 같다.

지연 행동 연구 전문가도 일을 미룰까?

캐나다 칼턴대학교 심리학 교수인 팀 피칠Tim Pychyl은 바로 이런 종류의 시간 여행 실수를 연구하고 있다.

나는 그의 제자였던 이브 마리 블루인-후돈Eve-Marie Blouin-Hudon과 함께 대학생 수백 명을 대상으로 연구를 진행한 적이 있다. 학부생을 대상으로 연구하면 여러 가지 제약이 따르게 마련이지만, 이번 연구에서는 학부생이 연구 대상으로 아주 적합했다. 정해진 시간에 과제를 끝내지 못하는 문제는 학부생들에게 흔한 현상이기 때문이다. 두 사람은 학생들에게 할 일을 미루는 버릇은 물론이고 현재와 미래의 자아가 어떤 사이인지 물어보았다.[8] 미래의 자아가 자신과 비슷하다고 여기며 그에 대해 감정적 유대가 강한 학생들은 중요한 과제를 시작하고 나서 불필요하게 미루거나 꾸물거리는 일이 적었다.

하지만 과제를 미루는 문제에서 미래 자아와의 유대감이나 동질성이 가장 큰 요인은 아니었다. 실험 참가자에게 미래를 상상할 때 얼마나 생생한 이미지가 떠오르는지도 물어보았다. 일례로 시야가 흐린 어느 날 수평선 위로 떠오르는 태양을 생각해보라는 식이다. 얼마나 뚜렷한 이미지가 머릿속에 그려지는가? 어떤 사람은 이미지가 너무 강하고 또렷해서 바로 눈앞에 태양이 떠오르는 것처럼 느껴질지 모른다. 반대로 어떤 사람은 별다른 이미지를 떠올리지 않고 그냥 해가 떴다는 사실을 '알 수 있을 정도'에서 만족할 것이다.

블루인-후돈과 피칠 교수의 공동연구에서 가장 생생한 이미지를 떠올렸다고 응답한 학생들이 미래의 자아에 대해 강한 유대감을 보였다. 그들은 할 일을 미루는 경향이 매우 낮게 나타났다.

이러한 상관관계는 아주 중요한 사실을 암시한다. 미래의 자신을 완벽하고 생생하게 상상하는 게 쉬워지면, 할 일을 미루는 것을 정당화하기가 어려워진다. 지금 할 일을 미루면 거기서 비롯된 고통은 미래 자아의 몫이 된다. 미래의 자신이 보스턴에서 실망스러워하는 모습을 그려보라. 그러면 지금 더 신경 써서 여행 계획에 '문제가 없게' 할 것이다.

나는 피칠 교수에게 연락해서 연구 내용에 대해 자세히 물어보았다. 우선 미루는 습관을 연구하는 분야에서 국제적으로 알려진 전문가인 피칠 교수도 혹시 할 일을 미루는 습관이 있는지 궁금했다.

그는 껄껄 웃으며 "저는 거의 미루지 않습니다."라고 하더니 자기가 아주 대단한 사람이라서 그런 것은 아니라고 덧붙였다. 그보다는 미루는 습관의 본질을 알기 때문이라고 답했다. 미루는 행동은 현재의 자아가 회피하려는 일을 미래의 자아가 처리해주기를 바라는 욕구와 관련이 있다. 피칠 교수는 이렇게 설명해주었다. "현재의 자아가 하고 싶지 않은 일이라면 미래의 자아도 하기 싫을 거라는 점을 기억해야 해요. 저는 미래의 자아에 공감하려고 노력해요. 미래의 자아가 엄청난 스트레스를 받을 수 있잖아요. 그래서 지금 할 수 있는 일은 미루지 않고 지금 바로 해버리는 거죠."

자신에게 사과하는 법, 자신을 용서하는 법

하지만 피칠 교수도 우리처럼 할 일을 미룰 때가 있고, 그럴 때는 자신을 용서하려 노력한다고 했다. 본질적으로 어떤 일을 심각하게 미루고 나면, 과거의 내가 현재의 나에게 피해를 주었다는 점을 인정하고 받아들여야 한다. 그러고 나서 현재의 자아가 과거의 게으른 자아를 용서해 줘야 한다.

식탁 위에 서류 더미를 잔뜩 쌓아놓았다고 해보자. 공과금 고지서도 있고, 정리해야 할 우편물도 있다. 아이가 학교에서 가져온 그림도 있을 것이다(가설을 세우는 것이니 오해 없기를 바란다). 깨끗하게 잘 치워져야 할 집 안의 어느 부분이 당신 때문에 지저분해졌다. 매일 이렇게 정리하지 않고 지나가면 배우자나 룸메이트의 짜증이 늘어날 것이다. 미루는 습관은 매일 조금씩 나중에 치러야 할 비용을 적립하는 것과 같다.

이처럼 엄청난 서류 더미를 정리하지 않고 미루는 것은 여러 가지 면에서 자신에게 해가 된다. 이번에도 엉망으로 만들어놓기만 하고 치우지 않았다는 점 때문에 죄책감이 들 수 있다. 게다가 이전에 스스로 결심한 일이나 다른 사람에게 약속한 것을 지키지 못한 안 좋은 기억이 떠오를 수 있다. 배우자나 룸메이트와 마주치면 수치심이 점점 커질지도 모른다. 어떤 경우에는 그들에게 오히려 적개심이 생길 수도 있다. 비합리적이지만 그럴 수 있다.

"물론 내가 올려놓은 파일이 맞지만, 그래도 치우는 걸 좀 도와주면 안 되니?" 또는 "식탁을 어질러났다고 잔소리만 늘어놓지 말아. 내가 어제 빨래를 개었으니 옷장에 좀 넣어주면 좋잖아."라고 생각하거나 말할 수도 있다. 이것은 어디까지나 가상의 상황이다.

부정적인 감정을 회피하는 좋은 방법이 하나 있다. 식탁을 아예 피해 다니면 된다. 그러면 치워야 할 식탁 위 물건들을 보지 않을 수 있다. 이런 식으로 하루하루 버티다 보면 식탁 위에 쌓인 서류 더미는 계속 늘어날 게 분명하다. 그런데 식탁을 어지른 사실을 인정하고 자기 잘못을 용서하면 어떻게 될까? 이론상으로는 서류 더미를 잔뜩 쌓아두었을 때 느낀 죄책감과 같은 부정적인 감정이 어느 정도 해소된다.

용서하면 그동안 회피하려던 대상에 대한 거부감이 조금 약해진다. 어떤 사람의 실수나 잘못을 용서해주었을 때 어떤 기분이 들었는가? 상대방의 잘못 때문에 생기는 분노, 안타까움 같은 감정이 조금 누그러져서 그 사람과 다시 시간을 보내는 것이 한결 편안하게 느껴진다. 마찬가지로 할 일을 미루던 과거의 자신을 용서하면, 미루었던 일을 처리해보려는 마음이 생긴다. 공과금 통지서를 확인해보고, 진료 예약을 다시 잡고, 이메일을 열어서 답장하고, 서류 더미를 정리할 것이다.

이런 행동은 궁극적으로 미래의 자아가 좀 더 편하게 지내도록 도와주는 것과 같다.

피칠은 시험공부를 해야 하는 대학생을 대상으로 미루는 버릇에 관해 자기 자신을 용서한다는 아이디어를 테스트해보았다. 그가 이끄는 공동연구팀은 대학교 1학년 학생들에게 첫 번째 중간고사 직후와 두 번째 중간고사 직후에 질문지를 작성하게 했다.

대학교 1학년생이 이런 질문지를 받았다고 가정해보자. "원래 계획했던 것보다 훨씬 늦게 시험공부를 시작했는가?" "다른 일, 그러니까 시험공부보다 덜 중요한 일을 하느라 공부를 미뤘는가?" 나라면 분명 수

치심에 후회하면서 두 질문에 모두 '그렇다'라고 응답했을 것이다.

할 일을 자주 미루는 학생은 첫 학기 중간고사에서 최악의 점수를 받았다. 이들의 점수가 나쁠 거라는 점은 누구나 쉽게 예상했을 터다. 그런데 실험자는 자기 자신을 용서하는 전략에 대해서도 물어보았다. 학생들은 마땅히 해야 하는 시험공부를 덜 했을 때 어느 정도까지 자신을 낮추고 자책했는가? 또는 어느 정도의 너그러움으로 자신을 봐주려 했는가?

자신을 용서하는 것은 피칠의 인생에만 도움을 준 것이 아니라 피칠이 이끄는 공동연구팀의 테스트에 참여한 학생들에게도 큰 도움을 주었다. 자기를 용서하려고 시도한 학생들은 다음 중간고사를 준비할 때 부정적인 거부감이 눈에 띄게 낮아졌다. 그 덕분에 시험공부를 미루는 태도가 개선되고 성적이 오르는 등 좋은 결과를 얻었다.[9]

여기서 한 가지 주의할 점이 있다. 인생을 살면서 책임을 받아들이고 사과하고 다른 사람을 용서하는 것이 결코 쉬운 일은 아니다. 자기 자신을 용서하는 것도 마찬가지다. 사과를 어떻게 하느냐에 따라 달라지는데, 어떤 사과는 상대방의 마음을 풀어주지 못한다. 마찬가지로 과거의 자아를 수용하고 용서하려 해봐도 잘 안될 때가 있다.

접촉 사고를 낸 후에 두 가지 방식으로 사과한다고 가정해보자. "죄송합니다. 제가 선생님의 차에 부딪혔어요. 더 주의했어야 했는데 그러지 못했네요. 제가 다 책임지겠습니다."라고 말할 수 있다. 반면 이렇게 말할 수도 있다. "죄송합니다. 당신의 차에 부딪혔네요. 달의 주기에 따라 이런 일이 생길 수도 있죠." 인간 행동 전문가가 아니라도 전자의 방식으로 사과할 때 더 쉽게 용서받을 수 있다는 걸 단번에 알 수 있다.

여기서 요점은 무엇일까? 미루는 자신을 용서하되 비판을 진심으로 수용해야 한다는 점이다. 그러지 않으면 미루는 원인을 정면으로 마주하고 해결할 기회를 스스로 박탈하는 것과 같다. 심리학자 마이클 올Michael Wohl과 켄드라 매크로플린Kendra McLaughlin은 이를 가리켜 '거짓 자기 용서'pseudo self-forgiveness라고 했다. 거짓 용서로는 미래의 행동이 달라질 리 없다는 것이다.[10]

미래의 자아가 더 나은 삶을 살기 바란다면, 현재의 자아는 과거의 자아가 저지른 실수에 대한 책임을 져야 한다. 식탁이 엉망진창인 이유는 달의 주기 때문도 아니고 내가 다른 일로 너무 바빠서 그런 것도 아니다. 내가 문제를 외면했기 때문에 식탁이 어수선한 것이다. 내 잘못임을 인정해야 한다.

이처럼 할 일을 미루는 것은 과거와 현재, 미래의 자아가 서로 싸우는 것과 같다. 또한 '허술하게 여행을 계획'하는 것과도 비슷하다. 달리 말해서 미래의 자아를 생각하기는 하지만 심도 있게 생각하거나 의미 깊게 생각하지 않기 때문에 미루는 습관이 나타날 수도 있다는 뜻이다.

누구나 할 일을 미뤘다가 손해를 보거나 후회한 경험이 있을 것이다. 몇 번 그런 일이 반복되고 나면 미래의 자신이 어떤 상황에 놓일지, 현재의 나 때문에 미래의 자아가 얼마나 난처해질지 생각하려고 노력해야 하지 않을까?

누가 봐도 맞는 말이다. 하지만 몇 가지 심리학적 특이사항 때문에 실제로 그렇게 변화하기란 쉽지 않다. 그 특이사항 중 하나는 미래의 감정이 지금 느끼는 감정만큼 강렬하거나 버겁지 않을 거라고 생각하는 경향이다. 이와 관련해 한 가지 실험을 해보자. 시합이나 내기를 해서 지금 당장 20달러를 땄을 경우와 3개월 후에 20달러를 땄을 경우를 가정할 때, 둘 중 어느 쪽이 더 기분이 좋은지 사람들에게 물어보았다.

한 가지 분명히 해둘 점은 '지금 돈을 받을 것인가 아니면 조금 기다렸다가 나중에 돈을 받을 것인가'라는 질문과 본질이 다르다는 점이다. 이 질문은 지금 일정 금액이 생기면 얼마나 기분이 좋을 것이며, 미래에 같은 금액이 생긴다면 또 얼마나 기분이 좋을지를 묻는 것이다.

이론적으로는 두 질문에 같은 대답이 나와야 한다. 1~10점 사이에서 점수를 매긴다고 해보자. 당장 돈이 생길 때 기분이 8점이라면 3개월 후에 같은 금액을 받을 때도 8점이 되어야 한다. 이론상으로는 그렇지만 현실은 다르다. 사람들은 미래보다 지금 당장 돈이 생길 때 기분이 더 좋다고 응답했다.[11] 우리가 미래에 느낄 감정은 지금 우리가 예상하는 것만큼 피부에 강하게 와닿지 않는 모양이다.

이런 경향 때문에 결국 꾸물거리다가 할 일을 미루게 될 가능성이 커진다는 것은 누구나 금방 알 수 있다. 현재 우리가 미뤄놓은 일을 처리하느라 미래의 자아가 고생할 거라는 점을 안다. 그러면서도 미래의 자아가 별로 힘들어하지 않을 거라며 자신을 기만하려 든다.

우리 집 주방 식탁으로 다시 돌아가 보자. 나의 현재 자아는 서류 더미를 정리할 엄두조차 내지 못한다. 그러면서도 현재의 자아는 미래의 내가 별로 개의치 않을 거라고 여긴다. 미래의 나 자신이 정리 기계처럼 그 서류 더미를 금방 정리할 거라고 믿는다. 그러나 불행하게도 지금의 내가 미래의 자신이 되어야만 한다.

실은 옆 사람이 가장 잘 알고 있다

—

미래의 감정을 시뮬레이션하거나 머릿속에 그려보는 것은 꽤 어려운 일이다. 그런데 많은 사람이 이런 과정에서 겪는 어려움을 아예 인식하지 못한다. 오히려 자신이 그러한 시뮬레이션을 꽤 잘한다고 착각한다.

이 점을 설명하기 위해 하버드대학교 심리학자들이 스피드 데이트라는 서비스를 만들었다. 데이트 기회가 오면 남자가 먼저 방에 들어가서 '데이트' 프로필을 작성한다. 이때 자신의 사진도 프로필에 공개해야 한다. 이제 여자가 단 5분간 이 남자와 데이트한다. 참고로 이 실험에는 이성애자로 확인된 사람만 참가했다. 데이트가 끝나면 여자는 데이트 시간이 얼마나 즐거웠는지 간단하게 보고서를 작성했다. 제목은 '초기 데이트 보고서'였다.

그다음 다른 여자들에게 이 남자와 데이트할 기회가 주어지는데, 여기서부터 실험이 흥미진진해진다. 첫 번째 집단에 직접 데이트하는 모습을 시뮬레이션해보라고 요청했다. 남자의 프로필을 주고 실제로 만나기 전에 그와 데이트하면 얼마나 좋을지 예측해보라고 한 것이다. 다른 집단에는 '초기 데이트 보고서'를 참조한 뒤 데이트가 얼마나 마음에 들지 예상해보게 했다. 일종의 대리인 전략이라 할 수 있다. 미래를 예측하기 위해 대리인을 고용하는 것이다. 내가 어떤 일을 곧 시작하려는데, 이미 그 일을 해본 사람들이 있다면 그들의 말을 믿어도 되지 않을까?

여기서 차이점은 딱 하나이지만, 아주 중요하다. 한 집단은 시뮬레이션에 따라 예상을 내놓았고, 다른 집단은 대리인이 작성한 데이트 보고

서를 기반으로 예측했다.[12] 본인이 이 실험에 참여했다면 어느 쪽을 선택했을지 생각해보라. 본인이 직접 시뮬레이션할 것인가 아니면 다른 사람의 보고서를 참고할 것인가?

이 실험에 참여한 여성의 75퍼센트는 대리인의 보고서가 아니라 직접 시뮬레이션하는 쪽을 택했다. 이 결과를 보면 많은 사람이 자기 의견을 높이 평가하고 다른 사람의 시각을 어느 정도 깎아내린다는 것을 알 수 있다.

그렇다면 어느 쪽의 예상이 더 정확했을까? 결과를 보면 직접 시뮬레이션한 것보다 대리인 전략이 더 정확했다. 둘의 예측은 큰 차이를 보였다. 대리인의 보고서를 기반으로 예측한 결과가 시뮬레이션에 따라 예측한 것보다 정확도가 두 배나 높았다.[13]

스피드 데이트 프로젝트를 주도한 심리학 교수 댄 길버트Dan Gilbert는 17세기 작가 프랑수아 드 라로슈푸코François de La Rochefoucauld가 남긴 유명한 말에서 영감을 얻었다고 한다. "어떤 대상에 마음을 다 빼앗기기 전에 그것을 이미 가진 사람들이 얼마나 행복한지 먼저 알아보라."[14] 이 말의 요점은 뭘까? 미래의 경험을 예측할 때 같은 경험을 이미 해본 사람에게 도움을 받는 것이 유리하다는 뜻이다.

물론 '다른 사람들은 내가 아니잖아'라고 생각하는 사람도 있을지 모른다. 그것도 맞는 말이다. 하지만 사람은 서로 다른 점도 많은 반면, 비슷한 감정적 반응을 보일 때도 적지 않다. 일례로 많은 사람이 추운 날씨보다 따뜻한 날씨를 좋아하고, 배고픈 느낌보다는 배부른 느낌을 선호하며, 지는 것보다 이기는 쪽을 원한다. 뉴저지, 네브래스카, 아이슬란드, 중국 등 어느 지역 출신인지는 중요하지 않다. 환경이 주는 자극에 대한 생리학적 반응은 대부분 비슷하기 때문이다.

이처럼 주변 사람이나 대리인에게 조언받는 것에는 놀라운 힘이 있다. 고통이나 즐거움을 느끼는 근원은 사람마다 큰 차이가 없다. 따라서 다른 사람의 경험에 의존하는 것은 미래에 어떤 일이 있을지 예상하는 데 적잖은 영향을 준다. 특히 자신과 비슷한 사람의 경험이라면 더욱 그렇다.

UCLA의 박사후연구원인 포루즈 캄바타Poruz Khambatta의 최근 연구는 이 점에 새로운 빛을 던져준다. 그가 이끄는 연구팀은 수천 명에게 일련의 기사를 읽고 얼마나 도움을 받았다고 생각하는지 평가하게 했다. 또한 같은 작업을 처리할 인공 지능 알고리즘을 개발했다. 이 알고리즘은 수천 명의 다른 사람과 당신의 공통점을 먼저 파악한 다음, 그들의 반응을 사용해 가장 바람직하다고 여겨지는 조언을 제공한다.

스피드 데이트 연구에 참여한 여성들처럼 알고리즘은 사람들이 기사에 어떻게 반응할 것인지에 관해 놀라운 수준의 예측을 제공한다.[15] 물론 기업은 이미 알고리즘을 사용해서 사람들이 어떤 자료를 좋아할지 예측하고 있다. 하지만 어떤 자료가 당신의 기분을 좋게 만들거나 시간을 잘 보냈다고 생각하게 해줄지는 예측하지 않는다.

기업은 알고리즘을 사용해서 미디어 소비에 대해 예측한다. 하지만 시뮬레이션 능력을 사용하는 다른 중요한 결정에도 이를 적용할 수 있다. 어디에 살지, 어느 대학에 진학할지, 의료 문제는 어떻게 해결하고 은퇴 계획은 어떻게 세울지 말이다. 심지어 어떤 사람과 결혼할지 고민할 때 도움이 될지도 모른다.

현실과 동떨어진 미래형 판타지라고 외면하지 말고 캄바타가 한 말을 잠시 생각해보자. 중요한 결정을 앞두고 있다면 이 말을 명심해야 한다. "우리는 그 사거리에 처음 가봤을지 몰라도 수없이 많은 다른 사람들은 그곳을 이미 지나가 보았을 것이다." 수많은 타인의 의견이 중요한 것은 바로 이런 이유 때문이다. 미래에 대한 예측은, 먼 미래든 가까운 미래든 관계없이 친구, 이웃, 낯선 사람의 경험을 모두 합친 데이터를 활용할 때 크게 개선될 수 있다.

물론 많은 사람이 이런 아이디어를 선뜻 받아들이지 못한다. 이에 대해 캄바타는 이렇게 지적한다. "다들 자기가 독특하다고 믿고 싶어 하죠. 인생이 예측 가능하다고 생각하고 싶지 않을 겁니다. 한 사람 한 사람이 제각기 다르고 특별한 것은 맞습니다. 하지만 우리는 타인의 집단적 경험에서 많은 점을 배울 수 있습니다."

예전에 살았던 모든 사람과 자신에게 비슷한 점이 많다는 사실을 이용한 다량의 자료를 빅데이터라고 할 수 있다. 빅데이터가 있으면 예측 가능한 행동 패턴을 찾아내기 쉽다. 그리고 이는 미래의 자아에 관해 더 만족스러운 선택을 하는 데 도움이 된다.

가까운 사람의 조언에 대해 생각해보자. 우리는 일에 대해 미리 생각해보려는 경향이 있지만 그다지 깊게 생각하지는 않는다. 대리인을 사용하는 것이 더 유익한데도 미래에 대한 시뮬레이션을 사용하는 경우가 많다. 꾸물거리거나 할 일을 미루는 것도 이렇게 '여행 가방에 엉뚱한 옷을 챙기다가 발생하는 실수'다. 그리고 이 실수 외에도 더 많은 다른 문제들이 발생한다.

이 점을 설명하기 위해 한때 모든 일에 '예스'라고 대답한 젊은이의 경험을 소개하려 한다.

예스맨이 '예스/젠장 효과'에 묶이는 이유

—

대니 월리스Danny Wallace는 20대 중반의 또래 청년이라면 누구나 공감할 만한 위기를 겪었다. 여자친구에게 차인 데다 직장에서도 아무런 희망을 찾지 못했다. 결국 그는 사교 모임이나 사람들을 만날 기회를 모두 거부하고 위축된 상태로 시간을 보냈다. 어떤 상황에도 휘말리지 않고 혼자 있으려고 온갖 핑계를 만들어내다 보니 몇 달 후에 그는 사실상 '노우맨'No man이 되어버렸다.

어느 날 저녁 집에 가려고 런던 지하철을 기다리던 중이었다. 일반 통근자라면 누구나 짜증낼 만한 상황이 벌어졌다. 기차가 운행하지 않으니 모두 지하철역 밖으로 나가라는 안내 방송이 나온 것이다. 대체 운행 버스들이 줄줄이 서 있는 곳까지 걸어가면서 월리스는 옆에 가던 사람과 그들이 처한 상황에 대한 위로의 말을 주고받았다. 두 사람의 대화는 인생에 대한 여러 가지 불만으로 이어졌다. 아니, 좀 더 정확히 말하자면 월리스의 인생에 대한 불만이었다. 수염이 덥수룩한 그 사람은 월리스의 말을 묵묵히 듣더니 '예스'를 좀 더 자주 말해보라며 가볍게 제안했다.

월리스는 그가 제안한 대로 행동해봤다. 처음에는 딱 하루만 해볼 생각이었다. 어색하긴 하지만 약간의 변화가 일어났다. 한번은 이중창에 대한 무료 견적을 받겠느냐는 광고 전화에 '예스'라고 대답했다. 하지만 월리스의 집에는 이미 이중창이 설치되어 있었기 때문에 전화 판매원과 어색한 대화가 이어졌다. 판매원은 처음 전화를 받았을 때 왜 '예스'라고 했느냐며 난색을 표했다.

얼마 지나지 않아서 그의 생활에 큰 변화가 생기기 시작했다. 월리스는 처음 만난 사람의 가벼운 조언이지만 노력해보고 싶었다. 이번에는 5개월 반 정도 모든 일에 '예스'라고 더 자주 대답할 때 자신의 인생이 어떻게 달라지는지 알아보기로 했다.

이렇게 하다 보니 월리스는 13년 된 민트색 닛산 중고차를 사게 되었다. 그는 그 차를 모는 자신의 모습을 떠올리며 "스머프 자동차에 지.아이.조 피규어GI Joe figure를 넣어놓은 것처럼 보였어요."라고 말했다. 그리고 2만 5,000파운드를 딴 적도 있었다. 하지만 이 돈은 곧바로 잃어버렸다. 그 밖에도 수많은 사기성 이메일에 '예스'라는 답신을 보냈다. 어디선가 들어본 이야기 같지 않은가. 월리스의 회고록《예스 맨》을 기반으로 짐 캐리가 주연을 맡은 영화〈예스 맨〉이 만들어졌다.[16]

그뿐만이 아니다. 이 이야기는 '허술한 여행 계획'이라는 실수를 보여주는 유력한 사례다. 우리는 미래의 시간 약속에 대해 '예스'라고 말하지만, 나중에는 그렇게 말한 과거의 자신을 몹시 원망한다.

심리학자들이 자기가 연구하는 것에 항상 멋진 이름을 붙이는 것은 아니다. 하지만 이번 경우에는 심리학자들이 상당히 멋진 작품을 만들었다고 생각한다. 마케팅 교수인 갈 자우버만Gal Zauberman과 존 린치John Lynch는 '예스'라고 했다가 나중에 후회하는 경향을 가리켜 '예스/젠장 효과'Yes/Damn effect라고 부른다.

"네, 그거 할게요. 젠장! '예스'라고 하지 말 걸 그랬어."

월리스의 실험을 보면 그가 '예스'라고 대답한 것 때문에 몇몇 경우에 문제가 발생했다. '아니요'를 논외로 두었기 때문에 너무 많은 상황에서 '예스'라고 답한 것이다. 결국 그는 엄청난 카드빚을 떠안았고, 클럽에서 거의 맞아 죽을 뻔했으며, 항우울제와 탈모약까지 복용하게 되었다.

그런데 예스/젠장 효과가 항상 즉각적이거나 어리석은 방식으로 나타나는 것은 아니다. 최근 미래에 관해 어떤 약속을 하라는 요청을 받은 적이 있는가? 직장에서 프레젠테이션을 맡거나 자녀의 축구팀을 지도해달라는 부탁을 받았을 수 있다. 아니면 그냥 아는 사람이라고 하기에는 애매한 어떤 친구의 생일 파티에 가기로 약속했을 수 있다.

일정표에 아무런 약속이 없는 것을 확인하면 '예스'라고 대답해야 한다는 생각이 들지도 모른다. 하지만 프레젠테이션, 축구 시즌, 친구의 생일 파티가 다가오면 없는 시간을 쪼개서 약속을 지키는 것이 아니라 다른 일을 하고 싶다는 생각이 들지 모른다. 그런 심리가 바로 '예스/젠장 효과'다.

자우버만의 설명에 따르면 3개월 이내에 아무 일도 없을 거라고 생각해서 그러는 것은 아니다. 단지 지금 진행 중인 것에 비해 미래에는 비교적 일이 적을 거라고 믿는 것이다. 그래서 미래에는 시간 여유가 많을 거라는 착각에 빠진다.

때로는 '예스'라는 답이 닫힌 문을 열기도 한다
—

또 다른 연구에서 실험 참가자들에게 사용 가능한 시간에 관해 1부터 10까지 점수를 매기라고 했다. 오늘 당장 사용 가능한 시간이 많으면 1점이고, 한 달 후에 사용 가능한 시간이 많으면 10점이다.[17] 참가자들이 매긴 점수의 평균치는 8.2였다.

이런 경향이 나타나는 이유 한 가지는 매일 몇 분 또는 몇 시간을 요구하는 자질구레한 일이 많기 때문이다. 이메일을 확인하고 회의에 참여하고 동료 직원, 이웃, 친구가 찾아와서 대화를 나누는 등의 일에 꽤 많은 시간을 빼앗긴다. 그 밖에도 매일 반복되는 일상을 논하자면 끝이 없다. 이렇게 사소하지만 예정에 없던 일들이 우리의 대역폭과 시간을 갉아먹는다.

문제는 이렇게 별것 아닌 듯해도 해로운 의무를 예측하는 데 우리가 별로 능숙하지 못하다는 점이다. 우리는 미래를 내다보면서 지금보다 자유 시간이 아주 많을 거라고 생각한다. 하지만 3개월 후의 어느 화요일을 바로 다음 주 화요일처럼 매우 정신없게 만들어버릴 몇 가지 일정을 제대로 예상하지 못한다.

이렇게 이점보다는 부담을 더 늘리는 방식으로 자신을 속박하면 문제가 생긴다. 꾸물거리며 할 일을 미룰 때와 마찬가지로 우리는 미래를 앞당겨 생각하지만 현실적으로 충분히 대비하지는 못한다. 하지만 '예스'라고 대답하는 것이 항상 실수는 아니다. 대니 월리스를 만나 '예스맨' 실험에 관해 대화를 나눴는데 그는 이렇게 말했다. "예스는 즐거움, 모험, 예측 불가능함을 맛볼 수 있는 기회를 주는 말이에요. 예스는 또 다른 예스나 새로운 상황으로 이어지니까요. 마치 도미노가 넘어지는 것과 같죠."

그는 시종일관 유머를 잃지 않았지만 이런 말을 할 때는 사뭇 진지해졌다. "지금까지 당신에게 일어난 가장 놀랍고 특별한 일을 생각해봐요. 당신이 살아온 이야기와 당신의 기억 속에 있는 것들 말이에요. 당신이 어떤 것에 대해 예스라고 했기 때문에 그런 일이 생겨난 겁니다."

예스라고 할 때 어떤 결과가 나올지 우리는 알 수 없다. 아마 그런 이유로 '예스'라고 말하는 쪽으로 종종 기우는 것일지도 모른다. 이와 관련된 예로 대니는 〈예스 맨〉 영화 제작자에 대한 이야기를 들려주었다. LA에서 영화를 찍던 중에 어느 파티에 초대받았지만 그녀는 별로 내키지 않았다. 무엇보다 한 시간 이상 가야 하는 거리라서 집을 나설 마음이 생기지 않았다.

그러다가 번뜩 이런 생각이 들었다. '지금 모든 일에 예스라고 답하는 남자를 주인공으로 영화를 만들고 있잖아. 그러니까 나도 이 초대를 받아들여야지.' 파티 내내 그녀는 가만히 앉아 있었다. 누구와도 대화다운 대화를 나누지 않았다. 거의 마지막까지 말이다. 그녀의 표현을 빌리자면, 그녀는 가만히 앉아서 '1920년대 은막의 스타들로서 오래전에 죽은 이들'에 대해 이야기하고 있었다. 그런데 어디선가 갑자기 자갈이 굴러가는 듯한 느낌의 거친 목소리가 들렸다. "나는 당신 같은 여자가 그런 이야기를 하는 것을 들으려고 평생 기다리고 있었습니다."

이 이야기의 초현실적인 부분을 나는 결코 잊지 못한다. 모든 것에 예스라고 말하는 남자가 등장하는 영화의 제작자인 여성이 할리우드 영화에 등장하는 진부한 요소에 대해 논하던 중에 그야말로 할리우드식 로맨스가 시작된 것이다. 어쨌든 두 사람은 지금 결혼해서 아이를 키우고 있다.

월리스의 표현을 빌리자면 단 한 번의 '예스'로는 그런 관계로 이어지지 못했을 것이다. 예스/젠장 효과를 처음 학술적으로 연구한 자우버만도 월리스의 감정을 이해할 것이다. '예스'라고 대답하면 지금 당장 처리할 시간이 없는 일을 하기로 약속하는 것이므로 어느 정도는 유익하다. 그는 초등학교 4학년 자녀의 피아노 연주회에 참석할 유일한 방법은 미래에 시간이 충분하다고 인지하는 것이라고 말한다. "왜냐하면 오늘 일정을 확인한 후에 아이에게 '애야, 미안하구나. 연주회에 못 갈 것 같아'라고 거절할 테니까요."

하지만 '예스'라고 말하는 것은 까다로운 일이다. 평상시라면 닫아놓았을 문을 '예스'라고 하면 열어주게 된다. 그러다 보면 미래의 자아가 지나치게 스트레스받아 해를 입을 수 있는 상황에 자신을 노출시키고 만다. 이런 맥락에서 생각해보자면 "'노우'는 아주 강력한 단어다. 우리 자신을 보호하고 시간을 아낄 수 있는 방패가 되기 때문이다."라고 월리스는 말한다.

그리고 사실 '예스'라고 할 때마다 인생이 확 달라질 만한 일이 생기는 것도 아니다. 월리스는 "재미없는 파티에 갔다가 후회할 확률이나 멋진 파티에 참석해서 결혼 상대를 만날 확률은 거의 비슷해요."라고 설명한다. 하지만 이 말에는 숨겨진 의미가 있다. 어떤 파티에 가더라도 결혼할 사람을 만나지 못할 확률은 거의 비슷하다.

토론토대학교에서 마케팅을 강의하는 딜립 소먼Dilip Soman 교수는 이 점을 깨닫고 나서 자기 인생에서 '노우, 예이No, Yay'를 실천하게 되었다고 한다. 미래에 무엇을 하겠다고 약속해야 할 상황이 생기면 예스/젠장 효과를 떠올린다. 또한 나중에 너무 부담스러울까 봐 걱정스러운 것은 과감하게 거절한다. 그리고 나서 자신의 일정표에 거절한 일을 기록하고 '안 하겠다고 말했음'이라고 표시한다. 그러면 나중에 일정표에 표시한 내용을 확인하고는 자유 시간에 감사하며 즐겁게 '예이'를 외친다.

그러면 '예스'와 '노우' 중에서 언제 어느 것을 선택해야 할까? 쉬운 일은 아니다. 하지만 윌리스의 말에서 힌트를 얻을 수 있다. 다른 사람을 기분 좋게 해주면서 자기 행복에도 부정적인 영향이 없는 일이라면 '예스'라고 해도 된다. 혹시 자기 행복보다 다른 사람의 행복이 지나치게 우선시되거나, 본인의 일을 계속 제쳐놓는 상황이 반복된다면 '노우'가 낫다. 이처럼 '예스'와 '노우'는 상황에 따라 개별적으로 정할 문제다.

우리는 여행 가방에 엉뚱한 옷을 챙기는 실수를 계속 저지른다. 미래의 자아를 고려하지만 깊이 생각하지는 않는다. 이번 장에서는 '할 일을 미루는 습관'과 '예스/젠장 효과'를 가장 대표적인 사례로 언급했다. 허술한 여행 계획을 세우는 경향은 나중에 후회할 행동을 하거나, 어떤 행동을 하지 않아서 후회할 때 문제가 될 수 있다. 하지만 시간 약속에는 이런 경향이 때로 도움이 된다. 즉흥적으로 오리배를 예약해서 놀면 예상한 것보다 훨씬 재미있으니 말이다.

그럼에도 자기 인식에 관한 교훈이 더 의미심장하다. 미래의 자아가 어떤 활동을 하도록 약속할 경우, 미래 자아의 입장에서 좋은 점과 나쁜 점을 모두 고려해야 한다. 부담감이나 스트레스는 어느 정도인가? 또한 지금이 아니라 나중에 하기로 약속할 때 어떤 기회가 생기는가? 이 두 가지 질문은 할 일을 미루는 습관과 예스/젠장 효과에 모두 적용된다.

제4장에서 우리가 현재의 자아에 지나치게 앵커링하는 경우를 살펴보았다. 제5장에서는 미래의 자아를 고려하지만 깊이 생각하지 못하는 경우를 알아보았다. 이어지는 제6장에서는 이 두 가지가 혼합된 상황을 살펴볼 것이다. 현재 일어나는 일을 근거로 미래 상황을 생각하다 보면 때때로 실수를 저지른다. 현재의 감정에 너무 치중한 데다 충분히 깊이 생각하지 않은 채 미래를 예측하기 때문이다. 이를 가리켜 '여행 가방에

엉뚱한 옷을 챙긴다'라고 표현한다.

보스턴은 겨울인데 여행 가방에 수영복을 잔뜩 챙겨가는 것 말이다.

요점 정리

- 시간 여행의 두 번째 실수는 미래를 고려하지만 피상적인 수준으로만 생각하는 것을 말한다.

- 이 실수의 대표적 예시로 할 일을 미루는 경향을 꼽을 수 있다. 미래를 충분히 깊이 생각하지 않기 때문에, 내가 지금 회피하는 부정적인 상황을 미래의 자아가 고스란히 겪게 된다는 것을 깨닫지 못한다.

- 예스/젠장 효과는 또 다른 사례다. 미래에 어떤 일을 하겠다며 '예스'라고 말하지만, 정작 미래의 자신이 이를 얼마나 후회할지 미처 내다보지 못하는 것이다.

제6장

여행 가방에
엉뚱한 옷을 챙기는 실수

1990년대 중반에 오하이오주 북동부 지역 출신의 그레그 티에츠Greg Tietz는 승승장구하고 있었다. 그는 두 기업에서 파트너로 활동하고 있었다. 하나는 광고회사였고 다른 하나는 '특이하고 엉뚱한 선물용 상품'을 판매하는 신생 기업이었다. 모든 면에서 티에츠의 인생은 흠잡을 데 없는 듯했다. 하지만 두 가지 역할에 뒤따르는 스트레스와 압박감은 견디기 힘들었다. 그는 인생을 완전히 바꾸고 싶어서 샌프란시스코로 이사했다.

그는 나와 인터뷰할 때 도시 생활이 중서부에서 지낼 때보다 좀 더 자유로웠다고 말했다. 그리고 완전히 새로 시작하고 싶은 마음이 굴뚝같았다. 친구와 일뿐 아니라 그 외 모든 것을 새롭게 찾고 싶었다. 그는 보텀오브더힐Bottom of the Hill이라는 라이브음악클럽에서 바텐더로 일했다. 매일 새벽 2~3시까지 일했지만, 가장 유명한 록밴드 공연을 볼 수 있다는 점을 생각하면 그 정도 고생은 아무것도 아니었다.

일을 쉬는 날에는 샌프란시스코 중심가에 있는 미션 지구Mission district를 돌아다니며 시간을 보냈다. 멕시코 음식점, 타코 전문점, 빵집 등이 즐비했다. 종일 배가 든든할 정도로 크고 맛있는 부리토를 먹고 싶다면 이곳으로 발걸음을 돌리면 된다.

하루는 그곳을 돌아다니다가 한집에 사는 친구를 위해 간식을 사야겠다고 생각했다. 그때 카사 산체스Casa Sanchez라는 작은 식당을 발견했다. 창문에 식당 이름이 쓰인 것이 그의 눈길을 사로잡았다. 식당 로고 밑에는 다음과 같이 이상한 말이 적혀 있었다.

당신의 몸에 레스토랑 로고를 문신으로 새기면 평생 공짜로 드실 수 있습니다.

아직 한 번도 먹어보지 못한 식당에서 평생 부리토를 주겠다고 약속하기 때문인지, 아니면 창문에 붙여놓은 간판 때문인지 알 수 없었지만 티에츠는 일단 가게 안으로 들어갔다. '밖에 쓰인 문장이 진짜일까?' 그는 궁금했다. 언제라도 부리토를 공짜로 먹을 수 있다는 이유만으로 자기 팔에 음식점 로고 문신을 새길 사람이 있을까?(사실 이 글을 쓰는 지금 나는 그 아이디어가 마냥 이상하다고 생각하지 않는다.)

음식점 주인인 마르타에게 아직 유효한 제안이냐고 묻자 그렇다는 대답이 돌아왔다. "손님이 문신하시면 저희 가게에서 평생 공짜 음식을 드립니다."

광고 에이전시에서 일한 경험 덕분에 그는 이 마케팅 방법이 아주 기발하다고 생각했다. 솔직히 말하자면 그는 샌프란시스코에 오기 전부터 문신을 하나 해야겠다고 줄곧 생각해왔던 차였다.

티에츠의 이야기는 계속 이어졌다. "그런데 누구나 첫 문신은 실수하죠. 그건 끔찍한 기억이에요. 그런 상황이 나한테 생기는 건 싫었어요." 서부지역으로 이사하기 전에 그는 자신에게 의미 있는 것, 중요한 것을 찾고 싶었다. 그래서 완벽한 문신에 대한 아이디어가 떠오를 때까지 기다리기로 결심했다.

그런데 그 가게를 지날 때 바로 그 순간이 찾아왔다는 확신이 들었다. 그 말을 할 때 그는 한바탕 크게 소리 내 웃었다. "벼락을 맞은 것 같았어요. 당신이 가진 모든 질문에 대한 내 대답은 바로 그거예요."

우리는 가끔 문신한 걸 후회한다
—

자, 그렇다면 음식점의 로고는 무엇이었을까? 티에츠가 문신으로 새긴 그림은 옥수수를 타고 우주를 서핑하는 어린 소년이었다고 했다. "귀여운 그림이었어요. 어쨌든 난 그 프로모션 아이디어가 마음에 들었답니다." 티에츠도 문신을 하는 것이 아주 큰 결심이 필요한 일임을 알고 있었다. 첫 문신을 하기까지 오랫동안 기다린 것도 그 때문이다. 그러다가 카사 산체스를 지나던 날 '바로 이거야'라는 강한 확신을 얻었다.

그는 가장 가까운 문신 가게로 달려가기 전에 카사 산체스에서 최고급 카르네 아사다 부리토를 주문했다.[1] 평생 공짜 음식을 먹는다 해도 이왕이면 맛있는 것을 먹으면 좋지 않은가. 그곳의 부리토가 꽤 맛있다고 생각한 그는 이것이 바로 자신을 위한 문신이라고 생각했고, 그렇게 해서 문신을 하게 되었다. 그는 몸에 이미 문신을 여러 개 새긴 친구에게 전화해서 자신과 함께 이 음식점의 로고를 문신할 생각이 있는지 물어보기까지 했다.

그렇게 해서 티에츠와 그의 친구는 카사 산체스에서 무료로 식사하는 대가로 문신을 새긴 첫 번째 손님이 되었다. 그 식당은 2012년에 폐점했는데, 그전까지 티에츠는 40~50회 정도 그 음식점을 찾았다. 사실 폐점했어도 걱정할 필요가 없었다. 그 자리에 새로 들어선 음식점도 티에츠에게 계속 무료 식사를 제공하고 있기 때문이다. 카사 산체스는 칩스와 샐러드를 판매하는데 티에츠와 그의 친구는 토르티야 칩을 먹을 때는 다른 손님과 마찬가지로 돈을 내는 것으로 알고 있다.

굉장히 특이한 사례다. 티에츠에게 이 이야기를 직접 들으면서 그 사람이 대단해 보였다. 나도 티에츠처럼 즉흥적으로 행동해보고 싶었다. 하지만 걱정스러운 마음도 들었다. 나중에 문신을 후회하면 어떻게 하지? 나이가 들어도 옥수수로 서핑하는 소년의 문신이 여전히 마음에 들까? 미션 근처에 살았기에 나는 몇 년 동안 최고의 부리토를 원 없이 먹었다. 하지만 난 아직도 팔에 레스토랑 로고를 새길 자신은 없다. 그랬다가 나중에 후회하면 어쩌나 하는 걱정이 앞서기 때문이다.

문신을 후회하는 것이 특별한 경험은 아니다. 정확한 수치를 파악하기는 어렵지만, 문신을 한 미국인 수백만 명 중 4분의 1은 적어도 문신 중 하나에 대해 후회하고 있다.[2] 덧붙이자면 전 세계적으로 문신 제거

시장의 규모는 47억 달러이며, 매년 15퍼센트 가까이 성장하고 있다.[3]

　로스앤젤레스에서 블랙타워타투스튜디오를 운영하는 타투 아티스트 세사르 크루즈Cesar Cruz를 찾아갔다. 그의 경험에 비추어 볼 때 사람들이 문신을 지우려는 이유가 무엇이라고 생각하는지 물었다. 그는 내가 예상했던 대답 두 가지를 내놓았다. 하나는 문신의 상징적인 의미가 사라졌기 때문이고 다른 하나는 문신에 새긴 문구를 봐도 더 이상 기분이 좋아지지 않기 때문이다. 사람들은 문신에 중요한 의미가 담겨 있다고 여기며 영원히, 아니 적어도 아주 오랫동안 기분을 좋게 해줄 거라고 기대한다. 하지만 그런 효과가 사라지면 크게 실망하고 만다. 물론 다른 이유도 있다. 문신이 옅어졌거나 몸이 노화되면서 문신이 보기 싫어진 경우다.

　설문 조사 자료를 검토해보니 그의 말이 맞았다. 하지만 몇 가지 다른 가능성을 배제할 수 없었다.[4] 어떤 사람은 문신이 그대로 유지되지 않고 손상되어서 후회하기도 했다. 또 어떤 이는 나중에 문신이 너무 사람들의 눈에 잘 띈다는 생각에 후회했다. 처음에는 어떤 대상을 기억하려고 문신했는데 세월이 흐르고 보니 마음이 변해서 문신까지 싫어진 경우도 있었다.

　오해는 없기를 바란다. 대부분의 보디 아트는 후회를 낳거나 레이저로 지워야 할 대상으로 여겨지지 않는다. 문신하면 후회한다는 말을 하려고 문신 이야기를 꺼낸 것은 아니다. 문신을 후회하는 것이 시간 여행의 마지막 실수를 설명하기에 가장 적합한 사례이기 때문이다. 그 실수는 바로 '여행 가방에 엉뚱한 옷을 챙기는' 것이다. 이 실수는 아주 중대한 의미를 담고 있으며, 직업 선택에서 연명치료 결정에 이르기까지 거의 모든 의사결정에 영향을 줄 수 있다.

마이애미에서는 스웨터를 입을 필요가 없다
—

지금은 2월이고 당신은 시카고에 있다. 그런데 아주 오래전부터 기대해왔던 플로리다 여행을 곧 떠날 예정이다. 남쪽 해변으로 휴가를 떠나지만 어쨌든 매우 춥고 힘든 겨울이므로 가장 따뜻한 옷을 단단히 껴입고 있다. 물론 플로리다는 시카고보다 따뜻할 테니 좀 더 가볍게 입어도 전혀 불편하지 않을 것 같다. 그래서 두꺼운 겨울 코트는 시카고에 두고 갈 생각이다. 이 코트는 발목까지 내려오는 데다 몸통 둘레를 20센티미터 이상 뚱뚱하게 보이도록 만든다. 그런데 한편으로는 이런 걱정이 든다. '아무리 플로리다라 해도 밤에는 좀 춥지 않을까?'

그래서 스웨터 한두 벌을 가방에 던져넣는다. 생각해보니 긴팔 셔츠와 얇은 재킷도 있으면 좋을 것 같다. 남쪽 해안이라 따뜻하겠지만, 대비해서 나쁠 것 없다는 생각이 든다. 가방 한두 개가 더 늘어나는 것쯤이야 큰 문제가 아니다.

마이애미에 도착해서 비행기를 벗어나니 기온이 28도가량 되고 습도도 엄청 높은 것 같다. 아직 공항을 벗어나지도 않았는데 땀이 난다. 스웨터, 긴팔 셔츠, 얇은 재킷은 가방에서 꺼낼 필요도 없다고 생각하니 한숨이 나온다. 마이애미 날씨에 맞춰서 짐을 챙겼다면 캐리어 하나로 충분했을 것이다.

이 스토리에도 교훈이 담겨 있다. 지금 시카고에서 추위에 떤다고 해서 미래에도 추울 거라고 생각할 필요가 없다는 점 말이다. 미래에 어떤 기분이나 느낌이 들지 예상할 때 현재의 기분이나 감정을 너무 중시하는 것은 상당히 위험한 행동이다. 인간은 기분이 시시각각으로 변하는 존재이므로 현재 상태는 그리 오래가지 않는다. '여행 가방에 엉뚱한 옷을 챙기는 실수'는 현재 자아의 감정에 지나치게 의존한 나머지 미래의 자아에게 현재 감정을 고스란히 투영해서 생긴다. 하지만 시간이 지나면 미래의 자아는 지금과 다른 감정을 느끼지 않을까?

오를 때는 지옥의 언덕, 내려올 때는 마법의 언덕
—

카네기멜런대학에서 경제학과 심리학을 가르치는 조지 로웬스타인 George Loewenstein 교수는 당대 최고의 경제학자로 알려져 있다.[5] 매년 노벨경제학상 수상자를 예상할 때 그의 이름이 항상 거론될 정도다. 그는 야외 활동을 즐기는 사람으로서 암벽등반, 조깅, 카약 등에 많은 시간을 보낸다.

로웬스타인 교수는 피츠버그에 있는 자택 근처의 '아주 높은 언덕'에서 조깅을 자주 했다. 집 근처 강가에서 달리기 시작해서 약 150미터 높이를 뛰어 올라가는데 언덕 꼭대기에 다다를 때는 '숨이 넘어갈 지경'이라고 했다. 하지만 꼭대기를 한 바퀴 돌고 언덕을 내려가기 시작하면 '이 정도 언덕은 별것 아니구나'라는 생각이 든다. 그야말로 아주 짧은 순간에 온몸을 감싸던 고통이 기억에서 사라지는 것이다. 그는 언덕을 오를 때는 죽을 것처럼 힘들지만 내려올 때는 곧바로 기억이 지워지는 이상한 마법에 걸린 것 같았다.

그 무렵에 로웬스타인 교수는 시간대가 다른 세계 여러 지역에서 열리는 세미나에 초대받았다. 피츠버그의 자택에 머무를 때면 해외여행을 간다는 점과 옛 동료를 만나거나 새로운 동료를 사귈 생각에 기분이 매우 들떴다고 한다. 그래서 초대장이 오면 항상 가겠다고 답을 했다. 그런데 이상하게도 여행 중에 또 다른 초대장을 받으면 거절할 때가 많았다. 그는 여행 중 시차로 몸이 너무 고달팠다며 이렇게 말했다. "여행하며 시차로 고생할 때는 시차를 견디는 게 힘들다는 것 말고는 아무 생각도 할 수 없었어요."

로웬스타인은 두 사례를 종합해서 새로운 이론을 구상하기 시작했다. 이성적일 때는 감정적인 상태에서 자신이 어떻게 행동하거나 어떤 기분이 들지 이해하는 것이 어려울 수 있다.[6] 하지만 강렬한 감정에 사로잡힌 순간에는 그 소용돌이에 말려들지 않은 상태를 생각하기 어렵다. 감정의 소용돌이가 언제까지나 계속될 것 같기 때문이다. 로웬스타인 교수는 이렇게 요약했다. "배가 고플 때 쇼핑하러 가면 필요 이상으로 많이 사게 되죠. 그리고 우울할 때는 우울한 감정이 영원히 계속될 것 같은 느낌이 듭니다."

두 가지 방식으로 여행 가방에 엉뚱한 옷을 챙기는 것과 같다. 첫째, 현재 자아의 감정에 따라 미래 자아를 위한 결정을 내리지만, 지금의 감정은 미래의 자아까지 이어지지 않을 것이다. 둘째, 이성적인 상태에 앵커링하면 미래 자아가 정당하게 느끼게 될 강한 감정을 제대로 헤아리지 못한다.

더 자세히 알아보기 위해 로웬스타인이 참여한 공동연구 하나를 소개해보자. 헤로인 중독자에게 부프레노르핀(약물 욕구를 해소하는 데 도움이 되는 안전한 헤로인 대체물)을 한 번 더 맞을지 아니면 돈을 받을지 선택하게 했다. 부프레노르핀을 주입하기 직전에(부프레노르핀에 대한 욕구가 최대치에 도달했을 때) 선택한 사람들과 부프레노르핀을 맞은 직후에(욕구가 모두 가라앉은 이후) 선택한 사람을 비교해보았다. 전자의 경우 돈을 포기하고 부프레노르핀을 한 번 더 맞겠다는 반응이 후자보다 두 배나 높게 나타났다. 충동이 강하지 않을 때보다 충동이 아주 강할 때 이를 해소하는 것이 더 가치 있다고 보는 것은 당연하다. 하지만 중독자들은 지금 당장이 아닌 5일 후에 부프레노르핀을 더 맞을지 돈을 받을지를 선택할 때에도 현재 욕구 상태에 좌우되어 결정을 내렸다. 즉, 현재 부프레노르핀에 대한 욕구가 강할수록 미래에도 부프레노르핀을 추가로 맞기를 선호했다. 닷새 후면 현재의 충동이 아무런 상관이 없어질 시기인데도 말이다.[7]

로웬스타인 교수와 공동연구자 매슈 라빈Matthew Rabin, 테드 오도너휴 Ted O'Donoghue는 현재의 결정이 미래에 결과로 나타나는 여러 가지 상황에 이를 적용할 수 있다고 판단했다. 거기에서 '투사 편향'projection bias 이라는 용어가 생겨났다.[8] 이는 미래에 관한 결정을 내릴 때 해당 결정이 실행될 시점의 감정이나 욕구가 아니라 현재의 감정과 욕구에 따라 결정하려는 경향을 말한다.

미래에는 마음가짐이나 정신적 태도가 지금과 다를 거라는 점을 알고 있다. 그러면서도 그 점을 고려해서 결정을 바꾸거나 조정하려는 노력을 거의 하지 않는다. 배가 고플 때 쇼핑하러 가면 불필요한 것까지 사게 된다. 지금 우울한 기분이 평생 지속할 리 없음을 알면서도 식료품 가게로 발길을 돌리는 것이다. 지금 감정 상태는 일시적인 것에 불과하지만 그런 감정이나 기분에 따라 인생에서 중요한 사항을 정해버린다.

이 실수는 앞서 살펴본 시간 여행의 두 가지 실수와 어떤 차이가 있을까? '비행기를 놓치는 실수'는 현재에 너무 집중하고 미래를 전혀 생각하지 않았기 때문에 벌어졌다. '허술한 여행 계획'을 세우는 것은 미래를 어느 정도 생각하지만 충분히 깊이 있게 고려하지 않기 때문이다. '여행 가방에 엉뚱한 옷을 챙기는' 이유는 적극적으로 미래를 고려하지만 현재에 지나치게 의존했기 때문이다. 결과적으로는 후회만 남을 선택을 한 것이다. 지금은 애인이나 배우자의 문신이 매력적으로 보일지 모르지만 헤어지고 나면 예전과 달리 멋지다는 생각이 들지 않을 가능성이 크다.

투사 편향은 우리의 선택을 어떻게 조종하는가

투사 편향은 다들 당연하게 여길 정도로 아주 흔한 오류다. 이제 투사 편향은 인생의 한 부분이지 꼭 개선해야 할 실수라고 인식하지 않는 듯하다. 내가 자주 접하는 일상생활의 예를 하나 소개하겠다. 직장 동료 하나가 다음 주 회의를 기획한다고 가정해보자. 사람들의 참석률을 높이기 위해 간식거리를 준비하겠다는 아이디어를 냈다. 일반적인 주전부리가 아니라 각 사람의 입맛에 딱 맞는 간식을 준비하겠다고 한다. 그래서 당신에게 전화로 다음 주 회의에서 먹고 싶은 과자를 말해달라고 요청한다.

건강에 좋은 사과, 바나나, 블루베리를 요청할 수도 있고, 감자칩, 스니커즈, 리세스 등 과자를 선택할 수도 있다. 직장 동료가 간식을 구체적으로 선택해보라고 한 것은 허기가 슬슬 밀려오는 늦은 오후다. 자, 당신이라면 어떤 간식을 고를 것인가? 실제 어떤 연구에서 오후 늦은 시간에 사무실 직원에게 두 가지 선택지를 제시하자 압도적으로 많은 사람이 건강에 좋지 않은 과자를 선택했다.[9]

심한 허기가 지면 미래에도 이와 비슷하게 배가 고플 거라고 잘못 판단할 수 있다. 그래서 미래에 느낄 배고픔을 빨리 해결해줄 과자를 선택한다. 그런데 방금 점심을 먹어서 배가 부른 사무실 직원들을 대상으로 같은 실험을 해보니 대부분 사과나 바나나를 선택했다.

자동차를 구매하는 소비자들 역시 이와 비슷한 방식으로 행동하는 것으로 알려져 있다. 자동차 구매 시점의 날씨가 소비자의 선택에 어느 정도 영향을 주는 것으로 나타난 것이다. 평소보다 날씨가 따뜻하거나 하늘이 맑으면 컨버터블 자동차 구매자가 늘어났다.[10] 반대로 심한 눈보라가 불면 그 후로 2~3주간 사륜구동 자동차 판매가 6퍼센트 증가했다.

이런 양상은 사과와 스니커즈, 컨버터블 자동차와 SUV 중에서 하나를 선택하는 상황에만 국한되지 않는다. 개인적인 생활이나 직장에서도 비슷한 양상이 나타난다.

일례로 2008년, 한국에서는 이혼 전에 의무적인 유예 기간을 보내는 제도를 도입했다. 이혼서류를 제출하고 몇 달을 기다려야 서류가 처리되는 방식이다. 새로운 법이 시행된 직후 이혼율이 급격히 감소한 것을 보면 효과가 있었던 것 같다.[11] 대개 부정적인 감정이 매우 강렬한 데다 그런 감정이 계속될 것 같은 생각이 들어서 이혼서류를 제출하기 때문이다. 엄밀히 말해서 이혼서류를 제출하는 비율은 전혀 달라지지 않았다. 다만 이혼서류를 제출하는 순간의 무거운 감정이 해소되기를 바라는 마음으로 시간을 유예하는 것이다.

학부생의 필수과목 수업 시간처럼 사소한 것도 미래의 중요한 결정에 영향을 줄 수 있다. 17년 동안 약 2만 명의 웨스트포인트 생도들을 연구해봤다. 사관생도들은 오후 수업보다 이른 아침 7시 30분 수업에 무작위로 배정된 경우, 그 과목을 전공할 가능성이 10퍼센트나 낮았다.

왜일까? 이유를 곰곰이 생각해보자. 아침 일찍 피곤한 몸을 이끌고 경제학 입문 수업을 듣는 학생이 있다. 그 학생은 자신이 피곤한 이유가 수업과목에 대한 거부감 때문이라고 착각하기 쉽다.[12] 그래서 자기가 전공을 잘못 선택했다고 생각하게 된다. 경제학이 지루하기 짝이 없는 분야라고 생각하지만, 전날 일찍 자거나 아침에 카페인을 충분히 섭취했다면 상황은 완전히 달라졌을지도 모른다.

이 프로젝트에 참여한 카림 해개그Kareem Haggag는 행동경제학자이자 UCLA에서 나와 함께 근무하는 동료다. 그는 대학에서 무엇을 전공할지 정하는 것이 결코 사소한 일이 아니라고 했다. 사실 전공 선택은 인생의 다양한 결과에 큰 영향을 준다. 해개그의 표현을 빌리면 다음과 같다. "어떤 결정은 대학을 다니는 3~4년간 영향을 주는 데서 끝나지 않고 평생에 걸쳐 소득 곡선마저 좌우할 수 있다. 그처럼 위험이 큰 상황에서도 사람들은 여전히 과거의 일시적 감정에 매달려 편향된 결정을 내리는 것으로 보인다."[13]

여행 가방에 엉뚱한 옷을 챙기는 이유

—

또 다른 각도에서 생각해보자. 투사 편향을 정말 문제로 봐야 할까? 자신이 미래에 무엇을 선호할지 예측하는 것이 매우 어려울 때가 있다. 그래서 대부분 현재의 기분에 따라 미래를 예측한다. 그런데 이렇게 하면 정말 큰일이라도 나는 것일까?

문제는 우리가 이 과정에 얼마나 극적으로 관여하느냐에 달려 있다. 현재 상황에 지나치게 의존하는 문제가 쌓이고 쌓이면, 미래의 자아가 후회하거나 부당하다고 여길 만한 결과에 봉착한다. 두꺼운 옷을 잔뜩 싸 들고 마이애미로 여행 간 사례를 다시 생각해보자. 여기서 문제는 불필요한 옷을 많이 가져간 것이 아니다. 큰 가방을 가져가느라 비용이 많이 들었을 테고 그 때문에 정작 필요한 수영복이나 티셔츠는 충분히 챙기지 못했을 터다. 바로 그것이 문제다.

경제학자 마크 카우프만Marc Kaufmann은 업무 상황을 고려할 때, 현재 상황을 과도하게 미래에 투영하려는 경향이 현재 시간을 어떻게 관리하느냐 하는 문제에 오류를 일으킬 수 있다고 가정했다. 회사에서 흥미로워 보이는 프로젝트를 처음 시작할 때 얼마나 기분이 좋았는지 떠올려보라. 그전에 하던 프로젝트는 지루하고 답답해서 도무지 일할 의욕이 나지 않았을 터다. 그러다가 새로운 일을 하게 되면 관점이 긍정적으로 바뀌고 일하려는 의욕도 샘솟는다. 그래서 초반에 과할 정도로 엄청난 시간을 프로젝트에 투자할지도 모른다.

이 점을 잘 설명하기 위해 카우프만 교수는 내일 당장 중간고사를 봐야 하는 학생의 예를 들었다. 푹 자고 아침에 눈을 뜬 학생은 총 8개 장을 공부해야 한다는 점을 알고 있다. 처음에는 공부가 순조롭게 진행된다. 각 장을 복습하는 데 약 두 시간 정도 걸릴 것이다. '아주 좋아. 이 속도라면 시험 범위를 충분히 끝낼 수 있어.' 나중에는 투사 편향이 반드시 일어난다. 처음에는 낙관적인 기대와 열정이 종일 지속되리라 여긴다. 하지만 얼마 못 가 그게 아니라는 것을 깨닫는다. 시간은 쏜살처럼 지나가서 어느덧 해가 지고 지루함과 허기가 몰려오면, 공부 속도도 현저히 느려지고 결국 시험공부를 포기하게 된다.

이처럼 어떤 일을 진행할 때 초반에 지나치게 에너지를 소비해버리면 끝까지 힘을 내기 어렵다. 결국 마감 시간이 다가올 때쯤에는 힘도 없고 시간도 부족한 상황에 처할 수 있다.[14]

미래에 현재를 과도하게 투영시키면 더 심각한 문제가 발생한다. 노스웨스턴대학교 켈로그경영대학원의 경영학 교수 로런 노드그런Loran Nordgren이 주도한 실험이 있다. 그는 학생을 두 집단으로 나누었다. 한 집단에게는 20분간 여러 개의 숫자를 암기하게 했고, 다른 집단에게는 딱 2분간 숫자를 암기하게 했다. 그러고 나서 곧바로 질문을 던졌다. 얼마나 피곤한지, 미래의 피로감을 얼마나 잘 관리할 수 있다고 생각하는지, 시험공부를 할 내용이 있다면 어느 정도의 학습량을 마지막 주까지 미루고 싶은지 등. 고작 2분간 숫자를 암기해서 별로 피곤하지 않은 학생들은 미래의 피로감에 대처할 자신이 있다고 응답했다. 그 결과 공부할 양이 많은데도 뒤로 미루는 태도를 보였다.

이제 실험 결과를 정리해보자. 힘들고 피곤한 일을 하지 않은 학생들은 나중에 정말 피곤한 것이 어떤 느낌인지 충분히 이해하거나 예상하지 못했다. 지금은 기분이 좋고 컨디션이 나쁘지 않으며, 그러한 감정에 지나치게 의존한 탓에 미래의 피로감을 생생하게 그려볼 수 없었다. 결과적으로 자기가 감당하기 어려운 상황을 자초하는 결정을 내렸다.

학생들만 이런 응답을 한 것이 아니었다. 4개월간 추적해보니 담배를 끊었다고 한 흡연자 중에서 흡연 욕구를 잘 통제할 수 있다고 말한 사람들은 여전히 담배를 피우는 친구와 어울리는 등 유혹이 존재하는 상황을 피하려 애쓰지 않았다.[15] 안타깝게도 그들은 다시 담배를 피우는 실패자가 될 확률이 높았다.

우리는 종종 '현재의 기분이나 느낌에 따라' 미래에 어떻게 행동할지 결정한다. 행복한 결혼생활을 하고 있는데도 술자리에서 예전에 사귀던 애인을 만나야 할까? 다이어트 중인데도 케이크가 남았다는 소식을 들으면 휴게실로 가야 할까? 담배를 끊었는데도 집에 담배 한 갑을 준비해둬야 할까?

현재의 기분이나 감정을 기준으로 미래에 유혹을 잘 이겨낼지 아닐지를 결정하면 어떤 문제가 생길까? 그러면 그 유혹이 얼마나 강렬한지 제대로 파악하지 못한다. 예전에 사귀던 사람을 다시 만나면 편안하고 재미있는 시간을 보내게 되고, 케이크 한 조각에 다이어트 의지는 모두 날아가 버릴 수 있다. 담배를 딱 한 모금만 피고 싶다는 강렬한 욕망은 좀처럼 이겨내기 힘들다. 아이러니하게도 사람들은 이런 유혹에 불필요하게 자신을 노출시키며, 결국 생각지 못한 방식으로 유혹에 굴복하고 만다.

한때 금연에 성공한 사람들을 연구한 로런 노드그런 교수는 인터뷰에서 이런 말을 했다. "기분과 감정은 우리의 행동을 좌우하는 데 지대한 영향을 줍니다. 하지만 사람들은 감정이나 기분이 얼마나 변덕스러운지 좀처럼 이해하지 못해요. 변덕스러운 감정의 위험을 대수롭지 않게 생각하기 때문에 결국 화를 자초하게 됩니다."

그래서 종종 우리는 여행 가방에 엉뚱한 옷을 챙긴다. 현재의 자아가 느끼는 기분이나 감정에 따라 결정하고, 미래의 자아는 그 결정을 두고 두고 후회하게 된다. 지금 당장 춥다고 느끼기 때문에 마이애미에서 땀이 나면 어떤 기분일지 상상하지 못한다.

그런데 이와 비슷한 또 다른 실수가 있다. 당장 느끼는 감정에 따른 실수라기보다는 현재의 성격, 호불호 등에 대한 일반적인 생각이나 인식과 관련된 실수다.

우리는 늘 변화한다, 미래에도 마찬가지다
—

가장 최근에 어떤 그룹을 좋아했는지 잠깐 생각해보자. 어쩌면 10년 전의 추억을 떠올리거나 더 오래전 추억을 떠올려야 할지 모른다. 나는 20대 초에 보스턴 출신의 구스터Guster라는 그룹을 매우 좋아했다. 이 점을 실토하자니 약간 부끄러운 생각이 든다.

앨범 표지가 약간 지저분한 이미지를 주긴 하지만, 그들의 음악은 듣기 좋았으며 1990년대 후반을 대표하는 그룹이었다. 그 시절 우리 집 거실에서는 구스터의 노래가 반복 재생되어 흘러나왔다. 내 룸메이트가 한 번만 더 구스터의 노래를 재생하면 집을 나갈 거라고 으름장을 놓을 정도였다. 구스터의 콘서트에 갈 수만 있다면 통장 잔액이 아무리 부족해도 절대 포기하지 않았을 것이다.

지금은 노래 취향이 달라졌다. 요즘은 록밴드 더 내셔널the National의 음악을 많이 듣는다. LA 출신의 그룹인데 음악은 구스터보다 약간 더 어둡고 우울한 편이다. 팬데믹이 발생하지 않았다면, 콘서트 티켓을 예약하려고 수단과 방법을 가리지 않았을 터다. 요즘도 더 내셔널의 전국 투어를 손꼽아 기다리는 중이다. 아무리 생각해봐도 몇 년 후에도 더 내셔널 공연을 볼 마음이 사라질 것 같지 않다.

2020년의 어느 날, 내가 1990년대에 좋아했던 구스터가 우리 집에서 30분 거리에 있는 할리우드 포에버 공동묘지에서 공연한다는 소식을 들었다. 오랫동안 공연을 보지 못했기에 이번 기회에 과거의 추억을 되살려보면 재미있을 것 같았다. 하지만 공연 관람권 가격이 무려 40달러나 돼서 망설여졌다. 지금 보면 좀 유치한 느낌이 드는 음악을 하는 그룹인데 아내와 내가 80달러나 쓸 가치가 있을지 의문스러웠다.

구스터에 열광하던 시절에는 달랐다. 얼마 되지 않는 수입이지만 콘서트에 가려고 쓰는 돈이 전혀 아깝지 않았고 앞으로도 늘 그럴 거라 믿었다. 하지만 이제 더 내셔널이면 몰라도 구스터를 좋아하던 마음은 역사의 쓰레기통에 던져진 지 오래다. 지금 이 마음이 또 언제 바뀔지 나도 잘 모른다. 과거를 돌아보면 내 취향은 분명 바뀌었다. 그런데도 미래를 생각할 때 취향이 또 바뀔 거라고 확신하거나 어떻게 바뀔지 예상하기 어렵다.

살아온 인생을 돌이켜보면 자신의 취향이 어느 정도 바뀌었다는 점을 인정하게 된다. 콘서트 입장권이 비싸게 느껴진 적은 없다 해도 적어도 어린 시절 사고 싶었던 고가의 스케이트보드에 대한 생각은 달라졌을지 모른다. 아직도 파워레인저, 동물 인형, 반짝거리는 까만색 닥터마

틴 부츠에 열광하는지 생각해보라.

조르디 쿠아드박Jordi Quoidbach 교수가 이끄는 연구팀은 수천 명을 대상으로 일반적인 관심사나 선호도에 따라 앞일을 예측하는 성향을 연구했다. 그들은 벨기에의 유명한 텔레비전 쇼 웹사이트 방문자에게 다음과 같은 질문을 던졌다. "10년 전에 개방성, 성실성, 수용성, 외향성, 불안정성을 기준으로 본인의 성격을 평가했다면 뭐라고 말했을까요?"

10년 후에 과연 각 요소의 점수가 어떻게 달라질지 예상해보라. 현재와 미래의 자아가 달라진 정도보다 과거와 현재의 자아에서 차이가 더 크다고 느끼면 안심해도 좋다. 다들 그렇게 생각하기 때문이다. 젊은 사람이든 중년이든 노년이든 관계없이 거의 2만 명에게서 이러한 응답 패턴이 분명하게 나타났다.[16] 그들은 성격이나 가치관의 측면에서 과거에 비해 지금 많이 달라졌다고 생각했다. 하지만 앞으로도 그만큼 또 변할 거라고 믿는 사람은 많지 않았다.

후속 연구도 있다. 예전에 좋아했던 그룹이 현재 진행하는 콘서트에 갈 수 있다면 돈을 얼마나 쓸 거냐는 질문을 던졌다. 이와 비교해보면 지금 좋아하는 그룹이 10년 후에 콘서트를 하면 기꺼이 가겠다는 사람들이 콘서트 티켓에 돈을 60퍼센트나 더 쓰겠다는 반응을 보였다. 한마디로 말해 현재 좋아하는 것을 마음껏 누릴 기회가 미래에 주어진다면 돈이 얼마나 들어도 상관없다는 것이다.

가상의 상황을 논할 때만 이런 반응이 나오는 것은 아니다. 쿠아드박 교수가 이끄는 연구팀은 30년에 걸쳐 수천 명의 미국인을 조사했다. 그들은 자기 삶의 만족도가 계속 큰 변동을 보일 것이라는 점을 과소평가했다.[17]

당신의 역사는 현재진행형

—

이러한 경향을 가리켜 '역사가 끝났다는 착각'end-of-history illusion이라고 표현한다. 우리는 과거의 모습에서 현재의 모습으로 점차 발전해왔다는 사실을 인식하면서도, 자신이 앞으로 계속 변할 거라는 점은 생각하지 못한다.

이 논문의 공동저자인 심리학자 댄 길버트는 제5장에서 소개한 스피드 데이트 실험을 진행한 사람이다. 그는 젊었을 때 '나의 20대와 30대는 분명 다르겠지만, 30대와 40대는 조금밖에 다르지 않을 것이다. 그리고 40대 이후의 삶은 '눈에 띄게 다르지 않을' 것이다'라고 생각했다.

그는 마흔쯤 되면 자기 자신이 완성된 모습에 '도달'할 거라고 직감했다. 하지만 나이가 더 들어서 돌이켜 보니 젊은 시절의 예상은 하나도 맞지 않았다. "64세의 모습은 54세 때와 매우 달랐습니다. 54세의 모습도 44세와 큰 차이가 있었죠." 과거에 큰 변화를 겪었다 해도, 여전히 미래에 더 큰 변화를 겪게 된다. 하지만 이를 받아들이거나 예상하기란 쉽지 않은 모양이다.

조르디 쿠아드박, 댄 길버트, 팀 윌슨 모두 그 점을 이렇게 설명한다. "10대 청소년 세대나 조부모 세대나 다들 개인의 변화 속도가 거북이처럼 느려졌다고 느끼는 것 같다. 최근에 와서야 지금의 모습을 다 갖추었다고 여긴다. 하지만 역사는 항상 오늘을 넘기지 않고 끝난다."[18]

이런 환상이 발생하는 이유가 뭔지 정확히는 모르지만 추측해볼 수는 있다. 이런 환상은 자기방어 때문에 생길 수도 있고, 알지 못하는 것에 대한 두려움 때문에 생길 수도 있다. 나는 후자의 가능성이 더 크다고 본다. 사람들은 과거부터 지금까지 자기가 변화한 모습을 생각할 때 말은 안 해도 개선된 부분을 먼저 떠올린다.[19] 그래서 많은 경우 현재의 자아를 매우 긍정적으로 평가한다.[20] 많은 사람이 자신을 좋게 생각하고 예전보다 나아졌다고 여긴다. 자신의 성격이 다른 사람의 마음을 끌 수 있으며, 자신의 가치관이 높이 평가받는다고 여긴다. 그런데 또다시 자신이 바뀐다고 생각하면 이렇게 고상하고 아름다운 모습을 포기해야 한다. 그래서 다들 현재의 자기 모습을 놓치지 않으려고 애쓰는 것인 듯 싶다.

마찬가지로 우리는 자신을 잘 알고 있다고 믿는다.[21] 그래서 미래에 자신의 성격, 가치관, 선호도가 변할 수도 있다고 생각하면 실존적 불안이 높아질 수 있다. 하지만 역으로 따져보자. 자신이 앞으로 어떻게 달라질지 모른다면 지금 자신을 얼마나 잘 알 수 있겠는가?[22]

이 점에서 우리는 몇 가지 중요한 의미를 끌어낼 수 있다.

직장 생활을 예로 들어보자. 향후 커리어를 계획할 때 우리는 현재 상황에 지나치게 의존한다. 지금까지 자신의 가치관이나 관심사가 얼마나 많이 변했으며 앞으로 어떻게 달라질지는 깊이 고민하지 않는다. 공무원을 대상으로 한 설문 조사를 통해 이러한 결론을 재확인할 수 있었다. 첫 번째 집단에는 과거에서 현재로 넘어오는 동안 자신의 가치관이 어떻게 달라졌는지 물었다. 그 결과 지난 10년간 중요성이 크게 높아진 가치관은 '독립적으로 일할 수 있는 점'과 '다른 사람에게 도움을 줄 수 있는 능력'이라고 응답했다. 반면 두 번째 집단에는 향후 10년간 어떤 가치관을 중요하게 여길지 예상해보라고 했다. 그러자 이미 경험한 것을 '보고'report한 첫 번째 집단과 달리 미래를 '예측'predict한 집단은 업

무 동기가 별로 달라지지 않을 것 같다고 응답했다.[23]

여기에는 한 가지 문제가 있다. 새로운 분야로 진출하거나 다른 일을 구할지 고심하는 중에 중요한 사항이 무엇인지 잘못 판단하면 낭패를 본다. 나중에 후회할 길을 택하거나 옳은 길을 택하지 않아서 뒤늦게 후회할 수도 있기 때문이다.

쿠아드박은 나와 대화를 나누던 중 또 다른 의미심장한 연구 결과를 언급했다. "역사가 끝났다는 착각 때문에 지금 즐길 기회를 그냥 놓치게 되지 않을까요?" 그러고는 이국적인 장소로 여행을 떠나는 상황을 예시로 사용했다. 지금 형편상 버스로 이동하고 호스텔에 머무르는 등 아주 조촐한 여행만 계획할 수 있다. 고급스러운 방식은 아니지만 그래도 외국에 가볼 기회라는 점에서는 긍정적이다. 하지만 인생을 살면서 좋은 것을 누리는 일도 중요하기에 비싼 호텔에서 고급 침대를 쓸 수 있다면 좋았을 거라는 아쉬움이 남는다.

여기까지 생각이 미치면 미래의 자아도 바로 이런 점을 중요하게 여길 거라고 오판할지 모른다. '나는 그냥 몇 년 더 기다릴래. 제대로 즐길 수 있는 자금을 모을 거야.'라고 생각할지 모른다. 하지만 그런 판단이 실수라면 어떨까? 몇 년 후에 나이가 들고 보니 호주 오지 여행을 가는 것보다 가족과 시간을 보내는 것이 더 좋아 보일 수 있다. 젊을 때 모험을 떠나지 않은 것을 후회할 것인가? 때로는 현재의 자아가 좋아하거나 관심을 보이는 것을 놓치지 말아야 한다. 미래의 자아는 구스터 콘서트에 관심이 없을 가능성도 있기 때문이다.

훨씬 더 먼 미래에 발생할 수 있는 끔찍한 결과가 있는데, 그것은 바로 임종 계획이다. 샌프란시스코에 사는 B. J. 밀러B. J. Miller 박사는 최첨

단 완화치료를 제공하는데, 그는 생애 대부분을 바쳐서 임종 계획을 연구했다.

인생의 결말은 우리 생각과 다를 수 있다
—

2017년 《뉴욕타임스》에 실린 B. J. 밀러의 프로필 제목은 '사람이 죽는 방식을 바꾸려는 한 남자의 노력'이었다.[24] 지나치게 고상한 느낌이 들지 모르지만, 밀러 박사를 가장 잘 표현한 제목이었다.

그는 1990년 11월의 어느 날 밤 죽음을 처음 직면한다. 프린스턴대학교 2학년이었던 밀러는 새벽 4시 즈음 근처 편의점으로 걸어가면서 친구들과 장난을 치던 중이었다. 편의점에 가려면 프린스턴 통근열차가 다니는 기찻길을 건너야 했다. 통근열차는 학교 캠퍼스에서 암트랙역까지 데려다주는 비교적 짧은 노선이었다. 현지인들이 '딩키'라고 불렀던 소형 기차가 기찻길에 정차되어 있었다. 정확한 이유는 알 수 없지만 밀러와 친구들은 재미 삼아 딩키에 기어 올라갔다.

밀러가 앞장서서 기차 뒤편의 사다리에 올라갔다. 그런데 몸을 바로 세우자 팔이 전선 가까이에 닿았고 1만 1,000볼트의 전류가 손목에 차고 있던 메탈 시계를 타고 들어오면서 순식간에 감전되었다. 목숨은 건졌으나 한쪽 팔꿈치 아래를 절단하고, 양쪽 다리는 무릎 아래를 절단해야 했다.

그 사건은 한 번의 경험이었다. 하지만 환자들이 치료를 경험하는 방식을 더 잘 이해하고 더 개선하는 방향을 연구하기로 마음먹는 계기가 되었다. 밀러는 자신의 경험담을 들려주면서 딩키 때문에 자기 인생이 얼마나 달라졌는지 생각하면 웃음이 난다고 했다. 밀러는 세인트바나바의료원의 화상 센터에서 질 높은 치료를 받긴 했지만, 의료계는 전반적으로 사람이 아니라 병을 치료하는 데 주력한다는 점을 절실히 느꼈다. 밀러가 보기에 그 문제가 가장 두드러지는 곳은 호스피스 센터였다. 그도 그럴 것이 호스피스 센터는 무슨 수를 써서라도 환자의 목숨을 붙들고 있으려 했다.

얼마 전까지 밀러는 캘리포니아대학교 샌프란시스코 캠퍼스에서 의대 교수 및 완화의료 전문가로 일했다. 그리고 불교의 가르침에 따라 운영되는 젠 호스피스 프로젝트Zen Hospice Project라는 곳의 총책임자로 있었다. 2020년에는 삶의 마지막 순간에 환자가 의료 시스템 내에서 원하는 방향을 찾도록 도와주는 메틀 헬스Mettle Health라는 단체를 운영하기 시작했다. 이곳은 '죽음과 함께 사는' 방법을 알려주는 일종의 컨설팅업체라고 보면 된다.

기존의 의료 시스템에서는 마지막 순간까지 죽음이라는 개념을 옆으로 밀어놓는다. 하지만 밀러의 목표는 다르다. 죽음을 외면하거나 회피하지 않고 생애주기의 한 부분으로 인정하고 기념해야 할 대상으로 여기게 만드는 것이 목표다. 밝은 조명, 깜박거리는 기계, 무균 처리된 병실을 갖춘 현대 의료 모형에서는 죽음을 '극복'해야 하는 결과로 취급한다. 그래서 환자가 사망하면 재빨리 병실에서 끄집어내고 그 사람이 누워 있던 자리에 어떤 흔적도 남겨두지 않는다.

하지만 밀러 박사는 완화치료에 인간다움을 더 강화하고자 노력한다. 그의 목표는 죽음을 '삶의 일부에 가까운 것'으로 만드는 것이다. 그는 지난 일을 회고하면서 양쪽 폐가 모두 망가진 루게릭병 환자에 대해 언급했다. 그 환자는 담배를 달라고 했다. 빨리 죽으려고 그러는 것이 아니라 '아직 폐 기능이 남아 있을 때 폐에 뭔가 가득 채워지는' 느낌을 원한 것이다.[25] 또 다른 말기 환자는 화학요법이 아니라 병실에 반려견이 들어오는 걸 허락해달라고 요청했다. 반려견이 자신에게 다가와 코를 비비며 품에 파고들기를 원했기 때문이다.

일반 병동에서는 이런 요구를 절대 들어주지 않지만 밀러 박사는 공감을 중시하는 접근법이 필요하다고 주장한다. 《뉴욕타임스》 프로필에 나와 있듯이 그는 '새로운 임종치료 모형을 만들어내는 선구자'다.

이 모형을 어떻게 실행하면 좋을까? 우선 죽음에 대해 더 많이, 더 깊이 있는 대화를 나눠야 한다. 물론 죽음은 최악의 상황이다. 자연스럽게 대화할 주제도 아니고 사람들이 편하게 생각하는 주제도 아니다. 가장 큰 문제는 역사가 끝났다는 착각에 뿌리를 두고 있다. 즉 우리는 미래를 생각할 때 자연스럽게 노화와 삶이 끝나는 순간을 떠올린다. 많은 문화권에서 이 두 가지를 긍정적으로 보지 않는다.[26]

노화 과정을 어느 정도 통제하려면 현재의 모습을 그대로 유지해야 하지만, 노화와 죽음을 피할 수 없으니 그냥 무시하는 쪽을 택한다. 미래의 자신을 상상하는 것은 상당히 어렵다. 그런데 미래의 자신이 아예 존재하지 않는 세상을 상상하는 것은 그보다 더 어렵다.

성인 대다수가 인생의 마지막 순간에 대한 계획을 세우지 않는다. 이는 그다지 놀랄 일이 아니다. 최근에 발표된 통계치에 의하면 사전의료의향서를 작성해둔 사람은 미국인 세 명 중 한 명에 불과하다.[27] 의향서를 작성한 사람 중에도 차후에 생각이 바뀐 경우가 있을 터다. 다만 이를 의향서에 반영해 수정하는 작업을 하지 않았을 가능성이 크다.

어떤 연구에서 건강한 응답자에게 물었다. 3개월간 생명을 연장하기 위해 아주 힘든 화학요법을 받아야 한다면 동의하겠느냐는 질문이었다. 그랬더니 고작 10퍼센트만 동의 의사를 밝혔다. 하지만 암 환자에게 같은 질문을 하자 무려 42퍼센트가 치료를 받겠다고 했다.[28] 이로 짐작하건대 우리는 삶의 마지막 순간이 다가오면 생명 자체에 매우 큰 가치를 부여하는 것 같다.

지금까지 살펴본 것처럼 투사 편향이나 역사가 끝났다는 착각과 같은 유형의 선택에서 가장 어려운 부분은 우리의 취향과 선호도가 항상 바뀌지만 우리는 종종 현재의 자아를 중심으로 결정해버린다는 점이다. 미래의 자아는 과거의 자아와 생각이 다르다. 하지만 과거의 자아가 내린 중요한 결정에 지대한 영향을 받으며 힘든 현실이라 해도 그것을 받아들여야만 한다.

밀러 박사에게 한 가지 질문을 던졌다. "삶의 마지막 순간을 위한 선택이라면 그 선택의 오류는 언제 바로잡을 수 있죠?" 그는 잠시 생각에 잠기더니 종종 잘못된 선택을 할 때가 있다고 말했다. '큰일 났네. 난 상황이 이 방향으로 갈 줄 알았는데, 정반대로 가고 있잖아'라는 느낌이 들면 세상이 무너지는 기분일 것이다. 죽음을 둘러싼 감정적 부담은 이미 크기 때문에 이렇게 충격을 받으면 당사자에게 매우 위험하다.

하지만 선택이 잘못되지 않은 경우는 '여행 가방에 엉뚱한 옷을 챙길 때' 멋진 해결책이 된다. 최상의 죽음을 경험한 사람이라고 해서 반드시 고통 없이 최후의 순간을 맞는 것은 아니라고 한다. 하지만 그들은 시간에 대해 성숙한 견해를 갖고 있다. 주어진 미래를 위해 계획을 세울 수 있지만 시간이 흐르면 자신이 세운 계획에 대한 생각이 바뀔 수 있다는 점도 인정할 줄 안다.

이렇게 성숙한 모습은 흐름에 대한 인식에서 나온다. 자신도 결국 '진행 중인 작업'과 같은 존재라는 점을 이해하는 환자는 임종 순간 바라는 것을 논할 때 적극적으로 참여한다. 이들은 선호도, 가치관은 물론이고 성격이 바뀌는 것도 아주 편안하게 받아들인다. 많은 사람이 그런 변화를 거부하는 이유 중 하나는 변화가 상실감과 뒤얽혀 있기 때문이다.

과거의 자아는 사라지고 없다. 하지만 현명한 환자는 이렇게 작은 상실감에 정면으로 맞선다. 자신이 언젠가는 죽을 수밖에 없는 존재라는 사실을 겸허히 받아들인다. 밀러의 표현을 빌리자면 "자기가 잃어버린 것이 뭔지 알면 자신에게 아직 뭐가 남아 있는지 분명히 알게 된다."

밀러 박사는 "인간의 계획을 신은 비웃으신다."라는 말을 좋아한다고 했다. 어느 정도 일리가 있는 말이다. 특히 우리는 절대 결말이 어떻게 될지 모른다는 점에서 그렇다. "우린 그래도 계획을 세우잖아요!"라고 밀러는 덧붙였다. 내일을 위한 계획이든, 인생의 마지막 순간을 위한 계획이든, 그냥 미래의 어느 시점을 위한 계획이든 간에 미래를 계획할 때는 독단적으로 굴지 말고 신중하게 생각해야 한다. 비유적으로 말하면 미래를 계획하는 것은 '의료 대리인'을 임명하거나, 인생의 끝이 다가올 때 대신 계획을 세워줄 누군가를 임명하는 것과 비슷하다.[29]

그는 "마지막 순간이 어떨지 대충 가정해보는 것이 중요하다."고 말했다. 그렇게 하면 자신이 모든 결말은 아니더라도 어떤 결말은 통제할 수 있음을 인지하게 된다. 밀러 박사는 이런 마음가짐을 유지하면 어떤 일이 닥쳐도 결국에는 긍정적인 결과를 얻을 거로 믿는다.

옥수수 로켓에 올라탄 소년으로 돌아가 보자

—

현재의 자아에 의존해서 미래를 예측하다가 실수로 여행 가방에 엉뚱한 옷을 챙긴 사례는 수없이 많다. 현재의 감정이 영원히 지속될 리 없다는 점을 깨닫지 못할 때가 있다. 하지만 지금처럼 배고프거나 춥고 걱정스러운 기분이 언제까지나 계속될 리 없다. 현재의 내 모습과 미래의 자아가 전혀 다른 사람처럼 차이가 난다는 것도 잊어버릴 때가 있다. 하지만 스포티파이의 '내가 즐겨듣는 노래 목록'에 더 내셔널의 헤비메탈 곡이 항상 추가되리라는 보장은 없다.

공짜로 부리토를 먹기 위해 카사 산체스 식당 로고를 문신으로 새긴 그레그 티에츠를 다시 떠올려보자. 문신을 하겠다는 결정도 이런 부류에 속할까? 그러니까 결국 그 사람도 문신을 후회하게 되었을까? 내가 단도직입적으로 질문하자 그는 딱 잘라 이렇게 말했다. "전혀 그렇지 않아요. 한순간도 후회한 적 없습니다."

그는 문신을 보면 '특정 시점이 머릿속에 떠오른다'고 했다. 아마 지금보다 모든 것이 편하게 느껴지던 시절을 말하는 것이리라. 지금 생활도 좋지만 이제는 회사에 다니기 때문에 새벽 2~3시까지 놀 수 없다. 쉬는 날이 되어야 술을 마시거나 유명한 밴드의 노래를 듣거나 커다란 부리토를 먹을 수 있다. 언제든 자기 팔을 보면 과거의 그 시절과 연결된다는 점이 그에게는 큰 위안이다.

밀러 박사의 똑똑한 환자들처럼 티에츠는 과거의 자신이 자기 인생을 수놓은 수많은 자아 중 하나에 불과하다는 것을 깨달았다. 과거의 자신과 현재의 자신이 다르듯, 앞으로도 세월이 흐르면 계속 변할 것이다.

티에츠는 이후로 더는 문신을 하지 않았지만 그 문신에 대해서는 계속 생각하고 있다. 또다시 평생 식사를 공짜로 주겠다는 식당을 찾을 때까지 기다리는지도 모른다.

───────── (요점 정리) ─────────

- 시간 여행에서 저지르는 마지막 실수는 여러 측면에서 미래가 지금과 다를 수도 있다는 점을 미처 깨닫지 못하는 것이다.

- 그중 한 가지 예가 투사 편향이다. 이는 현재의 감정을 미래의 자아에 과도하게 투영하려는 태도를 말한다.

- 또 다른 예는 역사가 끝났다는 착각이다. 사람들은 현재 자신의 성격이나 선호도 등이 먼 미래에도 변함없을 거라고 생각한다.

- 투사 편향과 역사가 끝났다는 착각 때문에 우리는 먹는 음식부터 직업 선택에 이르기까지 생활의 모든 면에서 나중에 후회할 결정을 할 수도 있다.

제3부

착륙

현재와 미래를 이어주는 경로를
매끄럽게 만드는 방법

제7장

미래를 더 가까이
다가오게 만드는 방법

사무실이 즐비한 평범한 건물에서 장면이 시작된다. 벽에 걸린 시계는 오후 5시가 다 되었음을 보여준다. 크리스마스트리가 있는 것으로 보아 연휴가 얼마 남지 않은 모양이다. 20대 세 명이 공던지기를 하고 농담을 주고받으며 시간을 보내고 있다. 그런데 갑자기 건물이 흔들린다. 불빛이 번쩍이더니 나이가 지긋해 보이는 남자 세 명이 방 안에 나타난다. 그러곤 정수기와 복사기 앞에 자리 잡고 선다.

놀랍게도 중간에 선 연장자가 이렇게 말한다. "우리는 미래에서 온 자네들의 모습이라네." 이들은 기후변화의 위험이 얼마나 심각한지 경고하기 위해 돌아온 것이다. 하지만 20대 중 한 사람이 연장자의 말을 가로챈다. 이 젊은이가 바로 중간에 선 남자의 젊은 시절을 대표하는 사람이다. "잠시만요. 우선 인사부터 드리죠. 만나서 반갑습니다." 그러고는 세 젊은이가 웃으면서 질문 세례를 퍼붓는다. "앞으로 우리는 어떤 삶을 살게 되나요? 우리는 부자인가요?"

세 젊은이의 질문을 듣던 연장자의 표정이 어두워지더니 세 사람이 앞으로 빚더미에 올라앉는다고 대답한다. 다시 젊은이 한 사람이 끼어든다. "알겠어요. 그건 그렇고 가정생활은 어때요? 행복한가요? 우리 셋 다 결혼한 거죠?"

이번에도 세 젊은이는 긍정적인 대답을 듣지 못한다. 연장자가 나서서 해준 이야기가 이런 것이었기 때문이다. "아니, 나는 이미 이혼했어. 정말 힘든 경험이었지. 그런데 자네들이 지금 당장 행동하면 인류 전체가 멸종되는 것을 막을 수 있을 거야!" 세 젊은이는 시무룩한 표정을 감추지 못한다. 그중 한 명은 심지어 이렇게 중얼거린다. "나는… 그런 거 관심 없어요."

사실 이것은 토요일 저녁에 생방송되는 코미디쇼의 한 장면이다. 이 쇼의 펀치 라인punch line(결정적인 한 방을 날리는 부분 - 옮긴이)이 이 장면에서 나온다. "내가 이렇게 살아간 결과가 당신이라면, 난 그 결과에 조금도 관여하고 싶지 않아요."

기후변화에 대한 이야기를 이어가 보려고 애쓰지만 두 자아의 대화는 결국 말싸움으로 번진다. 그러고는 미래의 자아가 처한 안타까운 상황이 누구 탓인지 따지기 시작한다.

이 장면은 〈제발 부수지 말아요〉Please Don't Destroy라는 즉흥쇼 전문 3인조가 연출한 것인데, 이 책 '들어가며'에서 언급한 테드 창의 공상과학 이야기를 떠올리게 한다. 둘 다 다음과 같이 흥미로운 질문을 던진다.

저는 미래에서 온 당신이에요. 가리비 요리를 주문하지 말라고 알려드리러 돌아왔어요.
소스가 좀 느끼하거든요.

자리에 앉아서 미래의 자아와 대화할 기회가 있다면 무슨 말을 할 것이며, 그 결과 어떤 일이 벌어질까?

앞서 소개한 코미디쇼의 한 장면처럼 암울한 분위기가 아니길 바란다. 위의《뉴요커》만화에서는 미래의 자아가 주는 경고보다 더 중요한 점을 찾기 바란다. 운이 좋다면 현재 자아와 미래 자아의 만남이 훨씬 긍정적이고 배울 점이 많을 것이다.

그런데 궁금한 점이 있다. 그 만남이 현재 인생을 살아가는 방식을 조금이라도 바꿔놓을까? 나는 몇 년 전부터 이 문제를 고심하기 시작했다. 답을 찾기 위해 카메라와 조명, 미래에서 온 사람처럼 보이는 고글까지 동원했다.

가상현실에서 미래의 자신을 만난다면?

—

제인 폰다Jane Fonda는 수십 년의 경력을 쌓는 동안 다양한 모습을 보여주었다. 그녀는 영화배우, 정치 운동가, 운동 전문가, 사회 정의 챔피언 등 다양한 역할을 거치면서 문화적으로도 최첨단의 길을 걸었다. 나는 몇 년 전에 그녀가 완전히 다른 역할을 시도할 때 함께 일할 기회를 얻었다.

내 앞에 선 그녀는 다소 투박해 보이는 가상현실 마스크를 쓰고 있었다. 내가 그녀의 어깨에 카메라 센서를 몇 개 붙이는 시간도 잘 참고 기다려주었다. 우리가 있던 방에는 칙칙한 카펫이 깔려 있었고 2×4 체조용 빔이 놓여 있었다. 하지만 VR 고글을 쓰고 있었기 때문에 폰다에게는 그것이 보이지 않았다. 폰다의 눈앞에는 풀밭이 펼쳐졌는데 한중간에 커다란 구덩이가 자리하고 있다. 마치 혜성이라도 떨어진 것처럼 아주 깊게 팬 구덩이였다. 그리고 구덩이의 한쪽 끝에서 반대쪽 끝까지 단단한 나무판자가 걸쳐져 있었다.

어깨에 붙인 센서 덕분에 방안 곳곳에 배치한 카메라가 폰다의 움직임을 추적할 수 있었다. 그녀가 한 걸음 내디딜 때마다 중앙컴퓨터에 신호가 전달되었고, 그 신호에 따라 스크린의 영상, 즉 폰다가 보는 세상이 달라졌다. 현실에서 그녀가 한 걸음씩 움직일 때마다 가상 세계에서는 구덩이에 더 가까이 다가가는 것처럼 느껴졌다. 물론 자신이 안전한 실내에 있다는 것을 아는데도 가상현실 고글을 통해 눈에 보이는 상황은 상당히 무서웠다. 그녀에게 주어진 임무는 길게 뻗은 빔 위로 걸어가는 것이었다. 물론 빔의 높이가 5센티미터밖에 안 되며 그 아래에 푹신

한 카펫이 있다는 것을 잘 알고 있었다.

그전에 이미 다른 피실험자가 '나무판자'를 탐색하는 것을 지켜보았는데, 다들 판자 위로 걸어가는 것을 무서워했다. 하지만 폰다의 반응은 달랐다. 나는 폰다가 혹시 빔에서 떨어지는지 보려고 뒤에서 지켜보고 있었다. 놀랍게도 폰다는 발끝으로 판자 위를 걸어갔고 반대편 끝에 안전하게 도착했다. 가상현실의 현실감과 '몰입감'을 보여주기 위한 시연의 일부가 이렇게 완성되었다.

제인 폰다가 실험에 참여한 목적은 사람들이 노화에 관해 긍정적으로 생각하도록 도와주는 데 있었다. 그녀는 노년기의 웰빙에 관한 책을 집필하다가 내가 참여했던 한 연구에 상당히 흥미를 느꼈다고 한다. 나는 몇 달간 연구 참가자를 새로운 형태의 가상현실 실험실에 불러놓고 가상 거울을 통해 미래의 모습을 보여주었다. 나이가 들어 흰머리와 주름이 늘어난 모습이었다.

어떤 회의에서 미래의 자아에 관한 연구 결과를 설명하다가 이 아이디어를 얻었다. 미래 자아와의 관계가 무엇이며 그것이 왜 중요한지 설명하던 중이었다. 미래의 자아와 유대감이 약할수록 장기적인 문제에서 후회할 결정을 하기 쉽다는 요지의 이야기였다. 사람들이 미래 자아의 홀로그램이나 그와 비슷한 것과 상호작용할 방법이 있었다면 얼마나 좋을까 하는 아쉬움이 컸다. 몇몇 동료는 홀로그램은 다소 억지처럼 느껴질지 모르지만 다른 가능성이 있다고 알려주었다. 그들은 심리학 건물에서 복도를 따라 몇 미터만 내려가면 커뮤니케이션 부서가 있는데, 그 안에 전 세계에서 가장 최신형이라고 자부하는 몰입형 가상현실 방이 있다고 했다.

나는 이렇게 추론해보았다. 가상상황에서 미래의 자신을 눈으로 보고 대화도 나눌 수 있다면 미래의 자아와 감정적 유대가 더 강해질까? 그렇게 감정적 유대가 강해지면, 미래의 삶을 더 개선하기 위해 돈을 모으거나 건강에 좋은 음식을 챙겨 먹는 등 현재의 행동이 달라질 가능성이 커질까?

상당히 그럴듯한 추론이다. 하지만 이렇게 추론할 수 있는 충분한 근거는 따로 있다.

많은 희생은 묵인되고 하나의 희생은 파장을 일으킨다

2015년 8월 말, 시리아 난민 압둘라 쿠르디Abdullah Kurdi는 가족을 데리고 코스라는 그리스 섬으로 가는 작은 배에 올랐다. 배편으로 친척이 있는 캐나다까지 갈 생각이었다.

안타깝게도 이 가족의 항해는 시작과 동시에 끝나고 말았다. 튀르키예 해안을 출발한 지 5분 만에 배가 전복되어 쿠르디의 아내와 두 아들이 익사한 것이다. 튀르키예 출신의 기자 닐뤼페르 데미르Nilufer Demir가 사건 현장 근처에 있었다. 그리고 그는 둘째인 세 살 꼬마 알란의 시신이 해변에 엎드린 모습을 사진에 담았다. 다음 날 이 충격적인 사진은 각국 신문의 첫 페이지를 장식했고, 2,000만 명이 넘는 사람들이 소셜 미디어를 통해 사진을 보았다.

그 사진에 전 세계 사람들의 이목을 집중되는 것으로 끝나지 않았다. 배가 전복되는 사건이 발생하고 얼마 안 돼서 저 멀리 미국까지 난민 정

책에 변화가 일어났다. 쿠르디 사진이 공개된 지 1주일 만에 스웨덴 적십자에는 시리아 난민을 도와달라는 구체적인 요청과 함께 100배나 증가한 기부금이 모였다.[1]

하지만 위기 평가 분야의 전문가이자 심리학자인 폴 슬로빅Paul Slovic과 동료 교수들에 따르면, 알란 쿠르디가 죽은 시점을 기준으로 시리아 사태는 이미 4년 전에 시작된 것이었다.[2] 쿠르디 사진이 나온 시점을 기준으로 사망자는 줄잡아도 25만 명이 넘었다. 하지만 그동안 전 세계는 침묵으로 일관해왔다. 시리아 사태는 계속 묵인되어오다가 쿠르디처럼 식별 가능한 단일 희생자가 나오자 여러 주, 아니 여러 달이 지나도록 각종 기사의 헤드라인을 장악했다.

예일대학교 마케팅 교수인 데버라 스몰Deborah Small은 '식별 가능한 희생자 효과'에 관해 다수의 논문을 발표한 전문가다. 그는 이러한 관심을 불러 일으키는 것은 비단 특정 인간만이 아니라고 했다. 세실이라는 짐바브웨의 명물 수사자가 사냥꾼의 총에 맞아 목숨을 잃었다. 그 사건이 보도되자 전 세계적 공분이 일었다. 하지만 이와 비슷한 수많은 사건의 통계치는 심금을 울리는 효과가 거의 없다. 스몰 교수의 논문에 따르면, 빈곤에 처한 어린이가 10억 명이 훌쩍 넘는다. 그럼에도 다수의 빈곤에 관한 이야기는 언론사에서 대서특필하지 않으며 개개인의 마음에 감동을 주어 기부금을 내게 만드는 효과도 미미하다.[3]

여기에서 한 가지 아이러니가 확실히 드러난다. 많은 사람이 고통받는 것보다 한 명의 희생자가 사람의 마음을 더 크게 움직인다는 것이다. 개인을 위해서는 마음을 쏟고 지갑을 열지만, 훨씬 더 큰 규모의 비슷한 비극을 묘사하는 통계수치 앞에서는 나 몰라라 해버린다. 이러한 경향은 쿠르디 사건이나 수사자 세실을 통해서뿐 아니라 철저히 통제된 과학 실험에서도 이미 증명되었다.

스몰 교수는 이와 관련해 이미 훌륭한 연구를 한 적이 있다. 그는 쇼핑몰 고객에게 '사랑의 집짓기 운동'Habitat for Humanity에서 현지에 주택을 짓는다면 기부할 생각이 있느냐고 질문했다. 어떤 사람에게는 집을 받게 될 가족이 '이미 선정'되었다고 말했고, 다른 이들에게는 '앞으로 선정'할 것이라고 했다. 과연 어떤 결과가 나왔을까?

이미 선정된 가족이라는 표현은 식별 가능한 대상이라는 느낌을 강하게 전달했다. 집을 받을 가족을 아직 선정하지 않은 것에 비해 이미 선정된 가족이 있다고 하면 그 가족이 기부금을 전달받는 모습을 머릿속에 금방 떠올릴 수 있다. 대상이 훨씬 더 가깝게 느껴지는 것이다. 그래서 선정된 가족이 있다고 말하면 기부금이 훨씬 더 많이 들어왔다.[4]

스몰 교수와 동료들은 또 다른 비슷한 사례를 찾아냈다. 소액대출사이트인 키바kiva.org 사용자에게 개인 기업가에게 기부할지 아니면 기업가 단체에 기부할지 고르라고 했다. 대부분 개인 기업가에게 기부하겠다고 응답했다.[5]

사랑의 집짓기 운동이든 소액 금융 대출이든 간에, 기부금 수혜자 한 명이 정해져 있을 때 사람들이 지갑을 열 확률이 높다. 자선단체가 이런 종류의 전략을 주기적으로 사용하는지 알아보려고 대대적으로 조사할 필요는 없다.

다수의 사람보다 단 한 사람이 동정심을 더 얻는 이유를 생각해보자. 텔레비전으로 축구나 야구, 농구 등의 프로 경기를 시청하다 보면 카메라가 경기장 전체를 비춰줄 때가 있다. 사람들의 얼굴이 희미하게 보이고 색상도 섞여서 구분하기 어렵다. 수많은 군중에서 한 사람을 특정하기란 거의 어렵다. 하지만 카메라가 한 명의 팬을 집중적으로 촬영하면 어떤가? 그 사람의 얼굴 표정이나 입고 있는 옷을 잘 알아볼 수 있고, 심지어 그동안 어떤 인생을 살아왔는지 상상하게 된다. 그러면 원래 잘 아는 사람처럼 친근하게 느껴지는 효과가 있다.

마찬가지로 자선활동의 잠재적 수혜자 한 명을 따로 끄집어내보자. 그러면 그 사람에게 공감하고, 친근감을 느끼고, 그 사람의 견해를 이해하게 된다. 그뿐 아니라 그 사람의 시선으로 세상을 바라보는 게 훨씬 쉬워진다.

심지어 최근 연구에 따르면, 사람들이 식별 가능한 수혜자를 볼 때 긍정적인 감정과 관련된 두뇌 영역이 활성화된다고 한다. 이렇게 활성화되면 기부행위로 이어질 가능성이 크다.[6]

이처럼 한 명의 대상이 정해지면 '친밀감'closeness이 생긴다. 사실 타인을 도우려는 욕구에서 가장 중요한 것이 바로 친밀감이다.[7]

그게 바로 내가 가상현실 공간에서 만들고 싶었던 심리적 사고방식이다. 사람들에게 미래의 자아를 보여주어 식별하기 쉽게 만들어준 이유는 지금의 자신과 미래의 자신 사이의 간극을 줄여주기 위함이었다. 물론 미래의 자아는 신원미상의 자선기금 수혜자와 다르다. 자선활동에서 마주치는 낯선 사람보다는 미래의 자아와 공통점이 더 많을 테니까. 현재 자아와 미래 자아와의 공통점은 반드시 찾을 수 있다. 사랑의 집짓기 운동이 지향하는 것처럼 미래의 자아가 얼마나 잘 사느냐는 지금 우리가 어떤 결정을 내리느냐에 달려 있다.

저 사람이 할아버지야?

—

사진을 조작해서 나이가 들어 보이게 만드는 것은 한때 FBI나 할리우드 특수효과팀에서 사용하던 방법이다. 예전에는 나이 든 자기 모습이 어떨지 궁금하다면, 나이 많은 친척과 시간을 보내는 것이 좋은 방법이라고 여겨졌다. 하지만 내가 사람들에게 미래의 자아를 소개해주는 일에 착수할 무렵, 기술이 발전해 더 많은 가능성이 열렸다.

새로 나온 기술이 완벽한 것은 아니지만 꽤 만족스러운 결과를 낳았다. '나이 변환'age progression의 기본 과정을 설명하자면, 먼저 당사자가 중립 표정을 짓고 사진을 찍어야 한다. 중립 표정이란 미소를 짓거나 찡그리는 등의 변화가 없는 얼굴 표정을 말한다. 내가 직접 중립 표정을 찍으려고 수백 번 연습해보니 내 '중립' 표정이 꽤 무서워 보인다는 것을 깨달았다. 옆의 사진을 보면 내 말을 이해할 것이다.

우리 연구팀은 실험 참가자의 중립 표정 사진을 찍은 후에 컴퓨터 프로그램을 돌려서 아바타를 만들었다. 쉽게 설명하자면 얼굴 사진을 가상 버전으로 만든 것이다. '디지털화'된 사진이라고 생각하면 된다. 옆의 사진 중에서 중간에 있는 사진이 그것이다.

여기서부터 재미있는 작업이 시작된다. 디지털 아바타를 만든 다음, 나와 동료들은 '나이 변환 알고리즘'에 사진을 넣었다. 이 알고리즘은 주어진 사진을 기준으로 세월이 흐르면 얼굴이 어떻게 변할지 보여준다. 알고리즘을 거친 사진을 보면 피부가 살짝 처지고 눈 아래가 불룩하게 튀어나오며 귀가 커지고 여기저기에 검버섯이 생긴 모습이다. 머리카락은 가늘어지고 새치가 생겼으며 얼굴 살이 빠지고 코가 길어 보인다. 이렇게 바꾼 결과가 아래의 맨 오른쪽 사진이다.

내 사진으로 나이 든 얼굴을 만들면 상당히 너그러운 이미지로 변한다. 아내도 그 사진을 보고 사람이 달라 보인다고 몇 번이나 말했다. 아마 아내의 말이 옳을 것이다. 내가 70~80대 노인이 되면 지금보다 머리숱이 없고 주름이 엄청 많을 테니 말이다.

엄밀히 말해서 우리가 사용한 나이 변환 기술은 초기 단계였다. 요즘은 손쉽게 앱을 다운받아서 빠르고 저렴하고 현실적인 방식으로 나이든 모습을 구현할 수 있다. 결과물도 상당히 그럴듯하다. 한번은 나이변환 기술로 만든 사진을 들여다보고 있는데, 딸아이가 보더니 할아버지가 이상하게 나온 사진을 왜 가지고 있느냐고 물었다.

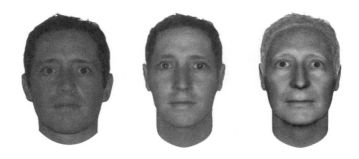

이 사진을 사람들에게 그냥 공개하지 않고 판을 조금 키워보기로 했다. 제인 폰다가 사뿐사뿐 '나무판자' 위를 걸었던 가상현실 실험장에 우리 연구팀은 새로운 디지털 세상을 만들었다. 이번에는 깊은 구덩이가 있는 가상의 들판이 아니라 주변에서 흔히 볼 수 있는 흰 벽에 평범한 카펫이 깔린 사무실을 구현했다. 한 가지 특이한 점이 있다면 한쪽 벽면이 거울이라는 점이다. 아, 물론 가상의 거울이다. 이 거울에 가까이 다가가면 현재의 자기 모습이나 나이를 먹은 자기 모습이 거울에 비춰지는 것을 볼 수 있다.

가상현실 상황이지만 집에서 평범한 거울을 보는 것과 거의 비슷한 사실적인 느낌이다. 몸을 오른쪽으로 기울이면 가상 거울 속의 나이 든 모습도 자기 몸을 오른쪽으로 기울인다. 머리를 갸우뚱하면 거울 속의 사람도 똑같이 움직인다. 실험 참가자들이 실험실에 익숙해지게 하려고 그들에게 거울에 비친 자기 모습, 즉 현재의 자기 모습 또는 나이 든 자기 모습을 보며 말을 걸어보라고 했다.

실험 참가자들은 그 후에 가상현실 고글을 벗고 옆방으로 가서 설문지를 작성했다. 이 설문이 중요한데, 설문지에는 돈 문제에 관한 질문이 있었다. 지금 당장 1,000달러를 받을 경우 어떻게 배분할 것인가? 현재 자신에게 단기 투자를 할 것인가? 아니면 미래의 자아가 그 돈을 쓸 수 있게 장기저축 계좌에 넣어둘 것인가?

나이 든 미래의 나를 만난다면?

—

사람들이 나이가 더 든 자신을 마주하면 어떻게 될까? 미래의 자신과 만나거나 대화를 나눌 수 있다면 과연 어떨까? 기부금 수혜자 한 명을 특정해 더 선명하게 만든 것처럼 미래의 자아를 직접 눈으로 확인하게 만들었더니, 미래의 자아를 위해 기부하려는 마음이 커졌다. 나이 변환 이미지를 확인한 사람들은 현재의 자기 모습을 확인한 사람보다 장기 저축 계좌에 훨씬 더 많은 돈을 넣어두겠다고 답했다.[8]

규모가 그리 큰 연구과제는 아니었다. 실험에 참가한 학부생들은 퇴직하려면 아직 수십 년이 남아 있었다. 그래서 이번에는 가상현실을 빼고 비슷한 실험을 해보았다. 질문은 온라인 환경에서 했다. 직업을 가진 성인에게 월급을 받으면 그중 얼마를 퇴직연금 계좌(401(k), 즉 세금이 면제되고 고용주가 후원하는 미국의 대표적인 퇴직연금 계좌)에 저축할지 물어보았다. 실제로 저축하는 것이 아니라 개인의 생각을 물어보는 것이므로 0~10퍼센트까지 표시된 슬라이드 바를 제시해 원하는 금액을 정하게 했다. 과연 결과는 어땠을까?

본인의 사진을 업로드한 경우, 어떤 사람에게는 슬라이드 바 위에 미래의 자기 얼굴이 나타나게 하고 다른 사람에게는 업로드한 사진이 보이게 했다. 이번에도 희끗희끗해진 머리와 주름, 검버섯이 생긴 얼굴 이미지가 재정적인 결정에 영향을 미쳤다. 미래의 자기 얼굴을 본 사용자들은 소득의 상당 부분(월급의 약 6퍼센트)을 따로 떼어내 퇴직 대비 자금으로 저축했다. 현재의 모습만 본 사람들이 고작 급여의 2퍼센트만 떼놓은 것과 큰 대조를 이룬 결과다.

하지만 아직 이 결론을 확정하기에는 이른 감이 있다. 두 가지 실험 모두 가상의 돈을 사용한 것이었다. 물론 현실에서 돈을 어떻게 쓸지 결정하라고 해도 비슷한 결과가 나올 수 있다. 은퇴 이후를 위한 저축에 관한 결정은 중대한 사안이고, 퇴직연금 계좌는 복잡하고 까다로운 사항이 많다. 어떤 X(구 트위터) 사용자는 "회사에서 제공하는 퇴직연금 계좌를 신청했지만 그렇게 먼 훗날까지 가본 적이 없어서 뭐가 뭔지 잘 모르겠어요."라는 댓글을 남겼다.[9]

그래서 공동연구자인 댄 골드스타인과 나는 '현실 세계'에서 완벽하

게 통제할 수 있는 연구 기회를 수년간 기다렸다. 그러다가 아이디어스
42Ideas42라는 행동과학 싱크탱크, 멕시코 재무부 및 멕시코 대형은행과
협력할 기회가 생겼다. 방법은 간단했다. 먼저 은행 고객 5만 명에게 이
메일이나 문자를 통해 미국의 퇴직연금 계좌와 비슷한 개인연금 계좌
에 가입할 의향이 있는지를 물었다. 모든 고객에게 미래를 위해 저축을
늘리라고 권했다. 반면 미래의 자신을 '직접 만날' 기회는 실험 대상자
의 절반에게만 제공했다.

연구 결과를 보니, 나이가 든 미래의 자기 모습을 보여준 덕분에 퇴직
연금 계좌에 저축하기로 동의한 사람이 늘어났다. 그뿐 아니라 저축액
도 크게 증가했다.[10]

행동과학자 태머라 심스Tamara Sims가 이끄는 공동연구팀은 이 실험의
연장선에서 다른 실험을 했다. 1학기 동안 진행되는 '대학 생활로의 전
환'Transitioning to College이라는 수업에서 커뮤니티칼리지 학생들에게 미래
의 자아를 보여주었다. 학생들은 체크인 설문 조사에 응답하면서 몇 주
단위로 그들과 동갑인 아바타와 디지털 기술로 나이가 들어 보이게 만
든 아바타를 눈으로 확인했다. 이렇게 미래의 자아를 만난 학생들은 재
정 계획 수립에 대해 열심히 배우려는 의지를 보였다. 나아가 재정 관리
능력에 자신감을 갖게 되었다.[11]

이러한 변화는 금융 관련 지식의 증가로 이어졌다. 연구자들은 이를
'금융이해력'financial literacy이라고 부른다. 연구에 참여한 학생들의 사회경
제적 배경은 매우 다양했고, 가족 중 처음으로 대학에 진학한 사례가 많
았다. 그래서 금융이해력 점수가 동년배 미국인의 중간값보다 낮은 편
이었다. 그래도 몇 주 간격으로 가상의 미래 자아를 만나게 했더니 매우

긍정적인 변화가 일어났다.

　유사한 맥락에서 케냐 시골 지역에 사는 여성 수천 명을 대상으로 미래의 자아 시각화 훈련을 시행했다. 결과는 어땠을까? 역시 저축하는 사람이 늘어났고 건강 문제를 예방하는 행동도 증가세를 보였다.[12]

　이런 방식의 개입은 아주 어린 아이들에게도 좋은 효과를 보인다. 미취학 아동에게 미래의 자기 모습을 그린 다음 미래의 자아가 어떤 경험을 하는지 설명해보라고 했다. 이런 활동은 아동의 계획수립 능력을 향상시켜주었다. 이를테면 1박 2일 여행에 필요한 물건을 분별하는 능력이 나아졌다.[13] 물론 1박 2일 여행의 짐을 꾸리는 것은 은퇴 후 풍족하게 지내기 위해 계획을 세우는 것에 비하면 아주 간단한 일이다. 이제 걸음마를 시작한 어린아이와 상호작용해본 사람이라면 누구나 알 것이다. 3~4세 아이가 가까운 미래를 계획하도록 도와주는 도구의 유용성은 말로 표현하기 어렵다는 것을 말이다.

　이런 결과를 토대로 주요 기업에서는 이미 위 실험과 비슷한 방법을 사용하기 시작했다. 일례로 메릴 린치Merrill Lynch를 들 수 있다. 그들은 사용자가 사진을 업로드하면 60년 후의 모습을 확인할 수 있는 은퇴 얼굴Face Retirement이라는 웹사이트를 만들었다. 또한 60년 후에도 여전히 화석연료 에너지로 자동차가 움직인다고 가정해 예상 휘발유 가격도 함께 보여준다. 그렇게 하면 사용자가 퇴직연금 계좌를 개설하거나 예치금을 더 늘릴 거라고 생각한 모양이다.

　푸르덴셜Prudential은 직원복지 박람회employee benefits fairs에 '미래의 당신'이라는 노화 부스를 설치했다. 각종 복지 마련에 참여도를 높이는 것이 목적이었다. 해당 기업은 '미래의 당신이 뿌듯해할 겁니다'라는 은퇴 상품 광고를 주요 고속도로에 대문짝만하게 내걸었다.

하지만 다른 기업은 사람들에게 나이가 많이 든 모습을 보여주는 대신 다소 우회적인 방법을 사용했다. 네이션와이드Nationwide라는 영국 은행은 서닐 파텔Sunil Patel이라는 코미디언을 기용해서 미래의 자아에 대한 구체적인 개념을 만들어냈다.

파텔이 먼저 이렇게 말한다. "저축이 필요한 건 나도 이해해. 미래의 자아를 위해 지금 현명한 결정을 내려야지." 하지만 파텔은 잠깐 멈칫하다가 언성을 조금 높이기 시작한다. "그런데 저 사람이 과연 그런 대우를 받을 자격이 있나? 돈을 저축한 건 나잖아. 저 사람이 도대체 뭘 했는데? 이건 저 사람이 아니라 내가 번 돈이라고! 저 사람은 아무것도 안했어. 나는 이 돈으로 당장 좋은 것을 누릴 거야." 파텔의 말이 끝나면 네이션와이드가 진심 어린 조언을 건넨다. "미래의 당신이 보낸 편지입니다. 저축은 월급날 당일에 하는 게 제일 쉽습니다."

미래 자아를 만나면 왜 더 윤리적이 될까?
—

내가 좋아하는 사례를 몇 가지 더 소개해보려 한다. 이 밖에도 다른 금융 기업들에서 비슷한 사례를 얼마든지 찾아볼 수 있다. 미래의 자아를 적극적으로 고려하고 시각화하는 것은 비단 돈과 관련된 결정에만 영향을 주는 것이 아니다.

북부 캘리포니아 출신의 대학생 안몰 바이드Anmol Bhide를 생각해보자. 코로나바이러스로 인한 팬데믹이 1년가량 이어지자 그의 식단은 눈에 띄게 부실해졌다. 시나몬 토스트 크런치 시리얼과 칙필레 샌드위치가 주식이 되어버렸다. 이렇게 먹다 보니 불과 3개월 만에 체중이 13킬로 그램이나 늘었다. 전통적인 식단으로 바꿔보았지만 체중에는 큰 변화가 없었다. 그러던 중 나의 연구에 관한 기사를 읽고 나에게 직접 이메일을 보내왔다. 온라인 도구로 이상적인 미래 자아의 모습을 만들어보겠다는 것이었다.

바이드는 정크푸드를 먹는 습관을 중단하기 위해 욕실 거울과 냉장고 문에 이상적인 미래의 자아 사진을 붙여놓았다. "하겐다즈 초코바를 먹으려고 아래층에 내려가면 그 사진이 눈에 들어와요. 그러면 마음을 고쳐먹고 다시 위층으로 올라옵니다." 그의 표현을 빌리자면, 미래의 자아 사진이 목표 의식과 기대감을 심어주었다. 저칼로리 식단, 심장 강화 운동, 근력 운동을 꾸준히 받은 결과 바이드는 체중을 대폭 감량하는 데 성공했다.

바이드의 일화에 과학적 근거를 보여주는 연구 결과가 있다. 세라 라포소Sarah Raposo와 로라 카스텐슨Laura Carstensen이 진행한 연구다. 그들은 나이 변환 기술로 만든 이미지를 통해 미래의 자아를 만나본 성인은 주름이 늘어진 미래의 자기 얼굴을 한 번도 못 본 사람들보다 더 열심히 운동한다는 것을 발견했다.[14]

윤리적 측면에서 이 문제를 보면 어떨까? 우리는 실험 참가자에게 우리가 연구실에서 자체 개발한 게임을 하면서 상대방을 속일 기회를 만들어주었다. 나이 변환 기술이 만들어낸 미래의 자기 모습을 생생하게 확인한 사람들은 정직하게 행동하는 길을 택했다.[15] 이런 결과는 실생활에서도 나타났다. 고등학생에게 1주일간 페이스북에서 40대의 자기

모습을 확인하게 했더니 그 주간에는 못된 행동을 하려는 시도가 약간 줄어들었다.[16]

윤리적 행동에 관한 이와 같은 연구는 표본이 많지 않았고, 연구 결과도 상대적으로 큰 반향을 일으키지 못했다. 그렇다고 너무 실망하거나 놀랄 필요는 없다. 윤리적 행동이냐 아니냐는 상당히 많은 요소가 관련되어 있으며, 우리 눈에 보이는 미래의 자아는 복잡한 퍼즐의 단 한 조각에 불과하기 때문이다. 그래도 그 모습은 우리에게 중요한 단서가 될 수 있다.

이 연구를 함께 진행한 장 루이스 반 겔더Jean-Louis van Gelder 는 나이 변환 이미지를 사용해서 유죄판결을 받은 네덜란드 재소자들에게 미래의 자아를 보여주기 시작했다. 그렇게 하자 가석방된 재소자들 중 상당수에서 음주나 마약 사용과 같은 자멸적 행동이 크게 줄어든 것을 확인할 수 있었다.[17]

'미래의 나'를 시각화하면 저축, 윤리적 행동, 건강 관리 등 여러 가지 행동을 개선하는 데 도움이 된다. 하지만 그런 이미지가 만병통치약은 아니며 상황이 맞아떨어져야 한다. 일례로 2019년 여름 유명 인플루언서를 선두로 1억 명 이상의 소셜 미디어 사용자들이 노화된 얼굴 만들기 열풍에 참여했다. 페이스 앱을 설치하고 사진을 업로드하면 몇 초 만에 늙어버린 자기 얼굴 이미지를 확인할 수 있다. "584세 생일을 맞은 모세처럼 생겼네."라고 할 정도로 큰 충격을 받은 사람도 있었고, 그저 깔깔 웃고 지나간 사람도 많았다. 고든 램지 역시 "마스터 셰프가 시즌 50을 맞이하면 아마 내 얼굴이 이럴 거예요."라고 했다.[18]

그러면 나이든 자기 얼굴을 본 수천만 명이 갑자기 퇴직연금 계좌에 이체하는 돈을 늘리고 도넛 대신 샐러드를 택했을까?

내 생각에 그런 변화는 없었을 것이다. 사회심리학자들이 입버릇처럼 말하듯 물은 가장 직선에 가까운 길로 흐른다. 사람도 크게 다르지 않아서 저항이 가장 적은 길을 택하게 마련이다. 쓸데없는 것을 사느라 돈을 낭비하거나 미래를 위해 저축하지 않는 등의 바람직하지 않은 행동을 바꾸고 싶어 한다. 그러려면 변화 과정이 간단해야 하며 쉽게 따라 할 수 있어야 한다. 그런데 페이스 앱에서 만든 이미지는 그저 그것으로 그만이었다. 당장 사용 가능한 저축 도구, 몸에 좋은 음식을 먹는 프로그램 같은 것에 연결하지 않았으므로, 행동을 바꾸는 효과는 미미했다.[19]

여기에는 더 중요한 것이 있다. 이러한 이미지가 미래의 자아에게 세상의 많은 부분을 소개해주지만, 그것만으로는 충분치 않다는 점이다. 댄 바텔스와 올레크 우르민스키의 연구 결과에 따르면 이렇다. 미래의 자아가 존재한다는 사실을 인지하고, 행동의 결과가 미래의 자아에게 곧바로 영향을 준다는 점에 신경을 써야만 행동을 바꿀 수 있다.[20] 적절한 환경에서 나이가 든 먼 미래의 자아를 보는 것은 두 가지 요소에 도움이 된다. 안경을 쓰면 사물을 보는 데 도움이 되고 인공달팽이관 이식 수술을 하면 듣는 데 도움이 된다.

이처럼 나이 변환 이미지는 우리의 상상력을 도와주며, 미래의 자신을 최우선으로 생각하고 미래의 자아와 공감하는 능력을 높여준다. 이렇게 나이 변환 이미지는 시간 여행 능력을 향상시키는 첫 번째 전략, 즉 미래의 자아가 현재 모습과 가깝게 느껴지도록 만들어주는 방법을 완벽하게 보여준다. 하지만 나이 변환 이미지를 보는 것은 수많은 방법 중 하나에 불과하다.

과거의 내가 혹은 미래의 나에게

———

《뉴욕타임스》가 선정한 베스트셀러 《디어 에드워드》의 저자 앤 나폴리타노Ann Napolitano는 어릴 때부터 독서광이었고 지금도 그렇다. 소설가라면 당연한 모습이다. 하지만 나폴리타노는 어린아이치고는 믿기 어려울 정도로 새로운 정보나 지식에 대한 열정이 뜨거웠다. 나폴리타노는 몽고메리의 《빨강 머리 앤》 시리즈를 다 읽은 후에도 아쉬움이 남았다. 그래서 이번에는 몽고메리 작가의 또 다른 작품인 《귀여운 에밀리》Emily of New Moon를 읽기 시작했다.

나폴리타노는 소설의 등장인물로는 빨강 머리 앤이 더 유명하지만 에밀리는 씩씩하고 카리스마 넘치는 고아라고 했다. 에밀리도 책을 좋아하고 내성적이고 수줍음이 많은 아이였다. 나폴리타노는 "나도 열네 살 때 그런 모습이었어요. 그래서 에밀리의 모든 면에 공감할 수 있었죠."라고 덧붙였다.

소설 속에서 에밀리는 아주 외로운 처지에 놓여 있다 보니 누군가와 소통하려는 욕구가 강하다. 결국 편지를 쓰기로 마음먹는다. 하지만 또다시 슬픈 현실과 마주하게 된다. 편지를 써도 보낼 사람이 없기 때문이다. 결국 에밀리는 10년 후 자신에게 편지를 쓴다. 나폴리타노는 스물네 살의 자신에게 편지를 쓰는 것이 정말 멋진 아이디어라고 생각했다. 밤늦은 시각인데도 곧바로 이를 실천했다. 편지를 완성한 후 봉투 겉면에 '스물네 살의 앤에게'라고 정성스럽게 써넣었다.

"진짜 기적이 뭔지 알아요? 그 편지를 잃어버리지 않았다는 거예요." 열네 살에 편지를 쓴 후로 10년간 많은 일이 있었다. 고등학교를 졸업하고 대학에 입학한 뒤 또다시 졸업했으며 맨해튼에 처음으로 아파트를 얻어서 이사하고 대학원에 다니기 시작했다. 그렇게 많은 변화가 있었는데도 편지는 늘 곁에 있었다. 사실 열아홉 살에 편지를 열어보고 싶은 마음이 굴뚝 같았다. 아직 5년 더 기다려야 하지만 너무 긴 세월이라 참기가 쉽지 않았다. 그래도 꿋꿋이 기다렸고 스물네 살이 되던 생일날 아침에 나폴리타노는 10대 시절에 쓴 편지를 열어보았다.

편지 내용은 사춘기 소녀답게 불안감과 로맨스에 대한 기대감이 흘러넘쳤다. 그녀는 자신이 열네 살이었을 때 오로지 몸매와 연애에만 관심이 있었다는 점을 깨닫고 기분이 안 좋았다는 걸 기명 칼럼에 쓰기도 했다.[21] 적잖이 실망한 그녀는 편지 쓰기를 더 연습해서 이번에는 서른네 살의 자신에게 보내는 편지를 썼다.

나폴리타노는 현재 쉰 살인데, 지금도 10년마다 '미래의 나에게'Dear Future Self 편지를 쓴다. 편지 첫머리에는 자신이 요즘 어떻게 지내고 있는지 기술한다. 사는 곳과 직업 등 기본적인 사항만 쓰는 것이 아니다. 누구를 사랑하는지, 친구들은 얼마나 좋은 사람인지, 어떤 고민이 있는지 상세히 설명한다. 하지만 편지 후반부로 가면 10년 후에 이상적이라고 생각하는 삶의 모습을 기술하는 데 집중한다. 하지만 지나치게 비현실적이 되지 않도록 조심한다. 지금은 브루클린에서 남편 그리고 두 자녀와 살고 있는데, 미래에는 문이 달린 서재를 갖고 싶다는 소박한 꿈을 품고 있다.

그녀가 말한 대로 자기가 쓴 편지를 읽어보면 자신이 잊고 있었던 내용이 종종 나온다고 한다. 가장 최근에 편지를 쓴 것이 6년 전인데, 거기에 뭐라고 썼는지 거의 기억나지 않는단다. 10년 전에 쓴 편지를 꺼내

읽으면서 자신이 과거에 어떤 희망을 품었고 어떤 고민을 했는지 깨닫는 것은 굉장히 의미 깊은 일이라고도 했다.

그 편지들 중 읽으면 유독 서글픔이 느껴지는 편지가 있다. 스물네 살에 기대했던 것이 살면서 하나도 이루어지지 않았기 때문이다. 물론 희망을 품고 인생에서 더 큰 그림을 보게 해주는 편지 내용도 있다. 서른네 살에 쓴 낡은 편지를 열어보기 전에 한 가지가 기억났다. 자기가 하는 일에 덜 실망하고 앞으로 일어날 일에 더 왕성한 호기심을 갖게 해달라는 내용이었다. 그런데 그녀는 바로 그 편지를 읽을 때 난생처음으로 편지를 뜯어보고 싶어서 안달복달하지 않았다고 나에게 말해주었다. 칼럼에서는 처음으로 '자기 인생이 오롯이 손에 잡히는 느낌'이었다고 표현했다.

소설가로서 나폴리타노는 개인 삶의 주요 특징을 다루는 이야기에 진심 어린 관심을 보였다. 세월이 흐르는 동안 자기 자신과 편지를 주고받으면서 자신의 인생 이야기도 더 명확히 파악하게 되었다. 하지만 편지에서 얻은 더 큰 유익은 먼 미래의 자신을 더 구체적인 방식으로 생각하게 된 것이다.

10년 단위로 미래 자아와 대화하다 보면 10년 후 자신이 어디에 있을지, 자녀들은 어떻게 살고 있을지, 자기가 어떤 인생을 원하는지 생각하게 된다. 그녀는 이러한 인생의 조각들이 이미 제자리에 놓여 있다고 믿었다. 나아가 어떻게 하면 이런 조각들이 모여서 자신이 바라는 이상적인 자아를 만들어낼지 고민하고 있다. 나폴리타노는 이런 고민을 하면 더 강한 의지를 갖고 인생을 살아가게 된다고 말한다. 그녀는 또 이렇게 덧붙였다. "앞으로 이런 편지를 몇 통이나 더 받을지 모르기 때문에 하루하루 최선을 다하게 됩니다."

나와 주고받는 편지, 강력한 인생 동력

—

당연히 나폴리타노 외에도 이런 활동에 참여하는 사람들이 많다. 뉴저지에 사는 리처드 팔름그렌Richard Palmgren이라는 교사는 1994년부터 지금까지 매해 6학년 아이들에게 미래의 나에게 보내는 편지를 쓰게 했다. 나폴리타노처럼 팔름그렌도 때가 되면 아이들이 편지를 받을 수 있게 해주려고 노력 중이다. 편지봉투를 봉하고 나면 사무실에 잘 보관해두었다가 학생들이 고등학교 졸업반이 되면 우편으로 발송해준다. 사실 발송비가 나날이 인상되어 한참 고생했지만 이제는 괜찮다. 학생들에게 봉투에 우표를 세 장씩 붙이게 해서 이 문제를 해결했다.

학생들은 중학교 생활이 어떤지, 현재 어떤 일이 벌어지고 있는지, 그리고 미래의 자아에게 바라는 점은 무언지 등을 편지에 담는다. 팔름그렌에 따르면 마침내 편지를 받아 읽어보면 '학생들은 과거의 자신과 대화하는 느낌'을 받는다고 한다.

이런 활동은 학생들에게 어떤 영향을 미칠까? 인생이라는 긴 시간의 흐름에서 자신이 어디쯤 와 있는지 생각하게 된다. 6학년의 경우 불과 6년 전에는 유치원생이었지만, 앞으로 6년이 지나면 고등학교 졸업을 앞두게 되고 운전면허도 딸 수 있다. 아직 어린 학생이지만 이 프로젝트에 참여하고 나면 자기 목표가 무엇이며 나중에 편지를 열어볼 때쯤에는 어떤 모습이어야 할지 진지하게 생각하게 된다.

팔름그렌은 수십 년간 편지 내용을 전혀 모르고 있었다. 그러다가 2020년에 영화사에서 팔름그렌과 그의 학생들 그리고 편지 쓰기 프로젝트를 다루는 〈미래의 나에게〉라는 짧은 다큐멘터리를 제작했다. 촬영 중 예전에 가르친 학생이 과거의 자신에게 받은 편지를 개봉하는 모습을 지켜보았다. 다큐멘터리에 대한 소문이 퍼지자 이사 및 기타 이유로 연락이 끊겨서 편지를 못 받은 예전 학생들이 앞다투어 이 소박한 타임캡슐을 받으려고 고향을 찾았다. 편지를 썼던 학생 중 가장 나이가 많은 아이는 벌써 30대 후반이었다.

과거의 자신이 보낸 편지를 읽고서 학생들은 어땠을까? 많은 학생이 현재 자신이 가는 길을 다시 돌아보고 오래전에 스스로 세운 목표도 다시 점검하려 했다. 팔름그렌은 "과거의 자아가 다시 반영되는 것을 보면 어느 방향으로든 바늘을 돌려서 현재의 모습을 가리키게 됩니다."라고 설명했다. 학생들은 더 현실적으로 인생 경로를 조정하고 재정비한 후에 능동적으로 미래를 내다보았다.

'미래의 나에게'라는 편지를 쓰는 학교 행사는 팔름그렌의 손에서 완성되었으며, 이제 여러 학교에서 활용되고 있다. 그뿐만 아니라 이 책의 도입부에서 강조한 '퓨처미'라는 웹사이트가 만들어지는 데도 이바지했다. 이런 일들은 편지의 힘이 얼마나 강력한지 보여준다. 하지만 이것으로는 충분치 않다. 먼 미래의 자아와 대화를 나누면 현재와 미래의 삶을 개선하는 데 도움이 된다는 더 나은 증거가 있을까?

그렇다고 말할 만한 거가 계속 나오고 있다. 예를 들어 아베 러치크Abe Rutchick가 주도한 프로젝트의 경우 대학생 수백 명이 20년 후의 자신에게 편지를 썼다.[22] 3개월 후의 자신에게 편지를 쓴 사람들과 비교해보니 큰 차이가 있었다. 편지를 쓴 바로 다음 주에 대학생들이 운동에 더 많이 참여했으며 더 오랜 시간 운동했다. 먼 미래의 자신에 대해 구체적으로 생각해본 것이 건강을 돌보려는 의지를 강화해준 것이다.

하지만 그런 편지에 무슨 말을 적을지 고민될 수 있다. 편지를 쓰는 방법조차 모를 수도 있다. 아이디어스42와 공동연구할 때 아브니 샤Avni Shah라는 동료와 나는 매드립스Mad Libs(빈칸 채우기 형식의 단어 게임 – 옮긴이) 형태의 앱을 사용해서 빈칸을 메우는 방식의 질문지를 만들었다. 이를 통해 멕시코 은행 서비스 사용자는 은퇴 이후의 자신에게 간단한 메모를 보낼 수 있었다. 수백 명의 금융 고문이 수천 명의 고객에게 퇴직 후에 자신이 어떤 모습일지 아주 자세히 예상해보라고 했다.

예를 들어 앱에서는 사람들에게 나이가 들면 어디에서 살지, 누구와 시간을 보낼지, 어떤 일을 할지 생각해보라고 제안하는데 실제로 효과가 있었다. 그런 편지를 쓴 사람들이 안 쓴 사람보다 자동저축 계좌를 개설하는 비율이 월등히 높았다.[23]

심리학 교수인 유타 치시마Yuta Chishima와 앤 윌슨Anne Wilson은 흥미로운 연구 결과를 발표했다. 코로나바이러스 때문에 생긴 팬데믹 초반에, 1년 후 자신에게 편지를 쓰거나 1년 후 자신에게 쓴 편지를 받은 성인들은 그런 경험이 없는 사람에 비해 부정적인 감정이 급격히 가라앉았다고 보고했다. 편지를 쓰면 미래의 자아에 가까워지기 때문에 사람들이 '지금-여기'에서 한걸음 벗어나 거리를 두고 바라보게 된다. 즉 팬데믹 때문에 생겨난 우울한 감정을 객관적으로 보게 되는 것이다. 또한 두 자아를 연결하는 과정에서 걱정에 휩싸인 기간에 생겨난 족쇄를 떨쳐버릴 힘을 얻는다.[24]

그런데 이런 식의 개입은 일방적인 '대화'다. 사람들은 미래의 자아에게 편지를 보내거나 받았지만 그보다는 당사자가 대화를 주고받는 방식이 더 바람직하다. 자기 이야기만 계속하는 사람과 누가 데이트하고 싶겠는가. 최근 연구를 보면 미래의 자아에게 일방적으로 편지를 보내거나 미래의 자아에게서 편지를 받는 것보다는 현재와 미래의 자아가 양방향 대화를 하는 것이 사람들에게 더 큰 영향을 주었다.

치시마와 윌슨은 고등학생 수백 명에게 3년 후 미래의 자아와 편지를 주고받으라고 요청했다. 편지를 그저 보내기만 한 학생과 달리, 편지를 보내고 답장받은 학생들은 먼 미래의 자아에 대해 강한 유대감을 느꼈다고 응답했다. 그래서 앞으로의 진로 계획에 적극적으로 관심을 보였고 시험공부에도 더 열중했다. 다른 유혹에 직면해도 학생들은 흔들리지 않았다.[25]

불확실한 미래에서 확실한 현재로 향하는 여행

—

편지 쓰기와 나이 변환 이미지를 사용하는 것 외에도 미래의 자아에 더 가까이 다가갈 방법은 많다. 그 예를 함께 살펴보자. 내가 가르친 학생이었으며 현재 인디애나대학에 근무하는 케이트 크리스텐센Kate Christensen 교수는 참신한 아이디어를 내놓았다. 머릿속으로 미래에서 출발해 현재로 되돌아오는 여행이 그 아이디어다. 많은 경우 우리는 앞으로 살아갈 세월을 생각할 때 현재에서 출발해 미래의 어느 시점까지를 머릿속으로 그려본다. 하지만 반드시 그 방향으로 여행하도록 강요할 근거는 전혀 없다.

사실 몇 차례 연구한 끝에 케이트, 샘 마글리오와 나는 마지막 부분에서 시작해 시간을 거슬러 되돌아오면 미래의 자아에 대한 친밀감이 더 커진다는 사실을 알게 되었다. 또한 이렇게 '거꾸로 돌아오는 시간 여행'reverse time travel을 하면 사람들이 미래를 위해 오늘 행동하려는 마음을 갖게 된다.[26]

한 번은 대학등록금을 모으는 저축 앱 유네스트UNest와 협업해 실험을 진행했다. 가입 절차를 시작해놓고 다 끝내지 않은 사람이 2만 5,000명 이상이었는데, 이들에게 한 가지 안내문을 보여주었다. 첫 번째 집단에게는 '올해는 2031년입니다. 2021년으로 가봅시다'라고 안내했고 두 번째 집단에게는 '올해는 2021년입니다. 2031년으로 가봅시다.'라고 했다. 물론 후자가 더 일반적인 문구다.

전체적인 전환비율은 낮았지만 거꾸로 돌아오는 시간 여행의 효과는 매우 탁월했다. 미래의 마지막 연도에서 출발해 현재로 되돌아온 사람들의 경우, 개인 정보를 입력하고 대학등록금용 계좌를 개설하는 비율이 두 배나 높았다.

이유가 뭘까? 차를 타고 새로 생긴 식당에 간다고 해보자. 집에서 식당으로 가는 것과 식당에서 집으로 돌아오는 것 중 어느 쪽이 더 멀게 느껴질까? 통상적으로 새로운 장소에 가는 것보다 집에 돌아오는 것이 더 짧게 느껴진다. 심리학자들은 이를 가리켜 '귀갓길 효과'going home effect라 부른다.

낯선 곳으로 가는 길에는 불확실한 것투성이다. 목적지에 도착해서 차를 세우고 문 앞에 서기 전에는 '다 왔다'라는 느낌이 없다. 하지만 집으로 가는 길은 다르다. 편의점, 신호등, 학교 운동장 등 집 근처의 익숙한 장소만 보여도 벌써 마음이 놓이고 집에 도착한 것 같은 느낌이 든다.[27] 머릿속으로 떠나는 시간 여행도 마찬가지다. 불확실한 미래에서 확실한 현재로 돌아오는 여행을 하면, 미래와 현재 사이의 거리감이 줄어들면서 여행 시간이 짧게 느껴진다.

마지막으로 한 가지 제안을 덧붙이고 싶다. 현재와 미래 사이의 시간을 연 단위로 생각하지 말고 일 단위로 생각하는 것이 좋다. 닐 루이스Neil Lewis와 다프나 오이서먼Daphna Oyserman은 수천 명에게 이 점을 실험했는데, 주목할 만한 결과를 얻었다.

사람들에게 1만 950일 후에 퇴직한다고 말하자, 30년 후에 예정된 퇴직이라고 표현할 때보다 일찍 저축을 시작하는 비율이 네 배나 높았다. 이렇게 연 단위가 아니라 일 단위로 생각하게 만들자 대학등록금을 모으려고 저축하는 것과 같은, 다른 결과에도 큰 영향을 주었다.

이렇게 달라지는 데는 중요한 이유가 있다. 일 단위로 생각하면 짧게 느껴지고 연 단위로 생각하면 멀게 느껴지기 때문이다. 그래서 연 단위가 아닌 일 단위로 시간 여행을 하면 사람들은 먼 미래의 자아에 대해 강한 유대감을 느낀다.[28]

달력에 표시된 연 단위를 모두 일 단위로 바꾸거나, 미래에서 거꾸로 돌아오는 시간 여행을 하거나, 현재와 미래의 자아가 대화를 나누게 하는 것은 물론이고 나이 든 본인 사진과 소통하는 것은 모두 공통점이 있다. 미래와 더 가까워지려는 노력이라는 점이다.

사람이 현재에 집중하는 것, 근시안적으로 지금 바로 여기에만 몰두하는 것은 자연스러운 현상이다. 하지만 앞서 말한 방법들을 사용하는 것은 시간 여행 기계가 매끄럽게 작동하도록 윤활유를 칠하는 것과 같다. 결국 미래의 자아가 지금의 모습에 한 걸음 더 가까이 다가오게 할 수 있다.

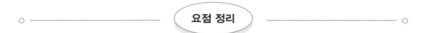

요점 정리

- 현재와 미래의 자아 사이에 존재하는 거리를 좁히려면 '미래를 더 가깝게 만들어야' 한다.

- 한 가지 방법은 미래의 자아를 시각화하는 것이다. 나이 변환 이미지를 사용하거나 미래의 자아와 편지를 주고받는 방법을 사용할 수 있다.

- 하지만 상황 설정이 더 중요하다. 나이 든 모습을 보여주거나 미래의 자아와 편지를 주고받는 것만으로는 행동의 변화를 유도하기 어려울 수 있다. 다만 이 두 가지 방법은 미래의 자아를 '생생하게' 만들어준다. 거기에 당장 선택할 수 있는 상황(온라인 투자 플랫폼처럼)을 결합하면 큰 변화를 일으킬 수 있다.

- 다른 방법도 효과가 있을지 모른다. 미래에서 현재로 되돌아오는 시간 여행을 하거나, 연 단위가 아니라 일 단위로 미래를 생각하는 것이다.

제8장

흔들림을 버텨내는
필승 전략

약국에서 흔히 살 수 있는 약처럼 보였다. 희고 작은 알약인데 가운데 사선 모양이 있고 가장자리에는 암호처럼 보이는 글자가 새겨져 있었다. 어느 날 아침 제임스 캐넌은 커피를 마신 직후에 알약 하나를 물과 함께 삼켰다.

약을 먹은 후의 행동은 조금 독특했다. 보드카를 집어 들고 텀블러에 조심스럽게 한 잔 정도 부은 다음에 탄산수를 가득 채웠다. 15분 정도 지났지만 칵테일을 마시면 흔히 느껴지는 해방감이 전혀 느껴지지 않았다. 기분이 좋아지는 느낌도 없고 귓가에 윙윙거리는 소리도 들리지 않았다. 그저 목이 쥐이는 이상한 느낌만 들었다. 그는 침대에서 겨우 몸을 일으켜 주방으로 가서 남은 칵테일을 다 마셔버렸다.

10분이 지나자 목이 죄이는 느낌이 더 강해지더니 머리 전체가 쥐어짜는 듯 아팠다. 발도 어딘가 불편했으며 눈도 가렵고 벌겋게 충혈되었다. '흰자위에 있는 모세혈관이 잔뜩 부풀어 올라서 벽을 타고 올라가는 담쟁이덩굴처럼 보였다.'[1] 술을 마시면 대체로 기분이 좋아진다. 하지만 그 부분은 건너뛰고 곧바로 엄청난 숙취를 겪는 단계로 진입한 것과 같았다.

지금 제임스 캐넌이 이런 증상을 겪는 것은 희고 작은 알약 때문이다. 술을 마시면 간에서 해독하는데, 아세트알데히드라는 독성 물질로 분해되었다가 다시 아세테이트라는 무독성 물질이 된다. 그런데 캐논이 처음에 커피와 함께 마신 안타부스Antabuse라는 알약은 이 과정을 완전히 바꿔버린다. 이 약은 체내에서 알코올이 분해되는 과정을 아예 중단시킨다. 아세트알데히드의 신진대사를 차단하기 때문에 체내에 술이 그대로 남아서 아주 심한 숙취를 유발한다.

이것도 시간 여행의 어려움을 해결하는 또 다른 방법을 보여주는 완벽한 예시 중 하나다. 나중에 더 자세히 설명하겠지만, 안타부스는 약속 이행 장치commitment device라고 알려진 일종의 도구다. 단순하게 말해 일을 망치는 것을 어렵게 만듦으로써 기대한 결과를 더 쉽게 얻을 수 있도록 도와주는 도구 말이다. 볼링장 레인에 설치된 범퍼처럼 약속 이행 장치의 목적은 우리가 경로에서 벗어나지 않게 하는 것이다. 그것이 어떻게 가능한지 정확히 이해하려면 제임스 캐넌이 처한 상황을 다시 살펴봐야 한다.

우리 삶을 지배하는 중독에서 벗어나려면

—

집에서 안타부스로 직접 실험해보기 전에도 캐넌은 이미 수년간 술 때문에 문제를 겪었다. 넷째 딸이 태어난 후에는 상황이 최악으로 치달았다. 그는 매일 오후 2시부터 맥주를 마시기 시작해서 잠들기 전까지 맥주 캔을 8~12개나 비웠다. 술에 약하거나 모임에서 간단히 술을 즐기는 사람이 맥주를 그렇게 많이 마셨다면 어떨까? 분명히 취해서 이상한 행동을 할 테고 이튿날 아침 엄청난 숙취에 시달릴 게 분명하다. 하지만 캐넌은 달랐다. 매일 습관처럼 맥주 열두 캔을 마셔도 사실상 어떤 문제도 생기지 않았다. 취하는 일이 거의 없었고 집이나 직장에서 자기 역할을 그럭저럭해냈다. 아무런 문제가 없었기에 술을 많이 마셔도 된다고 큰소리쳤다.

하지만 이 상황에 대한 아내의 불안이 날로 커지면서 모든 것이 달라졌다. 특히 어린 자녀들이 지켜보는 것이 걱정스러웠다. 부부 사이에 긴장감이 고조되었지만 캐넌은 술을 줄이기는커녕 더 자주, 더 많이 마셨다. 한번 시작하면 며칠이고 몇 주고 계속해서 마셔댔다. 그의 머릿속에는 언제 또 술을 마실 수 있을까 하는 생각뿐이었다. 이런 상황이 끝난 것은 캐넌의 건강이 악화한 덕분이었다. 그는 "내 인생은 어떻게 되든 상관없다고 여겼죠. 하지만 죽고 싶진 않았어요."라고 말했다.[2]

1990년대에 한 번의 심한 음주 후 의사인 친구에게 도움을 받기로 마음먹었다. 그의 친구는 알렉산더 델루카 Alexander DeLuca 박사였다. 당시에 델루카 박사는 스미더스 마약 및 알코올 중독 치료센터의 책임자였다. 현재 컬럼비아대학교 정신의학과에 소속된 이 센터는 당시 중독치료에서 가장 앞서가는 곳이었다.

델루카 박사는 알코올 문제가 있는 환자에게 안타부스를 포함해서 다양한 처방을 내렸다. 나와 인터뷰할 때 자기가 직접 안타부스의 효능을 경험했기 때문에 그 약을 특히 좋아한다고 했다.

그 말인즉슨 델루카 박사도 예전에 알코올중독자였다는 뜻이다. 그는 어린 시절 트라우마 때문에 술에 의존하게 되었다고 했다. 술을 끊으려고 모든 방법을 시도했지만 다 실패한 후에 혹시나 하는 마음으로 안타부스를 복용했다. 불과 며칠 만에 델루카 박사는 술 마시는 양이 눈에 띄게 줄어드는 것을 직접 경험했다.

어째서 이 약이 이렇게 큰 효과를 내는 것일까? 델루카 박사는 약효를 내는 과정이 단순하기 때문이라고 설명한다. 안타부스를 먹은 상태에서 술을 마시면 상당히 끔찍하다. 그의 표현에 따르면 "아주 미미한 반응인데도 정말 참기 힘들다."고 한다. 그 반응이 금세 사라질 거라 여기면서 초반의 불쾌함을 참고 술을 더 마셔도 괜찮다고 넘기면 위험하다. 사실 많이 마실수록 반응이 더 악화하기 때문이다. 무엇보다 안타부스의 가장 중요한 특징은 며칠간 혈류에 남는다는 점이다. 델루카 박사의 경우에는 열흘 정도 약효가 지속되었다. 그래서 목요일에 안타부스를 복용했다면, 주말 파티가 있는 토요일 아침에 약을 안 먹어도 아무 소용이 없다. 즉 목요일에 먹은 안타부스의 효능이 토요일 이후까지도 지속된다는 말이다.

델루카 박사는 "하루에 25가지 결정을 내리는 것보다 하루에 딱 하나만 결정하는 게 정말이지 훨씬 더 쉽더군요."라고 했다. 술을 마시라는 유혹이 올 때마다 거절하려면 25번 정도 '노우'를 외쳐야 한다. 하지만 안타부스를 삼키는 결정은 딱 한 번이면 충분했다. 안타부스가 체내에 오래 남기 때문에 며칠에 한 번 결정을 내린다고 해야 더 정확할 것이다.

델루카 박사는 이제 은퇴해서 아이다호 보이시라는 곳에 살고 있다. 더는 술을 입에 대지 않으며 술 생각이 아예 나지 않는다고 한다. 그는 1990년대에 약 6년간 안타부스를 복용했고, 그 기간에 학문적으로도, 직업적으로도 최고의 업적을 달성했다고 한다.

델루카 박사처럼 제임스 캐넌도 알코올 중독에서 벗어나려고 수많은 치료 방법을 모색했다. 그런 시도가 다 실패한 후에야 안타부스를 실험해본 것이다.

나를 제어해줄 알약의 목소리가 들려

—

델루카 박사처럼 캐넌도 안타부스를 복용하기 전에는 머릿속이 복잡했다. 언제 술을 마실지, 얼마나 마실지, 아니면 완전히 끊을지 정해야 했다. 하지만 매일 아침 작은 약을 삼키면 이런 고민이 모두 사라졌다.

약을 먹으면 새로운 문제를 생각할 자유가 생겼다. 더는 술에 휘둘리지 않게 되자 맥주를 마시기 시작하면 끝장을 보려는 마음이 들게 만드는 요소가 무엇인지 생각해보게 되었다. 그는 안타부스에 관한 경험을 서술하면서 한 가지 일화를 들려주었다.

어느 토요일 오후 가족들이 사용하는 컴퓨터가 고장 나서 고치던 중이었다. 딸아이가 실수로 바이러스에 감염된 파일을 다운로드해서 생긴 문제였다. 한 시간 동안 고생해서 컴퓨터를 다 고쳤는데 때마침 막내 딸이 사무실에 들어와 키보드 앞에 앉더니 캐넌이 고쳐놓은 것을 다 망가뜨렸다.

그 순간 너무 화가 났지만 어금니를 깨물고 참아야 했다. 어린아이에게 화를 터뜨려본들 아무 소용이 없는 상황이었으니까. 그는 화요일에 있을 파티를 생각하며 화를 눌렀다. 파티에 가면 긴장을 풀고 술도 몇 잔 할 수 있으니 이 정도는 참을 수 있었다.

하지만 그때 갑자기 안타부스의 목소리가 들렸다. "아주 성대한 파티가 열릴 계획인가 본데 나를 복용하는 이상 술을 마셔도 별로 즐겁지 않을 거야. 화요일이 되어도 내 약효는 사라지지 않을 테니까."[3] 캐넌은 훗날 그 순간을 회상하면서 모든 종류의 좌절감에 대한 정상적인 반응을 통해 자신이 언제 술을 마시려는 충동을 느끼는지 파악할 수 있음을 깨달았다. 하지만 더 깊이 생각해보면 그동안 꾹 참기만 했을 뿐, 매일 쌓이는 육아 스트레스를 제대로 해소하지 않고 말없이 술을 진탕 마실 계획만 세웠다는 것을 알게 되었다.

그는 스트레스에 대처하는 방법 중에서 술 마시기를 아예 빼버렸다. 그러자 안타부스는 여러 날 폭음하기 전에 자신의 마음 상태가 어떤지 명확히 보여주었다. 그 작고 흰 알약 덕분에 캐넌은 새로운 대처 방안을 열심히 찾아보게 되었다. 고작 알루미늄 캔을 따서 한숨에 들이켜는 것과는 근본적으로 다른 방안들이었다. 안타부스는 12세 이상의 미국인 약 6퍼센트가 겪고 있는 특정 문제를 해결하는 데 효과가 뛰어나다.[4]

과도한 음주는 과식, 과소비, 휴대전화를 지나치게 오래 사용하는 것과 같은 다른 문제행동과 닮은 점이 있다. 미래의 자아에 대한 이상적인 이미지를 품고 있지만 현재 자아가 틀림없이 일을 그르치는 경우다.

우리는 미래의 자신이 건강하고 돈 문제가 없으며 현재를 충분히 즐기며 살아가기를 바란다. 거기에다 체질량지수는 낮고 은행 계좌에는 잔고가 두둑하며 함께 행복한 시간을 보낼 수 있는 가족과 친구가 있다면 더 좋을 터다. 그런데도 현재의 나는 샐러드를 주문하지 않고 칠리맛 감자튀김을 주문한다. 꼭 필요한 옷도 아닌데 무료 배송이라는 이유로 구매하며, 가족들에게 집중하지 않고 휴대전화의 알림 소리에 더 빨리 반응한다(물론 SNS에 중요한 알림이 뜬 것일 수도 있다). 이처럼 현재의 자아가 우리의 크고 작은 바람과 희망을 무시하고 행동하기 때문에 인생이 우리가 꿈꾸는 방향과 전혀 다른 쪽으로 흘러가고 만다.

사전 약속이 발휘하는 힘

—

음주 문제의 경우, 안타부스는 현재의 자아가 곤란한 상황에 빠지는 일이 쉽게 벌어지지 않게 해준다. 이런 방식의 문제 대처 전략은 이미 들어보았을 것이다. 100칼로리 초코칩 과자 한 봉지를 샀다면, 그 과자는 약속 이행 장치라고 할 수 있다. 이렇게 작고 맛있는 과자를 100칼로리만 먹기로 약속하는 것이다.

운동 수업에 등록하거나 친구와 함께 산책하러 가기로 하는 것 역시 소파에 늘어져 있지 않겠다는 사전 약속의 일종이다. 이런 것들은 비교적 가벼운 형태의 '사전 약속'pre-commitment이다. 약속을 어기고 보드카 토닉을 마시면서 엄청난 두통과 메스꺼움을 느끼게 만드는 알약을 먹는 것에 비하면 분명 가벼운 형태에 속한다. 특정 행동 경로에 대한 사전 약속이라는 개념은 누가 만들었을까? 찬장에서 간식거리를 꺼내 먹는 횟수를 줄이려고 애쓰던 사람들이 만든 것은 아니다. 사전 약속을 공식적으로 처음 논의한 사람은 냉전 악화에 관한 이론으로 노벨경제학상을 받은 토머스 셸링Thomas Schelling이라는 경제학자다. 꽤 오래전인 1956년, 셸링은 국가가 행동 방침을 미리 정해두면 전면전의 가능성을 줄일 수 있다고 주장했다.[5]

한 가지 사례를 가정해보자. 메이플 시럽을 몹시 원하는 몇몇 국가가 캐나다에 있는 메이플 시럽 공장을 강탈하려고 계획 중이다. 공격이 발생할 경우 미국이 모든 수단을 동원해서 캐나다 공장을 방어한다는 내용의 법안이 의회에서 통과된다. 그러면 트럭으로 메이플 시럽을 빼가려는 시도는 줄어들거나 사라질 가능성이 크다. 무슨 이유 때문일까? 미국이 확실하게 대응하겠다고 사전에 약속했기 때문에 캐나다를 공격하는 것이 더는 좋은 계획으로 여겨지지 않는 것이다.[6]

개인 차원에서 시도하려는 약속 이행 장치와도 공통점이 있다. 효과적인 약속 이행 장치를 만들려면 타인, 특히 미래 자아의 견해를 수용할 수 있는 건전한 판단력이 필요하다. 메이플 시럽의 사례로 돌아가 보자. 국민이 팬케이크를 자주 먹기 때문에 시럽이 없으면 하루도 살 수 없는 국가의 수장은 미국의 사전 대응으로 생기는 문제를 어떻게 생각할까? 의회는 그들의 입장을 헤아릴 줄 알아야 한다. 우리도 사전 약속 이행 방식을 사용할 때 그럴 필요가 있다. 전시 태세의 양국처럼 상대방의 입장을 계산해보고 미래의 자기 자신에게 정확히 어떤 문제나 요소가 유혹으로 작용할지 파악해야 한다.

이 전략에 약속 이행 장치라는 이름을 붙인 것은 셸링이지만, 사실 약속 이행 장치는 이미 수백 년 전부터 사용되어왔다. 예를 살펴보자. 1519년 멕시코에 도착한 탐험가 에르난 코르테스Hernán Cortés는 일부러 12척의 배 중에서 한 척만 남기고 모두 침몰시켰다.[7] 그가 데리고 온 군대가 뒤로 물러서지 않고 전진하게 만들려는 전략이었다. 이와 비슷한 다른 예도 있다. 1700년 전 중국의 한신 장군은 전장에서 군사를 어떻게 배치할지 고민하다가 아군의 퇴각로를 차단하기로 결정한다. 그리고는 강을 등지도록 배치했다.[8]

1980년대에 셸링은 마음을 가다듬고 이런 전략을 내면의 갈등 해결에 활용할 방안을 연구하기 시작했다.[9] 그가 제시한 몇 가지 창의적인 가능성은 후대 경제학자들에게 영감을 불어넣었다. 처리할 업무가 있는데 다른 잡무 때문에 계속 집중력이 분산되면 어떻게 할까? 친구에게 휴대전화를 맡기고 몇 시간만 카페에 가서 일하면 어떨까? 그러면 방해 없이 일을 끝낼 수 있을 것이다.

마이아 앤절로라는 시인도 이와 비슷한 방법을 쓴다.[10] 그녀는 대저택에 살지만 주기적으로 벽에 아무런 장식이 없는 호텔로 간다. 그곳에 가면 온전히 집중해서 집필할 수 있기 때문이다. 와이파이가 없는 카페에 가는 것은 훨씬 저렴한 대안이다.

또는 저녁을 먹자마자 양치하면 야식의 유혹을 떨칠 수 있다. 나는 아직 시도해보지 않았지만, 더 괴상한 방법도 있다. 아침에 일어나기가 너무 힘들면 자기 전에 물을 많이 마셔보라.[11] 그러면 아침에 알람이 울릴 때 또는 알람이 울리기도 전에 일어나지 않고는 못 배길 것이다.

이런 사례들을 종합해보면 약속 이행 장치에 대해 더 폭넓은 질문이 생긴다. 나에게 잘 맞는 장치, 다시 말해서 미래의 자아를 위해 세워놓은 목표를 달성하는 데 도움이 되는 약속 이행 장치를 고안하려면 무엇이 필요할까? 어떤 장치가 효과적인지, 또 그 이유가 무엇인지를 먼저 이해해야 한다.

가벼운 약속이 의무감을 자극하는 이유
—

요즘은 음식 사진을 자주 찍는 사람을 심심찮게 볼 수 있다. 아마 독자도 그런 사람일지 모른다. 하지만 크레이그라는 내 친구는 그런 사람들과 아주 거리가 멀다. 그와 알고 지낸 지 10년이 다 되었지만 뭘 찍으려고 휴대전화를 꺼내 드는 모습은 그날 처음 보았다.

하루는 점심을 먹는 자리에서 크레이그가 사과, 과자 한 봉지, 샌드위치를 식탁 위에 가지런히 놓더니 사진을 찍었다. 내가 의아한 표정을 짓자 그는 "앗, 미안해. 영양사에게 점심에 뭘 먹었는지 알려줘야 하거든."이라고 했다.

크레이그는 최근 몇 년 사이에 체중이 많이 늘어서 다이어트를 하고 있었다. 그가 선택한 방법은 비교적 단순했다. 아침, 간식, 점심, 저녁 등 뭔가 먹을 시간이 되면 일단 영양사에게 무엇을 먹을지 사진을 보내는 것이다. 영양사는 칼로리 섭취량을 대략 계산해보고 영양소를 고루 섭취하는지 확인한 다음, 단백질을 늘리거나 탄수화물을 줄이라는 등의 필요한 조언을 해주었다.

이렇게 크레이그는 음식 사진을 찍어 보내기로 사전에 약속한 상태였다. 영양사와 함께 식단을 짜고, 무언가를 먹을 때마다 사진을 보내주기로 약속했다. 이는 사실상 몸에 좋은 음식을 먹겠다고 약속한 것과 같다. 이처럼 사전에 어떤 행동을 하거나 하지 않겠다고 선언하는 것은 엄밀히 따지면 심리적 약속psychological commitment이라고 볼 수 있다. 일부 경제학자는 이를 '가벼운 약속'soft commitment이라고 한다.[12]

크레이그는 원하는 것은 뭐든 다 먹을 수 있었다. 이를 막는 장치는 하나도 없었다. 영양사가 마법처럼 나타나서 크레이그가 초콜릿케이크를 퍼담으려 했다고 혼낼 수도 없었다. 사실 영양사는 미국에 사는 사람도 아니었다. 당연히 당장 달려올 수 없는 상황이다.

크레이그에게는 살찌는 음식이 유혹하는 상황이 종종 있었다. 나도 한번은 크레이그가 남들 몰래 견과류 한 봉지를 먹는 걸 보았다. 아주 가끔 유혹에 넘어가기도 했지만, 이 방법은 크레이그에게 큰 도움이 되었다. 그는 7킬로그램을 감량했으며 나날이 건강이 좋아지고 있다.

이렇게 심리적 약속으로 성공한 사례는 크레이그에게 국한되지 않는다. 특정 상황에서 가벼운 약속으로 행동을 구속하는 장치를 사용하는 것이 꽤 효과적이라는 연구 결과가 계속 쏟아져나오고 있다. 그중 가장 유명한 연구는 내 동료 슐로모 베나치Shlomo Benartzi가 발표한 것이다. 베나치는 노벨상 수상자인 리처드 탈러Richard Thaler 교수와 함께 '세이브모어터마로'Save More Tomorrow라는 저축 프로그램을 직원들에게 공개했다. 이 프로그램의 특징은 급여에서 401(k) 퇴직연금 계좌로 자동이체하는 것인데 해를 거듭할수록 이체 금액이 증가한다. 굉장히 특별한 것처럼 들리지만 알고 보면 아주 단순한 심리적 약속일 뿐이다. 자동으로 가입되지만 원할 때 언제든 취소할 수 있기 때문이다. 하지만 프로그램은 큰 성과를 거두었다. 처음으로 이를 적용한 회사의 경우, 가입한 직원들의

저축률이 약 4년 만에 네 배로 늘어났다.[13]

가벼운 심리적 약속은 가벼운 약속 또는 행동 장치라고 할 수 있다. 자선단체에 기부하거나[14] 체중감량 수업에 참석해 감량 효과를 얻는 것처럼[15] 다른 행동을 증가시키는 데도 상당한 효과를 발휘한다.

하지만 이런 종류의 약속 이행 계획commitment plan은 조심스럽게 사용하지 않으면 오히려 역효과를 낼 수 있다. 최근 한 연구가 그것을 보여준다. 직원들에게 행동 장치에 지금 가입할 것인지 아니면 몇 달 후에 가입할 생각인지 물어보았다. 그러자 저축률이 오히려 감소세로 돌아섰다. 두 가지 옵션을 동시에 보면서 오해한 것으로 보인다. "고용주는 나에게 이걸 지금 해도 되고 나중에 해도 된다고 말하는 것 같아. 그렇다면 당장 해야 할 정도로 중요한 일이 아니라는 뜻이겠지."

따라서 접근 방식을 조금 바꿔야 한다. 미리 두 가지 옵션을 다 알려줄 필요가 없다. 어떤 사람이 당장 가입하지 않겠다고 하면, 그때 가서 다음에 가입할 기회도 있다고 알려줘야 한다. 실제로 수천 명의 성인을 대상으로 실험하면서 무료로 재정 상태를 평가받을 것인지 물어보았다. 전자는 지금 바로 평가받을 기회와 나중에 평가받을 기회를 한꺼번에 제안했다. 후자는 당장 평가받을 기회를 제안하고 이를 거절하면 1주일 후에 평가받을 기회가 있다고 다시 알려주었다. 그러자 후자의 경우에 더 많은 사람이 평가받으려고 나섰다.

이 실험의 요점은 무엇일까? 심리적인 행동 계획이든 다른 행동 계획이든 간에, 긴급성을 제대로 전달하지 못하면 아무도 그 계획을 선택하지 않는다는 것이다.[16]

크레이그는 자기가 다이어트 프로그램에 성공한 결정적인 이유는 바로 영양사에 대한 의무감이었다고 말한다. 먹을 음식을 사진으로 찍어서 보내야 하기에 어쩔 수 없이 메뉴를 더 신중하게 고르게 되었다. 그는 이렇게 말했다. "사진을 찍으니까 내가 무엇을 먹는지 거울에 비춰보는 것 같았어. 건강에 나쁜 음식을 자주 먹으면 영양사가 속상해할 것 같아서 마음이 편치 않더군."

초기의 몇몇 연구는 책임감이 중요하다는 점을 뒷받침해준다. 일례로 칠레에서 진행된 연구를 보면 '동료 저축집단' 앞에서 공개적으로 저축하겠다고 약속한 기업가는 그렇게 하지 않은 기업가와 비교할 때 저축액이 3.5배나 증가했다.[17] 분명 책임감을 느끼게 만드는 동료의 존재가 큰 효과를 가져온 것이다.

그런데 이런 약속을 할 때의 실패 비용은 무엇일까? 단지 다른 사람을 실망하게 하는 것으로 끝나지 않는다. 우선 자기가 세운 계획을 지키지 못하면 심리적 비용도 발생할 수 있다. 이렇게 생각해보자. 사람은 자기 행동에 일관성이 유지되기를 원한다. 오늘 밤에는 저녁을 먹은 뒤에 팬트리를 열지 않겠다고 다짐해놓고 아무 생각 없이 초콜릿바를 꺼내 먹는다면 어떨까? 아마 과거의 자신과 미래의 자신을 둘 다 실망시킬 것이다. 이렇게 다른 사람이나 자신에게 실망을 주는 사람이 되고 싶은 이는 없다.

이런 식으로 심리적 약속을 해두면 미래의 자아가 특정 방식으로 행동하도록 유도할 힘이 생긴다. 하지만 특정 방식으로 행동하지 않더라도 벌금을 내거나 외출 금지를 당하는 등 이렇다 할 처벌이 뒤따르지 않는다. 계획이나 약속을 실천하지 못하면, 경제학자 롤랑 베나부Roland Benabou와 장 티롤Jean Tirole이 언급한 것처럼 그저 자기 자신에 대한 신뢰

감이 줄어들 뿐이다.[18]

하지만 '그대로 버티는' 방법 중에서 이보다 더 극단적인 것도 많다. 지금까지 살펴본 방법은 비교적 간단했다. 이제부터는 유혹이 되는 요소를 제거하기 위해 스스로 약속하는 강력한 방법을 알아보자.

유혹의 기회를 없애는 옵션 제거 방식
—

데이브 크리펜도르프Dave Krippendorf는 MIT에서 MBA를 마쳤다. 그는 보스턴의 비콘 힐에 있는 아파트에 살았는데 위치가 좋아서 홀푸드Whole Foods 슈퍼마켓까지 도보로 갈 수 있었다. 크리펜도르프는 과제를 할 때면 거의 매일 과자를 먹어야 했던 터라 집에서 가게가 가까운 것이 유리했다. 하지만 군것질을 줄여야 한다는 점에서 보면 매우 불편하고 불리한 위치라고 할 수도 있었다.

그는 나와 대화하던 중 군것질 때문에 계속 마음고생을 하고 있다며 주전부리에 대한 집착을 끊어줄 방법이 없을지 고민이라 했다. 틈만 나면 홀푸드에 가서 쿠키를 조금씩 샀고, 자기 의지로는 도저히 이를 그만둘 수 없었다. 가게를 오가는 횟수를 줄이려고 한 번에 많이 사 오는 것도 별로 소용이 없었다. 온갖 묘책을 마련해도 소용이 없었기에 누군가의 힘을 빌려야겠다는 생각이 들었다고 했다.

MIT는 세계에서 가장 실력이 뛰어난 엔지니어와 야심 찬 기업가들이 모인 곳이다. MIT 학생답게 크리펜도르프는 신제품 개발에 참여하기로 했다. 최신형 앱이나 신기술을 접목한 장치를 개발하는 것이 아니라 예전 방식의 금고를 만드는 것이었다. 금고의 이름은 '키친 세이프'Kitchen Safe였다.

말 그대로 주방에 두는 금고다. 하지만 커다란 자물쇠가 달려 있는 투박한 금속 장치가 아니라 플라스틱 타파웨어(미국의 주방용 밀폐용기 브랜드-옮긴이)처럼 생겼다. 그 금고의 뚜껑에는 전자키패드가 달려 있었다. 잠금장치는 1분에서 최대 10일까지 타이머를 설정할 수 있었다. 타이머 시간과 관계없이 주요 기능은 일상생활의 유혹을 없애주는 것이다.

크리펜도르프는 원래 경영대학원 수업의 마지막 프로젝트를 하려고 이 아이디어를 생각해냈다. 그러다가 별도의 프로젝트가 시작되었고 결국 그는 월스트리트의 직장을 그만두고 모든 것을 쏟아부어 회사를 차렸다. 작은 스타트업으로 시작했지만 유명 언론사에 몇 차례 기사가 실렸다. 그런 후 〈샤크 탱크〉Shark Tank(지원자들이 사업 아이템을 갖고 나오면 샤크라고 불리는 심사위원들이 사업에 투자하는 형식으로 진행되는 리얼리티 프로그램-옮긴이)에 멋지게 등장한 덕분에 지금은 탄탄한 자금력을 자랑하며 성공 가도를 달리고 있다.

매년 자제력 부족으로 애를 먹는 수만 명의 소비자가 현재 자아의 욕구를 통제하기 위해 잠금 상자lockbox를 구매한다. 제품의 원래 의도대로 초콜릿, 과자, 사탕 등을 넣어두려고 이 제품을 사는 소비자도 있다. 하지만 많은 사람이 훨씬 더 심각한 문제에 대응하는 데 이 제품을 사용한다. 여기에 술이나 약, 처방전을 넣어두는 사람도 있다.

한번은 수면장애로 힘들어하는 사용자가 크리펜도르프에게 편지를 보냈다. 처방약을 먹으면 깊은 잠을 잘 수 있지만 안전하게 복용하려면 네 시간 간격을 지켜야 했다. 자기 자신을 '속이고' 약을 더 자주 먹게 되자, 이 여자는 약병을 '키친 세이프'에 넣어두고 네 시간이 지나면 타이머가 울리도록 맞춰놓았다.

내가 개인적으로 좋아하는 사례연구는 레딧Reddit에 올라온 것이다. 그 젊은이는 인터넷 사용을 자제하려고 키친 세이프를 사용했다. 그가 생각한 방법은 좀 극단적인데 그의 생각대로 하려면 맹꽁이자물쇠, 물리학 교재, 벽장이 모두 필요했다. 먼저 자물쇠의 열쇠를 키친 세이프에 넣어두고 타이머로 네 시간을 맞춘 후에 벽장을 개인 독서실 삼아 공부에 집중했다.[19]

나는 가족과 보내는 시간에 휴대전화를 너무 자주 들여다보는 것이 문제였다. 물을 먹으려고 식탁에서 일어설 때는 굳이 X를 확인할 필요가 없잖은가. 그런데도 습관적으로 들여다보았다. 나도 결국 저녁에는 크리펜도르프의 잠금장치에 휴대전화를 넣어버렸다. 그렇게 하니 최소한 아이들이 잠자리에 들 때까지는 휴대전화에 한눈을 팔지 않았다. 내가 사용한 제품은 휴대전화를 넣어두기에 안성맞춤이었다. 불투명한 상자라서 알림이 와도 보이지 않았고 안쪽으로 충전기를 넣어둘 공간도 충분했다.

이 제품은 주방에 국한되지 않고 다양한 분야의 문제를 해결하는 데 도움이 된다. 사용자들이 매우 다양한 용도로 활용하기 때문에 크리펜도르프는 최근에 회사명과 제품명을 케이세이프KSafe로 바꾸었다.

케이세이프라는 약속 이행 장치의 기본 논리는 옵션을 처음부터 아예 주지 않는 것이다. 쿠키, 휴대전화, 처방약은 물론이고 벽장 밖으로 나올 능력마저 모두 없애버린다. 케이세이프는 한번 잠기면 망치나 그와 비슷한 무겁고 단단한 물체로 깨부수지 않고는 절대 열리지 않는다.

마크 루이스Mark Lewis라는 신경과학자도 한때 중독 문제로 고생했다. 그는 '옵션을 치워버리는' 전략을 설명하면서 냉장고에 스테이크가 들어 있는 것을 본 개의 비유를 언급했다. 냉장고 문 뒤에 육즙이 가득한 고기가 있다는 걸 알기에 개는 앞발로 계속 문을 두드린다. 하지만 개가 보는 자리에서 주인이 냉장고 문을 잠가버리면 더는 냉장고 문을 두드리지 않는다. 아마 개는 그 행동을 멈춤과 동시에 스테이크를 먹고 싶은 마음도 단념할지 모른다.[20]

나도 여러 번 그런 감정을 느꼈다. 밤에 휴대전화를 잠금 설정하고 나면 알람 소리가 들릴 때마다 휴대전화를 열어보고 싶은 충동과 계속 싸워야 한다. 사실 몇 년 전 심리학자 월터 미셸Walter Mischel과 점심을 먹는데 그는 식전 빵을 남김없이 먹어 치우는 사람이 나밖에 없다고 지적했다. 그에게 한 조각 먹겠느냐고 물었더니 적어도 자신에게 식전 빵은 관심 밖의 대상이라고 했다. 만성 소화장애가 있는 사람에게 식전 빵이 담긴 바구니는 유혹거리가 전혀 아니라는 의미였다.

식사가 나오기도 전에 식전 빵을 몇 개나 먹어버리면 어떤 기분인지 아는가? 물론 빵을 먹으면서도 마음속으로는 '이러면 안 돼. 식사할 배는 따로 남겨놔야 하잖아'라고 생각할지 모른다. 미셸은 만성 소화장애증을 진단받은 이후에 더는 그런 고민에 시달리지 않았다. 그는 자신의 제자였으며 이제 작가가 된 마리아 코니코바Maria Konnikova와의 인터뷰에서 그 점을 이렇게 묘사했다. 만성 소화장애가 생기면 "비엔나 페이스트리, 파스타 알프레도처럼 평생 즐겨 먹던 음식이 갑자기 머릿속에서 독으로 변해버립니다."[21]

그의 경험을 듣다 보니 '건강에 안 좋은 음식은 생각조차 안 하기로 결심할 수만 있다면 나도 훨씬 건강해질 텐데' 하고 생각했던 기억이 났다. 그와 함께 점심 식사를 하고 몇 년이 지난 후 안타깝게도 나의 바람은 현실이 되었다. 나도 만성 소화장애를 진단받아서 빵 종류는 모두 잠가놓은 휴대전화처럼 접근 불가 대상이 되어버린 것이다.

유혹을 금지하는 것은 맛있는 탄수화물 음식의 영역을 넘어 다른 분야에서도 많은 유익을 가져올 수 있다. 일례로 경제학자 나바 아슈라프Nava Ashraf는 필리핀 시골 은행과 파트너십을 맺고 시드SEED라는 새로운 저축상품을 만들었다.[22] 시드는 저축하고 벌고 즐기는 예금Save, Earn, Enjoy Deposits이라는 뜻이다. 이 상품의 주요 특징은 케이세이프와 비슷하다. 일단 고객이 저축 계좌에 돈을 입금하면 본인이 선택한 특정일까지는 인출하지 못한다. 사용자는 학용품을 사기 위해 8월까지 돈을 묶어두거나 선물 구매 자금으로 12월까지 저축을 유지할 수 있다. 또는 어떤 목표액에 도달할 때까지 저축액을 인질처럼 잡아놓을 수도 있다.

1년 후에 보니 시드 계좌를 개설한 고객은 계좌를 개설하지 않은 고객보다 저축 평균액이 약 8달러, 즉 82퍼센트 증가했다. 큰 액수는 아니지만 실험 설정을 생각하면 상당히 유의미한 결과다. 이 실험을 실시한 당시에는 5인 가족이 한 달 먹을 쌀을 사는 데 약 20달러가 들었다. 케냐와 말라위의 시골 지역에서도 비슷한 저축 상품으로 좋은 결과를 거두었다.[23]

이처럼 '옵션을 제거'하는 방식의 제품은 분명 효과가 있는데도 많은 사람에게 선택받지 못한다. 일례로 필리핀에서는 잠금 기능 저축 계좌를 권유받았을 때 이를 수락한 은행 고객이 고작 28퍼센트였다. 단순명확한 방법이지만 돈과 좋아하는 음식은 우리에게 •꼭 필요하고 즐거움을 주는 자원이다. 그런데 아예 접근조차 못 하게 하는 것이 못마땅했을 것이다.

감자는 나눠 먹되 핫도그는 그냥 먹을 거야
—

심리학자 재닛 슈워츠Janet Schwartz는 이 문제에 관해 기발한 해결책을 찾았다. 여름 휴가차 코니아일랜드를 찾았을 때 아이디어가 떠올랐다고 한다. 코니아일랜드에 가면 나단 핫도그라는 유명한 가게를 그냥 지나칠 수 없다. 뉴욕에 있는 식당들이 모든 메뉴에 칼로리를 표기하기 시작한 지 얼마 후에 슈워츠와 그녀의 친구 두 명이 나단 핫도그를 방문했다. 인터뷰에서 슈워츠는 자기가 즐겨 사 먹던 사이드 메뉴인 감자튀김이 무려 1,100칼로리나 된다는 사실에 큰 충격을 받았다고 했다.

그녀와 친구들은 핫도그 세 개를 주문했다. 하지만 감자튀김은 세 개를 주문하지 않고 하나만 주문해 나눠 먹기로 했다. 핫도그는 절대 나눠 먹지 않았다. 코니아일랜드까지 가서 핫도그 삼 분의 일 조각을 먹을 사람이 어디 있겠는가? 그들은 주요 관심사인 핫도그에서는 선택의 폭을 제한하지 않고, 사이드 메뉴인 감자튀김에서 선택의 폭을 좁혔다.

적어도 어느 정도 건강에 좋은 음식을 먹는 것, 그러니까 하루에 필요한 열량보다 더 많이 먹지 않는 것이 궁극적인 목표였다면 슈워츠의 경우에는 '사이드 메뉴를 줄이는 것'이 그럴듯해 보이는 해결책이었다. 세 사람은 마음만 먹으면 얼마든지 돌아가서 다른 사이드 메뉴나 감자튀김을 추가 주문할 수 있었다. 하지만 그들은 각자 핫도그 하나와 감자튀김 3분의 1로 만족했다. 핫도그 가게에서 나올 때는 배부르고 기분이 좋은 상태였다. 특히 칼로리를 줄이는 면에서 자제력을 발휘해 매우 뿌듯했다고 한다.

사실 슈워츠는 약속 이행 장치의 전문가다. 그녀가 이끄는 공동연구팀은 코니아일랜드에서 깨달은 점을 나중에 실험해보았다. 그들은 중국식 패스트푸드점을 선택했다. 이곳은 메인 코스를 주문하면 익힌 채소, 밥, 볶음밥, 볶음면 등 네 가지 사이드 메뉴가 함께 나왔다. 넷 다 400칼로리가 넘는 음식이었는데, 칼로리와 전분 함량이 높은 음식 하나를 선택할 경우 음식의 양을 절반만 달라고 요청할 수 있었다.

실험 전에는 손님의 1퍼센트 정도가 고칼로리 사이드 메뉴의 양을 줄여서 조금만 달라고 했다. 하지만 '음식의 양을 절반만' 주문할 수 있는 옵션을 만들어주자 세 명 중 한 명이 이 옵션을 선택했다.[24] 손님들은 사이드 메뉴의 양이 줄어든 것을 보충하려고 열량이 높은 음식을 주메뉴로 선택하지 않았다. 절반만 주문할 수 있는 옵션을 거절한 손님이 주문한 주메뉴와 옵션을 받아들인 손님이 주문한 주메뉴의 열량을 비교해보면 크게 차이가 없었다. 그리고 사이드 메뉴를 정량대로 주문한 손님이 일부러 주문한 음식을 다 먹지 않고 남긴 것도 아니었다.

슈워츠는 이 방법이 성공한 이유 중 하나가 '식사의 주요 요소가 아니라 주변 요소를 공략했기 때문'이라고 했다. 그녀의 말처럼 우리가 패스트푸드를 먹으러 갈 때는 프라이드치킨 샌드위치, 치즈버거, 오렌지치킨 등 분명한 이유가 있다. 이런 메뉴의 경우 절반을 포기하라고 하면 분명 고개를 내저을 것이다. 하지만 밥이나 감자튀김은 어떨까? 그런 메뉴는 비교적 쉽게 포기하거나 양을 줄일 수 있다.

적절한 제재는 의외의 효과가 있다

하지만 이 전략에는 심각한 문제가 있다. 그 점은 아널드 로벨Arnold Lobel
의 동화에 잘 묘사되어 있다. 〈쿠키〉cookies는 서로 매우 친한 개구리와
두꺼비에 관한 단편 동화집이다. 두꺼비는 둘이 같이 먹으려고 초콜릿
칩 쿠키를 방금 구워냈다.

둘 다 하나씩 먹어보고는 지금까지 먹어본 쿠키 중 제일 맛있다며 놀
라워한다. 그러고는 계속 쿠키를 먹고 또 먹는다. 정신없이 쿠키를 입에
쑤셔 넣다가 어느 순간 정신을 차리고 "야, 우리 둘 다 그만 먹자!"라고
소리친다. 쿠키 맛을 누구보다 잘 평가할 줄 알고 심리학도 꽤 안다고
자부하는 개구리는 정신없이 쿠키에 탐닉하는 걸 그만두려고 간단한
행동 장치를 만들기로 한다. 그런데 개구리가 제아무리 머리를 써도 두
꺼비는 행동 장치를 금방 무력화시킨다. 그러고는 다시 쿠키를 정신없
이 먹곤 했다.

개구리는 '쿠키를 상자에 넣으면 되지!'라고 생각한다. 하지만 두꺼
비는 '상자야 열어버리면 그만이지'라고 생각한다.

'상자를 끈으로 꽁꽁 묶어놔야지.' 이번에도 두꺼비는 해결책을 찾아
낸다. '그렇구나. 하지만 끈을 잘라버리면 그만이지.'

"상자에 쿠키를 넣고 끈으로 묶은 다음에 사다리를 놓고 찬장 제일 위
칸에 넣어버려야겠어!" 그러자 두꺼비는 심드렁한 표정으로 이렇게 대
꾸한다. "그러면 사다리를 놓고 올라가서 끈을 자르고 박스를 열어서 거
기 남아 있는 쿠키를 다 먹어버리면 되지."

개구리는 또 다른 아이디어를 생각해낸다. 사다리에 올라가서 끈을

자르고 박스를 연 다음 밖으로 가져온다. 그러고는 "새들아, 여기 쿠키가 있어."라고 목청껏 소리를 지른다. 그러면 나무에 앉아 있던 새들이 눈 깜짝할 사이에 쿠키를 다 먹어 치울 것이다.

개구리는 이제야 마침내 쿠키의 유혹에서 벗어났다고 안심하면서 두꺼비와 자신이 엄청난 의지력을 발휘했다고 만족스럽게 결론짓는다. 하지만 두꺼비는 여전히 개구리와 생각이 다르다. 두꺼비는 개구리에게 "너는 계속 의지력을 발휘하렴. 나는 집에 가서 케이크를 구울 거야."라고 말한다.[25]

개구리와 두꺼비처럼 우리 내면에서도 약속 이행 장치를 두고 비슷한 갈등이 벌어진다. 개구리처럼 어떤 행동을 지속하고 미래에 다른 옵션을 제거하려는 의지는 매우 강할지 모른다. 하지만 현재의 자아는 두꺼비처럼 몰래 계획을 망치고 뒤집을 방법만 찾으려 한다.

어떻게 하면 서로 대립하는 두 자아를 화해시킬 수 있을까? 약속 이행 장치는 바람직하지 않은 행동을 제한할 만큼 강력한 힘이 있어야 한다. 하지만 약속 이행 장치 자체가 싫어지거나 거부감이 들 정도로 지나친 억제력이 필요하면 안 된다.

이와 같은 전략은 일단 실행하기로 마음먹어야 효과를 보인다. 그런데 너무 가혹하거나 심하다고 생각되면 실행단계까지 갈 수 없다. 약속 이행 장치라는 전략을 이론화한 경제학자 토머스 셸링은 덴버에 있는 중독치료센터의 사례를 언급한다. 프로그램에 참여한 환자들은 '자기 자신의 죄를 고발하는 편지'를 써서 의료진에게 맡겼다. 그리고 약물 테스트에서 양성이 나오면 편지를 수신인에게 실제로 배송하는 데 동의했다. 예를 들어 코카인 중독 증상이 있는 의사가 무작위 테스트에서 양성 반응이 나오면 자기 손으로 쓴 편지가 주 의료위원회state medical board(미국의 의사면허를 관리하는 기관−옮긴이)로 발송되어 관련법 위반을 스스로 자백하게 된다.[26] 이런 방안은 다소 극단적으로 보이지만 꽤 효과적이다. 하지만 대규모로 시행하기에는 어려움이 있다.

그렇다면 미래에 적절한 제재나 처벌 가능성을 도입한다고 생각해보자. 경로를 벗어날 때 제재를 가하면 고통을 받기 때문에 적절한 제재 효과를 기대할 수 있다. 그러나 제재받을 엄두조차 내지 못할 정도로 극심한 고통을 가해서는 안 된다.

일례로 니르 이얄Nir Eyal이라는 작가는 '번 오어 번'burn or burn이라는 전략을 사용했다. 그는 인터뷰에서 서랍장에 달력을 하나 넣어둔다고 밝혔다. 오늘 날짜에는 100달러 지폐 한 장이 테이프로 붙여져 있고 서랍장 위에는 아주 커다란 라이터가 놓여 있다. 매일 아침 그는 둘 중 하나를 정해야 한다. "칼로리를 태울지 아니면 100달러 지폐를 태울지 정해야 합니다." 이는 '손실 회피 편향'loss aversion을 활용한 전략이다.[27] 특정 상황에서는 손실 가능성만으로도 감정이 크게 영향을 받아서 강한 동기 부여가 된다. 달리 말해서 니르 이얄은 땀 흘리는 것을 싫어하지만, 그보다는 돈을 잃지 않으려는 마음이 훨씬 더 강하다.

열량을 소비하는 활동은 매우 다양하다. 산책하거나 체육관에 가도 되고 윗몸일으키기를 할 수 있다. 어떤 방식으로든 몸을 움직이면 된다. 100달러 지폐를 직접 태우는 것보다는 아무것도 안 하고 싶은 마음을 포기하는 편을 택하게 된다. 이 방법을 쓰기 전에는 거의 매일같이 아무것도 하기 싫다며 그냥 드러눕곤 했다. 행동을 자극할 만큼 충분한 고통을 주지만, 모든 시도를 다 포기할 정도로 심한 고통을 가하지는 않는다.

그는 3년째 매일 '번-오어-번' 전략을 실천하고 있다. 예전에는 치료가 필요할 정도로 심각한 비만이었지만, 34세인 지금 니르 이얄은 자기 인생에서 이만큼 건강했던 적이 없다고 말한다.

우리는 좀 더 공식적인 상황에서 '적절한 제재를 가하는' 전략을 테스트해보았다. 재닛 슈워츠가 이끄는 공동연구팀은 건강에 좋은 식품을 구매할 때 인센티브가 주어지는 프로그램에 이미 가입한 식료품 가게 손님들을 실험 대상으로 선정했다. 그들에게 6개월간 매달 건강에 좋은 식품 구매를 5퍼센트 늘리면 청구금액을 할인해주겠다고 제안했다. 중간에 실패하면 그때까지 적립한 할인금액도 모두 취소된다고 경고했다. 100달러 지폐를 태우는 것은 아니지만 그와 비슷한 자극이었다.

이는 강력한 자극을 주지만 지나치게 극단적이지 않은 약속 이행 장치였다. 가게 손님의 3분의 1이 이 제안을 받아들였다. 실험 결과는 성공적이었다. 건강에 좋은 식품의 구매율이 3.5퍼센트 증가했다.[28] 물론 가입 의사를 밝힌 손님들의 원래 목표는 5퍼센트였다. 3.5퍼센트의 증가율을 보면 시간을 두고 습관을 바꾸는 것이 얼마나 힘든 일인지 알 수 있다. 어쨌든 그럼에도 긍정적 변화가 있었다.

이처럼 '제재를 가하는 방식'의 약속 이행 장치는 음식이나 운동 이외의 다른 분야에서도 효과를 발휘한다. 어떤 금연 프로그램에서는 흡연자에게 6개월간 저축 계좌에 돈을 모을 기회를 주었다. 6개월 후 소변 검사에서 담배 피운 정황이 포착되면 저축 계좌의 돈을 전부 몰수해서 자선단체에 기부하는 방식이었다. 흡연자 10명 중 한 명 정도가 이 프로그램에 참여했는데, 일반 흡연자와 비교하면 6개월 후 소변 검사를 통과할 가능성이 3퍼센트 포인트 더 높았다. 그뿐 아니다. 1년 후에 무

작위로 실시한 소변 검사에서도 통과 가능성이 매우 높게 나타났다.[29]

　　나는 경제학자 존 베시어스John Beshears가 이끄는 공동연구팀과 함께 이와 비슷한 일련의 연구를 진행했다. 투자 계좌에서 정해진 날짜보다 돈을 빨리 인출하면 제재를 가하기로 했다. 결과는 어땠을까? 이자율은 같지만 아무런 제재가 없는 계좌보다 저축액이 훨씬 많았다.[30] 직장인의 퇴직연금 계좌나 이자율이 보장된 다른 저축 계좌와 기본적인 점은 같다. 하지만 정해진 날짜가 되기 전에 돈을 인출하면 제재를 받는다는 차이가 있다.

　　건강한 음식을 많이 먹으려고 노력하거나, 금연하거나, 저축 습관을 개선하는 등의 행위는 구체적인 목적은 다르지만 공통점이 있다. 그것은 바로 제삼자가 제재를 가하는 주체이며 이러한 제재나 처벌이 자동으로 이루어진다는 점이다. 이 점이 중요한 이유는 쉽게 이해할 수 있다. 본인이 제재를 가하는 주체일 경우 마음이 약해질 가능성이 크다. 이런저런 핑계를 대며 제재를 가하지 않기로 하거나 훨씬 가벼운 제재로 대충 무마해버릴 수 있다.

　　이렇게 제삼자에게 제재를 가할 권한을 준 것이 스틱K닷컴Stickk.com이라는 사이트가 성공한 원동력일지 모른다. 이는 노스웨스턴대학교의 행동경제학자인 딘 칼런Dean Karlan 교수가 이끄는 연구팀이 개설한 사이트다. 여기에 가면 여러 가지 종류의 제재 전략을 실행해볼 수 있다. 예를 들어 매일 30분씩 걷기를 꾸준히 하고 싶다고 치자. 그러면 사이트에 가서 매일 30분 걷기라는 목표를 설정하고, 자신의 신용 카드 정보를 입력해야 한다. 하루가 끝날 무렵에 그날의 걷기 목표를 달성하지 못하면 그 사실을 본인이나 보고할 책임이 있는 사람이 사이트에 통지해야 한다. 그리고 본인이 미리 정해둔 벌금이 신용 카드에 부과된다. 벌금은 본인이 싫어하는 정치 활동에 기부된다.

그런데 스틱K닷컴에 설정하는 모든 약속이나 목표가 제재나 처벌과 연결되는 것은 아니다. 매일 30분 걷기라는 목표를 설정하되 원치 않는 정치 활동을 후원하는 벌금 결제는 동의하지 않아도 된다. 제8장 앞부분에서 소개한 연구 결과를 생각해보면 아무 계획을 세우지 않는 것보다는 이 사이트에서 목표를 정하거나 자신과의 약속을 만드는 편이 낫다. 그렇지만 적절한 제재를 마련해두는 것이 가장 효과적인 전략이다.

이 사이트의 사용자 약 2만 명을 대상으로 분석해보니 벌금 결제에 동의한 사람들은 3분의 1밖에 되지 않았다. 하지만 벌금 결제에 동의한 사람은 목표나 약속을 달성할 가능성이 네 배 이상 높은 것으로 나타났다.[31]

자제력을 강화하기 전에 약점부터 고쳐야 하는 이유

━

약속 이행 장치라는 전략에는 특별한 힘이 있다. 단순한 심리적 의무감을 느끼게 하거나, 유혹되는 옵션을 아예 없애버리거나, 미래에 제재받을 가능성을 마련할 수도 있다. 이렇게 여러 가지 방법으로 미래의 자아에게 충실한 태도를 유지하게 도와준다. 하지만 이 방법은 자신의 약점이 유혹에 쉽게 굴복하는 것임을 아는 사람에게 가장 효과적일지 모른다. 다소 아이러니하지만 맞는 말이다. 자제력을 강화하기에 앞서 약점부터 찾아서 고쳐야 한다.

불과 3개월 만에 제임스 캐넌은 안타부스 실험을 끝내기로 했다. 약을 먹지 않아도 술을 멀리할 힘이 생겼다고 판단했기 때문이었다. 그리고 술을 진탕 마시게 하는 계기를 찾아내는 데도 도움이 되었다. 하지만 결국 폭음하는 버릇이 재발한 것을 보면 실험을 끝낸 것이 너무 섣부른 결정이었던 것 같다. 캐넌의 주치의 델루카 박사는 안타부스를 직접 복용했던 경험을 떠올리면서 일정 기간 정신이 맑은 상태를 유지해 약을 끊었지만 결국에는 다시 예전 상태로 되돌아갔다고 전했다.

이런 맥락에서 볼 때 짐작되는 것이 있다. 앞서 언급한 필리핀 은행 고객 연구 결과를 생각해보라. 자신을 잘 아는 사람, 자기가 유혹에 쉽게 굴복하는 경향이 있다는 점을 예리하게 자각하는 사람들이 잠금장치가 있는 저축 계좌로 큰 효과를 거두었다.[32] 실험실에서 제반 요소를 더욱 확실하게 통제한 다른 연구에서도 비슷한 결과가 나왔다.[33] 이런 결과를 보면 "고장 나지 않았으면 고치지 말라."라는 속담이 생각난다. 결론적으로 말해 해결책을 제시하기 전에 고장 났다는 점을 인정하는 게 올바른 순서다.

미래의 행동에 제재를 가하기 전에 주변 환경에 자신을 유혹하는 요소가 존재함을 인지하고 이를 식별해야 한다. 하지만 캐넌의 경험에서 알 수 있듯이 거기서 만족하면 안 된다. 약속 이행 장치가 초반에 효과를 발휘할 경우 이것이 오히려 독이 될 수도 있다. 몇 차례 성공을 거두면 이제 약속 이행 장치가 없어도 된다고 착각하기 때문이다. 약속 이행 장치에 더는 의존하지 않을지 결정할 때는 이런 착각에 휘둘리지 말기 바란다. 과거의 실패를 항상 염두에 두는 편이 좋다.

'그대로 버티는' 것 외에도 시간 여행의 어려움을 해결하거나 대처하는 방법은 분명히 있다. 숙취를 시뮬레이션하는 약을 먹거나 100달러 짜리 지폐를 태우지 않아도 된다. 이어지는 마지막 장에서는 우리가 현재 무엇을 희생하는지 생각해보고 어떻게 하면 이러한 희생을 좀 더 쉽게 치를지 생각해보자.

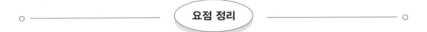

요점 정리

- 원하는 미래에 도달할 가능성을 키우려면 '행동 이행 장치'를 사용해보라. 그러면 유혹에 빠지는 상황에서 멀어질 수 있다.
- 가장 간단한 방법은 '심리적 약속'이다. 어떤 행동을 하기로 마음먹고 계획을 세우는 것이다. 이때 책임감을 느끼게 도와줄 동료를 정해두면 계획한 행동을 실천에 옮기는 데 도움이 된다.
- 그보다 더 강력한 약속 이행 장치는 주변 환경에서 유혹이 되는 옵션을 다 없애버리는 것이다. 케이세이프의 사례를 생각해보라.
- 가장 극단적인 사례는 경로를 이탈했을 때 제재를 가하는 방식이다. 가능하다면 제재나 처벌이 자동으로 시행되도록 해야 한다. 안 그러면 제재를 가해야 할 순간에 마음이 약해져서 타협할 가능성이 있기 때문이다.

제9장

충실한 현재를 통과해야만
열리는 미래

미치 헤드버그Mitch Hedberg는 코미디언들에게 사랑받는 코미디의 대가다. 그는 1990년대와 2000년대 초반에 활동했는데, 짤막한 농담을 무표정하고 냉담한 태도로 던지는 것으로 유명했다. 평소 옅은 색이 들어간 안경을 쓰고, 헐렁한 모자와 옷을 입었다. 듬성듬성 난 수염을 다듬지 않고 다녀서 남의 일에 무관심한 사람처럼 보였다. 헤드버그는 야하거나 지저분한 농담을 거의 하지 않았다. 반면 일상생활을 관찰해 허를 찌르거나 초현실적인 관점을 제시했다.

한번은 면도에 관해 이렇게 말했다.[1] "매번 면도하러 갈 때마다 다른 사람이 이미 면도하고 있다고 상상합니다. 그래서 '나도 가서 면도해야지' 하고 마음을 먹지요."

하지만 정크푸드에 대한 그의 농담 한마디가 오랜 세월이 지나도 잊히지 않았다. "좋은 음식과 나쁜 음식을 같이 먹곤 하죠. 음식이 뱃속에 들어가서 좋은 음식이 나쁜 음식을 무력화시켜줄 수 있다면 참 좋겠죠. 양파링과 당근을 같이 먹었다고 해봅시다. 뱃속에서 당근이 '내가 이 녀석과 같이 있어서 천만다행이야'라고 할지도 모릅니다."[2]

헤드버그는 2005년에 세상을 떠났지만 건강에 좋은 식단을 유지하려고 노력하는 수많은 사람이 그와 비슷한 감정을 느낀다. 사실 아이스크림이나 초콜릿을 '공짜'로 한 입 더 준다는데 마다할 사람이 있겠는가. 게다가 당근 케이크는 당근이 들어갔으니 좀 봐줘야 하지 않을까?

헤드버그가 남긴 농담은 인간이라면 누구나 느끼는 욕구를 건드린다. 우리는 지금 당장 희생하거나 포기해야 하는 것, 지금 힘들게 처리할 일이 있으면 어떻게든 조금 덜 힘든 방식을 찾으려 한다. 현재 자아의 입장에서 생각해보면 모든 것을 미래에 맞추는 것이 가장 어리석게 보인다. 현재의 자아가 희생을 치르고 그 혜택은 미래의 자아가 누리는데, 그마저도 확실하지 않기 때문이다. 물론 이런 내적 갈등은 저축, 소비, 운동 등 일상생활의 거의 모든 부문에서 발생한다.

사랑하는 사람이나 직장 동료와 의견이 대립하는 상황을 생각해보자. 나와 친한 친구가 '넌 갈등을 자꾸 피하려고만 해서 정말 문제야'라고 지적할 수 있다. 하지만 내가 갈등을 회피하는 것은 불편한 대화를 나누게 될 가능성을 피하고 싶기 때문이다. 더 나아가 그것 때문에 상대방과의 관계가 완전히 틀어지는 최악의 상황도 피하려는 것이다. 갈등을 피하면 불편하고 어색한 기분이나 두려움과 같은 감정을 겪지 않아도 된다. 하지만 종국에는 상황이 더 악화될 수 있다. 처음에는 별것 아닌 문제였고 대화로 충분히 해결할 수 있었는데, 시간이 흐르면서 더 큰 문제로 변하기도 한다.

아직도 이해되지 않는 부분이 있다면 이렇게 생각해보자. 여기서 말하는 현재의 희생은 미래의 더 나은 관계를 위해 순간의 편안함을 포기하는 것이다. 돈을 저축하거나 운동할 때도 나중에 더 나은 결과를 약속하기 위해 현재 '즐겁지 않은' 행동을 한다.

그루초 막스Groucho Marx는 이런 거래에서 피할 수 없는 긴장감을 잘 표현했다. 그는 "내가 왜 미래 세대에 신경을 써야 하지? 그들이 날 위해서 뭘 해줬다고?"

우리는 과연 어떻게 해야 할까? 이 책의 마지막 제9장에서는 먼 미래의 자아나 가까운 미래의 자아가 아니라 현재 자아에 집중하면서 우리가 현재 '희생'하고 있다는 느낌을 완화할 방법을 살펴볼 것이다. 첫 번째 방법은 '나쁜 것과 함께 좋은 것을 받아들이는 것'이다. 자세한 사항은 스탠퍼드 의과대학에서 실시한 다소 파격적인 실험을 통해 알아보자.

나쁜 것과 함께 좋은 것을 받아들여라
—

1970년대에 스탠퍼드대학교 정신과의 젊은 교수인 데이비드 슈피겔 David Spiegel은 전이성 유방암에 걸린 여성 환자들을 위한 '지지적 표현 집단 치료'supportive-expressive group therapy의 공동책임자를 제안받았다. 당시로서는 파격적인 시도였다. 의사와 환자의 면담은 가끔 가족이 참석하는 경우가 있긴 해도 대부분은 일 대 일로 이루어졌다. 하지만 슈피겔이 이끄는 연구팀은 유방암에 걸린 여성들로만 작은 집단을 구성했다. 그런 다음 정기적으로 만나서 대화를 나누고 서로 격려하면 좋은 결과가 있을 거라고 주장했다.

하지만 다른 의사들은 이런 치료 방식에 회의적이었다. 특히 종양 전문의들의 반대가 심했다. 슈피겔 박사는 인터뷰에서 그런 실험을 시도한다는 이유로 미쳤다는 소리까지 들었다고 했다. 암 환자 여덟 명이 한 방에 모여서 투병 경험을 공유하거나 상대의 병이 더 악화해 결국 죽는 것을 보면 다들 힘이 더 빠질 거라 생각했기 때문이다. 집단 치료는 환자들에게 죽음을 생각하게 만드는 계기가 될 거라는 우려가 있었다. 마치 집단 세션이 여성들에게 "아직도 이런 생각을 해보지 않았단 말이야?" 하고 죽음에 대해 질문하는 것과 같았다.

주변 사람들이 만류했지만 슈피겔 교수는 물러서지 않았다. 덕분에 집단 치료에 참여한 여성 환자들은 큰 도움을 받았다. 물론 환자들에게 종종 힘들고 두려운 순간이 닥쳤다. 특히 집단 내 다른 환자가 세상을 떠나는 것을 지켜보는 것은 결코 쉽지 않았다. 하지만 이들은 크고 작은 스트레스 요인에 맞서는 방법을 배웠고, 그런 문제를 자신만 겪는 것이 아님을 깨달았다.

슈피겔 박사가 지적했듯이 집단 치료가 암의 부정적인 측면을 제거해주지는 않았다. 하지만 환자들은 부정적인 경험과 트라우마에 맞서는 데 더 능숙해졌다. 그중 한 여자는 이렇게 설명했다. "집단에 속해 있다는 건 고소공포증이 있는데도 그랜드 캐니언을 내려다보는 것과 같아요. 만약 거기서 떨어지면 큰일이 난다는 것을 알지만, 그곳을 직접 볼 수 있다는 사실에 뿌듯해지거든요. 마음이 고요하고 평온한 건 아니지만 그래도 직접 본다는 건 대단한 거죠."

이 환자처럼 슈피겔 박사의 치료에 참여한 다른 환자들도 부정적인 문제에 정면으로 맞섰다. 슈피겔 박사가 이끄는 공동연구팀은 집단 치료 과정에서 나오는 감정적인 표현과 내용을 분分 단위로 분석했다. 나쁜 소식이 등장하자 대화의 분위기와 어조가 확 달라졌다. 대화의 분위기는 다소 진지해졌지만 그렇다고 해서 사람들의 사기가 꺾이는 정도는 아니었다. 그들은 다른 사람에게 긍정적인 지지를 표현하는 것과 동시에 나쁜 소식을 마주보고 언급할 수 있게 되었다. 이 여성 환자들은 그동안 걱정과 불안만 안겨주는 정보들을 그냥 무시하거나 외면했다. 그러나 이 실험 결과는 그들이 그런 정보를 더 온전히 처리할 능력을 갖추었음을 보여준다.

나쁜 소식을 정면으로 직시하고 대처하는 방법을 배우고 나면 훨씬 더 좋은 결과를 얻을 수 있다. 슈피겔이 이끄는 연구팀은 시간이 지날수록 자기표현을 많이 한 여자들의 경우 우울감과 불안도가 낮아진 걸 확인했다.[3] 집단 치료를 받은 사람들은 심지어 수명도 연장되는 것으로 나타났다. 초반의 어떤 연구에서는 집단 치료에 참여한 사람과 그렇지 않은 사람을 비교해보니 전자가 약 18개월 이상 오래 살았다.[4] 이어지는 연구를 보면 이와 같은 수명 연장 효과가 극적으로 나타나기도 한다.[5]

게다가 최근에 실시한 관련 연구를 보면 집단 치료에 참여한 여성은 수명이 길어지는 것은 물론이고 삶의 질도 매우 높아졌다.[6] 이러한 효과는 사회적 지원이 부족한 노년층 환자에게서 두드러졌다. 집단 치료에 참여한 여성 환자들은 우울감과 불안이 상당히 줄었으며 삶의 질이 아주 높아졌다고 응답했다.

이는 여러 가지 메커니즘이 복합적으로 작용한 결과지만 관점의 전환이 가장 큰 영향을 준 것으로 보인다. 다시 말해 여성 환자들은 나쁜 것과 함께 좋은 것을 받아들이는 경험을 하면서 인식이 달라지기 시작했다. 슈피겔 박사의 환자 한 명은 오페라를 아주 좋아하는데 유방암 진단을 받은 후로는 즐겨 찾던 산타페오페라하우스Santa Fe Opera house에 발길을 끊었다. 암이 퍼진 몸을 이끌고 아름답고 평온하며 쾌활한 느낌을 주는 오페라를 관람하는 것이 맞지 않다고 생각했기 때문이다. 그래서 건강이 나아질 때까지 기다려야 한다고 판단했다. 하지만 집단 치료에서 몇 차례 고무적인 대화를 나눈 후, 그런 때는 아예 오지 않을 수도 있다는 점을 깨달았다.

그녀는 오페라를 보러 가기로 했다면서 슈피겔에게 이렇게 말했다. "암을 데려가서 내 옆자리에 앉혀놓았어요. 암이 있었지만 즐거운 시간을 보냈답니다."[7]

행복과 슬픔의 평화로운 공존이 주는 혜택

—

이 환자를 포함해서 집단 치료에 참여한 많은 사람이 '행복과 슬픔은 서로 만날 수 없는 양극단의 끝이 아니'라 평화롭게 공존할 수 있는 것임을 깨달았다고 한다.[8] 테네시대학교 심리학 교수 제프 라슨Jeff Larsen은 이와 같은 복합적인 감정을 연구하는 데 평생을 바치다시피 했다.[9] 〈사람이 행복과 슬픔을 동시에 느낄 수 있는가?〉, 〈복합적인 감정 사례 연구〉, 〈복합적인 감정에 관한 추가 증거〉와 같은 논문을 통해 그는 최신 기술을 사용해서 인간이 행복, 슬픔, 분노, 자부심, 홍분, 두려움과 같은 다양한 감정을 동시에 경험한다는 점을 증명했다.

서로 대립하는 감정을 느끼는 능력이 왜 중요할까? 실용적인 측면을 생각하면 이러한 연구 결과가 중요한 이유를 찾을 수 있다.

라슨 교수가 이끄는 연구팀은 이런 결과를 제시했다. 슈피겔 박사의 집단 치료에 참여한 환자들처럼 부정적인 감정과 긍정적인 감정을 동시에 껴안을 수 있는 사람은, 둘 중 하나의 감정만 경험할 때는 결코 얻지 못한 유익을 누리게 된다고 말이다.

단순한 논리지만 그 결과나 영향은 매우 놀랍다. 최근에 어떤 일로 스트레스를 받거나 문제를 해결하려고 고심했던 순간을 떠올려보라. 평일 저녁에 건강식을 직접 차려 먹을지 아니면 편리하게 배달 음식을 주문할지 고민할 수 있다. 물론 직접 차려 먹는 편이 훨씬 만족스럽고 후회가 적다는 점은 잘 알고 있다. 이보다 조금 더 심각한 고민을 할 때도 있다. 일자리를 잃어서 속상할 때 마음을 추스르고, 거기서 더 나아가 다른 일자리를 알아보는 것은 상당히 힘든 일이다.

이런 스트레스 요인과 직면할 때 부정적인 문제에만 몰두하는 사람이 있다. 자기가 통제할 수 있는 것과 통제할 수 없는 것을 분리하지 않고 그저 자신을 탓하는 데 시간을 허비하는 것이다. 두 번째로 모래 속에 머리를 박는 타조처럼 불쾌한 감정은 아예 외면하는 식의 행동을 하는 방법도 있다. 세 번째 방법은 오페라를 좋아한 환자가 사용한 방법이다. 불편을 초래하는 요소를 그대로 둔 채 최선을 다해 기쁨을 맛보려고 애쓰는 것이다. 이렇게 하면 미래 자아의 삶이 좀 나아질까?

몇 년 전에 나는 존 애들러Jon Adler와 함께 이 아이디어를 테스트해보았다. 존은 올린 공과대학교 임상심리학 교수인데, 심리치료 경험에 관한 연구를 진행한 적이 있다. 그때 주 1회 치료받는 외래 환자를 3개월 간 추적 관찰했다. 치료가 끝날 때마다 환자의 생각과 감정을 간단히 기록했다. 또한 환자 본인의 '심리적 웰빙' 상태도 매주 녹음하게 했다.

존 애들러 교수의 실험 설정은 '나쁜 것과 함께 좋은 것을 받아들이기'가 얼마나 유용한지 알아보기에 매우 적합했다. 부정적인 경험에 희망이나 기쁨 한 숟가락을 집어넣으면 장기적으로 더 나은 결과를 가져올지 모른다.

우리는 연구보조원의 손을 빌려서 환자의 기록을 분류해보았다. 어떤 기록은 슬픔, 두려움, 행복 등 한 가지 감정만 담고 있는 '단음'과 같았다. 하지만 다른 기록은 복합적인 감정을 담고 있었다. 행복과 슬픔이 뒤섞인 다음과 같은 사례도 있다.

최근 2주는 정말 힘들었다.[10] 아내는 임신 9주 차인데 산모와 아이 모두 건강하다는 좋은 소식을 듣고 매우 기뻤다. 사실 우리는 지난 1월에 유산의 아픔을 겪었다. 하지만 여전히 나도 아내도 일자리를 찾아야 하고, 돌아가신 아내의 할머니를 생각하면 가슴이 저려온다. '내가 뭘 더 어떻게 할 수 있겠어?'라는 생각이 든다. 하지만 현실을 돌아보면 행복하고 당당할 이유가 충분하다. 힘든 감정이 다 사라진 것은 아니지만 결혼생활은 아주 행복하다.

3개월간 치료를 받은 뒤 사람들의 정신 건강, 즉 심리적 웰빙 상태는 한결 나아졌다. 수십 년간 이룩한 심리치료 연구의 결과와도 일맥상통하는 부분이 있다.

하지만 복합적인 감정도 무시할 수 없다. 치료 주기 사이에 행복과 슬픔을 복합적으로 더 많이 느낀 사람들은 후에 심리적 웰빙의 개선도가 매우 높았다. 행복이나 슬픔이 개별적으로 미치는 영향을 배제한 경우에도 마찬가지였다. 쉽게 말해서 한 가지 감정 때문에 큰 힘을 얻거나 반대로 매우 낙담하는 것이 아니라는 뜻이다. 긍정적인 감정과 부정적인 감정이 복합적으로 작용할 때 비로소 큰 효과가 나타난다. 이를 통해 행복을 좇는 것만이 웰빙의 핵심이 아님을 알 수 있다. 아주 힘든 순간에도 기쁨과 즐거움의 어렴풋한 흔적을 어떻게 하면 찾을 수 있는지 배우는 것이 웰빙이다.

더 놀라운 점은 복합적인 감정이 웰빙에 미치는 영향이 즉각적으로 느껴지지 않는다는 것이다. 기쁨, 행복, 희망을 꾸준히 뿌려야 한다. 불안을 유발하는 사건에 그런 행복한 감정을 조금 덧뿌린다고 해서 불안이라는 부정적인 감정이 마술처럼 사라지지는 않는다. 오히려 치료받을 때 복합적인 감정을 느끼는 경험을 하면, 다음 주 치료에서 심리적 웰빙이 개선되는 경우가 많다. 나쁜 것과 함께 좋은 것을 받아들일 때 얻을 수 있는 진정한 유익은 즉각적으로 나타나는 것이 아니라 시간이 지나면서 서서히 드러난다.[11]

다른 연구에서도 나쁜 것과 좋은 것을 받아들이는 태도의 장점을 강조하고 있다. 배우자와 사별했지만, 고인에 대해 이야기할 때 긍정적인 감정을 표현한 사람은 시간이 지날수록 슬픈 감정이 잦아들었다.[12] 마찬가지로 슬픔이라는 감정을 표출하면서도 행복한 기억을 추억하게 하면 추도 기간을 더 잘 견딜 수 있다.[13] 건강에 좋은 음식을 먹어야 한다는 것을 알면서도 근무 중 쉬는 시간에 도넛 하나를 더 먹고 싶은 마음이 들 수 있다. 이처럼 갈등 관계에 놓인 목표 때문에 복합적인 감정을 느끼면 유혹을 떨쳐내는 데 더 많은 에너지를 소비하게 된다.[14]

여기서 얻을 수 있는 궁극적인 교훈은 무엇일까? 부정적인 것에 긍정적인 감정을 추가하는 것이 필요하다는 의미다. 그러면 인생의 스트레스 요인에 대처하거나 현재의 어려움을 딛고 미래의 더 나은 시절을 향해 나아가기가 한결 쉬워진다.

좀 더 실용적인 면을 생각해보자. 현재 어떤 힘든 문제를 겪고 있다면, 그 문제를 그냥 두지 말고 자신을 웃게 만드는 다른 일과 짝지어보라. 그러면 의외로 일이 잘 풀릴지 모른다. '상금연계예금'prize-linked savings accounts이 인기를 누리는 이유도 이와 비슷하다. 상금연계예금은 복권 당첨이라는 아주 신나는 일을 경험할 가능성과 돈을 더 많이 저축하는 힘들고 희생이 요구되는 행동을 하나로 묶어서 사람들이 후자의 행동을 하도록 유도한다.[15]

펜실베이니아대학교 와튼스쿨의 행동경제학자 케이티 밀크먼Katy Milkman 교수도 인생에서 힘든 장애물을 만날 때 비슷한 점을 깨달았다. 그녀는 박사과정 초반에 두 가지 고민을 안고 있었다. 하나는 가기 싫은 데도 몸을 억지로 이끌고 체육관에 가는 것이었다. 다른 하나는 몹시 어려운 컴퓨터 과학 수업에서 상위권을 계속 유지하는 것이었다.

하지만 휴식하는 면에서는 전혀 어려움이 없었다. 《해리 포터》나 제임스 패터슨의 스릴러물처럼 밤새 몰입하기 쉬운 소설을 읽는 것을 좋아했기 때문이다.[16] 사실 넷플릭스가 없었다면 우리가 얼마나 생산적인 활동을 많이 했을지 생각해보라. 이처럼 즐거움을 추구하는 행위는 흔히 어려운 업무 목표를 방해하는 적군으로 여겨진다. 하지만 케이티는 즐거움을 동맹군으로 바꿀 방법이 없을지 고민했다. 어떻게 하면 재미있는 이야기에 대한 열정을 사용해서 더 생산적인 활동을 할 수 있을까?

좋은 것으로 나쁜 것을 덮어라

나의 벗이자 공동연구자인 케이티는 창의력이 매우 뛰어난 과학자다. 내 생각에 그녀의 창의력 일부는 자기 필요를 해결하느라 발달한 것 같다. 케이티는 수많은 사람의 인생은 물론이고 자기 삶에 나타나는 장애물에 대한 해결책을 마련하려고 끊임없이 노력하는 사람이다.

한번은 이런 적이 있었다. 나와 케이티가 만나서 할 이야기가 있는데 둘 다 바빠서 시간을 내기 어려웠다. 그때 케이티는 둘 중 한 사람이라도 다른 볼일이 있는 경우, 그 일을 기준으로 10분 전에 통화하자고 제안했다. 시간을 낭비하지 않고 바로 일에 집중할 수 있는 묘안이다. 케이티는 이처럼 수준 높은 융통성을 운동하기 싫어하는 자신의 단점에 적용했다. 이를테면 다음과 같이 추론한 것이다. 체육관에서 운동하며 스릴러 소설의 다음 장을 읽으면 어떨까? 페디큐어를 받는 동안 수업 내용의 일부를 살펴보면 어떨까?

그녀는 이 전략에 '유혹 묶음'temptation bundling이라는 이름을 붙였다. 덕분에 인생에서 힘들고 스트레스가 많은 일을 해내는 것이 한결 쉬워졌다. 그녀의 연구에 따르면 이 방법은 다른 사람에게도 상당한 효과가 있었다.

케이티가 이끄는 연구팀은 펜실베이니아대학교 캠퍼스에 있는 체육관의 협조를 얻어 연구 하나를 진행했다. 연구팀은 학생들을 여러 집단으로 나누고 가을학기가 시작할 무렵에 운동을 시작하라고 권했다. 한 집단에는 그냥 운동하라는 말만 했고, 다른 집단에는 유혹이 되는 어떤 것과 운동을 동시에 하도록 최선을 다해보라고 말했다. 유혹거리의 하나로 연구팀은 학생의 개인 아이팟에 꼭 듣고 싶어 하는 오디오북을 업로드해주었다. 세 번째 집단에는 가장 힘든 조건을 제시했다. 체육관에서만 사용하도록 설치된 아이팟에 오디오북을 내려받았는데, 각자 선택한 오디오북에서 이어지는 내용을 들으려면 반드시 체육관에 가야만 했다.

연구 초반의 몇 주간은 그냥 운동을 권유받은 첫 번째 집단보다 가장 참기 힘든 유혹이 주어진 세 번째 집단의 운동 참가율이 51퍼센트 증가했다. 운동할 때 오디오북을 듣게 한 두 번째 집단, 즉 중간 형태의 유혹 묶음이 주어진 집단에서는 참가율이 29퍼센트 상승했다.[17]

케이티가 이끄는 연구팀은 24아워 피트니스24 Hour Fitness와 협업 관계를 맺고 현장 실험을 진행했다.[18] 4주간 집중 개입 후 약 4개월을 관찰했다. 체육관에 오는 사람에게 오디오북을 무료로 제공하고 유혹 묶음을 시도해보라고 제안하자 체육관에 오는 횟수가 눈에 띄게 증가했다.

이 실험에 관해 이야기하던 중에 케이티는 유혹 묶음의 장점 중 하나는 유혹의 종류를 언제든 바꿀 수 있는 것이라고 했다. 체육관 실험의 경우 오디오북을 계속 사용해도 되지만 몇 주 단위로 책의 종류를 바꿔줄 수 있다. 중요한 것은 사람들이 재미있다고 생각하는 책이어야 한다. 이 전략은 체육관이 아닌 곳에도 널리 적용해볼 수 있다. UCLA에서 함께 근무하는 동료이자 마케팅을 가르치는 앨리 리버먼_{Allie Lieberman} 교수는 비슷한 맥락에서 칫솔질이라는 또 다른 행동을 연구했다.[19] 리버먼 교수는 대다수 사람이 양치를 최대한 미루는 경향이 있다고 말한다. 리버먼 교수는 다른 주제도 많이 다루지만 예전에 공중보건 분야에서 활동했었기 때문에 양치 시간에 누구보다 열성적이다.

치과의사는 하루 두 번, 2분 이상 양치하라고 권한다. 스트리밍으로 영상을 보거나 소셜 미디어를 스크롤하거나 아무 생각 없이 과자 한 봉지를 먹어 치울 때는 2분이 별로 길게 느껴지지 않는다. 하지만 욕실에서 거울을 마주 보고 서서 양치할 때는 지겹기 짝이 없는 시간이다.

이 문제를 해결하기 위해 리버먼 교수는 '이탈적 몰입'_{tangential immersion}이라는 개념을 제안한다. 양치질, 손 씻기, 산책하기와 같은 행동은 중요하지만 지루해서 빨리 끝내버리고 싶은 마음이 든다. 이럴 때 완전히 몰입하지 못하더라도 일정 수준 이상 몰입할 수 있는 다른 일에 동시에 참여하면 결과가 나아질 수 있다. 실제로 리버먼 교수가 이끄는 연구팀은 이것을 실험하기 위해 참가자들에게 양치하면서 영상을 보게 했다. 한 집단에는 곰과 늑대가 나오는 상대적으로 몰입하기 쉬운 다큐멘터리 영상을 보여주었다. 다른 집단에는 자연경관에 대한 영상 등 사람들이 그다지 빠져들지 않는 영상을 보여주었다. 그러자 전자의 경우 양치 시간이 30퍼센트나 길어졌다.

이 실험은 앞서 소개한 유혹 묶음 연구와는 조금 다르다. 실험 참가자가 푹 빠져드는 일이나 대상이 그들이 지겨워하는 일이나 행동과 큰 대조를 이룰 필요가 없다는 점이다. 그저 아주 조금만 더 흥미로우면 된다. 휴대전화로 하는 어려운 단어 게임처럼 아주 복잡한 활동을 가져와서 하기 싫은 행동과 묶어버리면, 애초의 의도와 달리 둘 다 금방 포기해버릴 수 있다. 여기엔 한 가지 중요한 차이점이 있다. 유혹 묶음은 체육관으로 발걸음을 옮기는 것과 같이 어떤 행동을 시작하게 도와준다. 반면 이탈적 몰입은 어떤 일에 더 오래 매달리게 해준다.

직장에서도 이 방법을 사용할 수 있다. 리버먼 교수는, 어떤 기업이 직원들에게 손 씻기를 철저히 하도록 유도하고 싶다면 화장실 거울에 일간 뉴스 기사를 게재하는 방법을 시도해보라고 권한다.[20] 또 이런 방법은 어떨까? 다소 지루한 일을 할 때 오디오북이나 팟캐스트, 좋아하는 가수의 새 앨범을 들으면서 해보는 것이다.

나쁜 것과 함께 좋은 것을 받아들이는 것은 양치, 세금 납부, 진공청소기 사용 등 굉장히 다양한 상황에서 아주 큰 도움이 된다. 그러나 한 가지 분명히 짚고 넘어갈 사항이 있다. 매번 두 마리 토끼를 잡으려 애쓰다 보면 자신이 좋아하는 것을 제대로 누릴 수 없다. 즐거움을 추구하는 활동을 바람직하지 못한 일이라며 외면할 필요는 없다는 말이다. 때로는 가벼운 내용의 책을 편하게 읽고, 인기 드라마를 보고, 머리를 다듬으러 미용실에 갈 수 있다.

물론 적절한 균형을 유지하지 못해 선을 넘을 때도 있다. 최근 중국에 있는 맥도날드 매장이 뉴스 첫 줄을 장식했다. 어떤 고객이 매장에 설치된 자전거를 타면서 빅맥을 먹는 사진이 공개된 것이다.[21] 이런 방식과 태도는 미치 헤드버그가 말한 '나쁜 것을 좋은 것으로 덮는' 것과는 조금 다르다. 여하튼 가끔 개인적으로 좋아하는 것과 꼭 해야 할 일의 균형을 잡으며 연결하는 것은 자기가 목표하는 모습에 가까워지는 데 어느 정도 도움이 된다.

하지만 현재 무언가를 희생하는 일을 조금 쉽게 만드는 방법은 이것 외에도 얼마든지 존재한다. 한 가지 방법은 타자기와 관련이 있다. 사실 나도 타자기에서 어떤 영감을 얻을 거라고는 한 번도 생각하지 못했다.

큰 것을 작게 만들어라
—

1960년 8월 26일 솔트레이크시티의 데저렛 뉴스 솔트레이크 텔레그램을 열어봤다면 어땠을까? 그랬다면 미국 대통령 후보인 케네디와 닉슨의 장단점을 자세히 설명하는 짧은 기사, 학교로 돌아가는 것의 이점을 논한 사설, 여름 중에서도 제일 더운 기간이 끝나가는 모습을 묘사한 만화를 보았을 것이다. 또한 하단 모서리에 다른 광고와 함께 실린 최신 올림피아 타자기 광고도 보았을 것이다. 정확히 말하면 그 타자기는 프리시전 포터블Precision Portable 모델이다.

선명하지 못한 타자기 사진 바로 아래에는 아주 큰 글자로 "하루에 몇 푼만 아끼면… 이 타자기를 가질 수 있어요!"라고 쓰여 있었다. 60년도 넘는 세월이 흘렀지만 이런 식의 광고를 자주 보았을 터다. 다른 예로 시카고의 어떤 매트리스 회사는 하룻밤에 단돈 10센트로 생애 최고의 숙면을 누릴 수 있다고 주장한다. 1980년대로 돌아가 보자. 당시 출판사들은 잡지 구독을 권유할 때 연간 구독료가 아니라 한 부당 구독료를 앞세웠다.

혹시 이런 광고 전략이 너무 뻔하다고 생각하는가? 그렇게 생각할 수도 있다. 그럼에도 어떤 분야에서는 이 전략이 아주 효과적이었다는 점을 부인할 수 없다. 1990년대 잡지사는 어땠을까? 그들은 연간구독료를 제시하는 것보다 한 부당 10~40센트라고 광고하는 것이 훨씬 더 효과적이라고 주장한다.[22]

왜 그럴까? '하루에 고작 얼마'라고 광고하는 전략은 큰 비용을 나눠서 부담스럽지 않게 느껴지도록 만든다. 존 거빌John Gourville은 이 전략의 핵심이, 지출을 유도하려는 비용과 비슷하면서도 부담되지 않는 다른 사소한 비용을 떠올리게 만드는 것이라고 한다.

매트리스가 1,000달러라고? 너무 비싼데? 집세나 주택담보대출을 제외하면 '큰 비용'의 범주에 넣을 만한 다른 것은 쉽게 생각나지 않는다. 만약 매트리스를 7년 정도 사용한다면 하룻밤 비용은 약 40센트다. 이렇게 계산하면 별로 비싸지 않게 느껴진다. 하루에 40센트를 내는 데는 그다지 거부감이 없다. 개인적으로 40센트라는 말을 들으면 나는 가장 먼저 우표가 생각난다. 평소에 우표를 거의 쓰지 않지만 숙면을 위해 하루에 40센트 정도는 기꺼이 쓸 수 있지 싶다.

이렇게 '큰 것을 작게 만드는 전략'이 바로 현재의 희생이 더 수월하게 느껴지도록 만드는 또 다른 방법이다. 나는 동료연구원 스티브 슈Steve Shu, 슐로모 베나치와 손잡고 사우스캘리포니아에 있는 에이콘스Acorns라는 금융기술업체에 이 전략을 실제로 사용해보았다.

에이콘스는 신규 투자자를 대상으로 저축 및 투자 앱을 개발하는 곳이다. 우리 팀이 실험할 무렵 매일 수천 명이 에이콘스에 투자자로 가입했다. 처음으로 투자를 시작하는 사람이 많다는 것은 좋은 소식이다. 하지만 장기적으로 저축하는 쪽을 택했더라면 그들의 계좌 잔액은 더 늘어났을 것이다. 행동경제학자에 따르면 자동 저축이야말로 이러한 목표를 이루는 방법의 하나라고 한다.[23] 따로 생각하거나 별도의 행동을 하지 않아도 자동으로 저축하게 상황을 설정하는 것이다.

그게 어떻게 가능하단 말인가? 우리는 자동 저축 계좌에 가입하도록 권유할 때 약간의 꼼수를 부렸다. 우선 첫 번째 집단에는 매월 150달러, 매주 35달러 또는 매일 5달러씩 저축하는 방법이 있다. 이 중 어느 것을 원하는지 물었다. 사실 월 단위로 환산하면 비슷한 금액이지만 심리적인 부담감에서는 차이가 크다.

하루에 5달러를 저축하는 것은 아주 손쉬운 희생처럼 여겨진다. 생각해보면 하루에 5달러를 덜 쓰는 것은 별로 어려운 일이 아니다. 여러 사람에게 질문해보니 많은 사람이 스타벅스 커피 한 잔을 포기하면 된다고 말했다. 사실 하루 5달러를 아끼면 1년에 총 1,825달러를 모을 수 있다. 이는 매달 150달러를 저축(연간 1,800달러)하거나 매주 35달러를 저축(연간 1,820달러)하는 것보다 더 큰 금액이다. 그리고 도표에 나와 있듯이 월 단위나 주 단위보다 일 단위 저축 계획에 가입한 사람이 네 배나 많았다.[24]

그런데 일 단위 계획은 가입자만 늘려준 것이 아니었다. 경제적 여유가 없는 사람은 돈이 부족하므로 저축하는 것을 힘들어하는데, 이를 가리켜 '소득 저축의 차이'income savings gap라고 한다. 일 단위 계획은 이 차이

를 줄이는 데도 효과가 있었다. 소득이 적을수록 저축을 부담스러워하는 경향이 강하다. 그런데도 일 단위로 저축하는 방안을 제시하자 저소득층과 고소득층의 가입 비율이 거의 같았다. 이는 소득 저축의 차이가 거의 사라졌음을 의미한다.

이 전략은 간단한 구매나 거금이 드는 구매에 모두 적용된다.[25] 관련된 예는 주변에서 쉽게 찾을 수 있다. 선구매 후지불 방식은 수년 전부터 시행되었지만 널리 퍼진 건 팬데믹 기간이다. 이 시기에 집에서 편안하게 쇼핑하는 사람이 늘어나면서 구매대금을 할부 결제하는 방식이 널리 사용되었다.

하지만 여기엔 한 가지 위험이 도사리고 있다. 선구매 후지불 방식은 새 지갑, 주방용품, 홈사운드 시스템 등 본인의 경제력으로 감당하기 어려운 물건도 과감하게 사들이도록 만든다. 사실 이 책을 집필하는 시점을 기준으로 미국 소비자 다섯 명 중 네 명은 할부 결제 대금을 갚는 중이다. 일부 경제학자는 선구매 후지불 방식 때문에 나중에 거품 경제라는 문제가 생길 수 있다고 경고한다.[26]

하지만 큰 것을 작게 만드는 전략은 소비재 구매에만 효과가 있는 게 아니다. 다른 여러 분야에도 효과가 있다. 예를 들어 부채를 상환할 때 소액계정을 상환하는 것으로 시작하면 부채상환계획을 성공적으로 마무리하기가 한결 수월해진다.[27] 그리고 사람들에게 주당 네 시간 또는 2주마다 여덟 시간을 기부하도록 요청하면 연간 200시간을 요청하는 것보다 더 성공적인 결과를 거둘 수 있다.[28]

일반적으로 큰 목표는 작은 요소로 나누어 달성할 때 하루하루 목표를 이루는 과정이 수월하게 느껴진다. 황 쯔치Szu-chi Huang 교수의 공동연구팀에 따르면, 목표를 추구하는 첫 단계부터 목표를 작게 나누면 더 효과적이라고 한다. 운동을 예로 들어보자. 소모할 칼로리를 50칼로리 단위의 작은 덩어리로 나누면 계단 오르기로 200칼로리를 소모하려는 의욕이 더 강해질 것이다. 하지만 이 목표를 거의 달성할 즈음에는 더 큰 그림을 빨리 떠올려야 한다.[29] 다르게 표현하자면, 원래의 더 큰 목표를 생각하면서 200칼로리 단위로 열량을 소모하는 작은 목표들을 하나도 빠짐없이 다 달성하려는 마음가짐이 필요하다.

이 증거들을 다 합치면 큰 것을 작게 만드는 번거로움보다 유익이나 이점이 훨씬 크다는 결론이 나온다. 하지만 이 방식 때문에 생활이 더 힘들게 느껴진다면 과연 장기적으로 볼 때도 이 방법이 좋다고 할 수 있을까? 이 점을 잘 따져봐야 한다.

일을 단순화할 때 생각해볼 만한 경험 법칙 두 가지는 다음과 같다. 첫째, 큰 것을 작게 만드는 전략은 자원을 모을지 아니면 지출할지 결정할 때 사용한다. 예를 들어 모처럼 장거리 여행을 가기 위해 돈을 모은다고 해보자. 이때 기간을 나누어서 기간별로 정한 저축액을 달성하려고 노력해야 한다. 반대로 스테레오 시스템을 새로 살 생각이라면 나눈 금액이 아니라 총비용을 계산해야 한다. 둘째, 큰 것을 작게 만드는 전략은 일을 시작할 때 또는 일을 마무리할 때 사용할 수 있다. 예를 들어 30분간 달리기를 하려면 시작할 때 5분 단위로 나누어 계산하는 것이 좋다. 하지만 달리기를 마무리할 무렵에는 최종 목표인 30분을 채우기까지 얼마 남지 않았다는 점을 떠올리면서 힘을 내야 한다.

이제 현재를 더 수월하게 만드는 마지막 전략을 소개하겠다. 그것은 바로 아무것도 포기하거나 희생하지 않고 현재를 마음껏 즐기는 것이다.

좋은 경험과 가치 있는 일을 미룰 필요가 있을까?

칼 리처즈는 몇 년 전 가족과 함께 뉴질랜드로 이주했다. 고향인 미국을 떠나 친구들과 멀리 떨어져 있게 되자 리처즈 부부는 아이들을 떼어 놓고 부부만의 시간을 갖기가 쉽지 않았다. 하지만 지역사회에서 인맥이 조금씩 생기자 아이들을 두고 시외로 가는 것이 부담스럽지 않게 되었다. 그래서 부부는 슬슬 여행을 계획했다. 구체적으로 말하자면 뉴질랜드 북동쪽 해안에서 멀리 떨어진 니디아 베이라는 곳에 가서 바다 카약을 즐기는 것이었다.

불과 사흘짜리 여행인데 비용이 만만치 않았다. 카약 렌털비, 식사, 검소한 숙소에 머무르는 비용을 모두 합치니 약 1,000달러가 되었다. 공인재무설계사인 리처즈는 이런 옵션을 놓고 장단점을 따지는 데 익숙한 사람이다. 아무리 봐도 이번 여행에 소요되는 비용이 너무 비싸다는 생각이 들었다. 게다가 그는 2010년부터 《뉴욕타임스》에 '스케치 가이'라는 주간 만화를 연재했다. 그의 특기는 복잡한 금융 관련 개념이나 수수께끼를 이해하기 쉬운 개념으로 바꾸어 한 컷의 그림에 담아내는 것이다.

처음에는 바다 카약 여행이 간단한 계산 문제라고 봤다. 1,000달러는 누가 봐도 매우 큰 돈이지만 리처즈가 그 돈을 잘 투자하면 평균 7.5퍼센트의 수익을 낼 수 있으므로 20년이 지나면 4,461달러를 벌 수도 있는 돈이다. 따라서 그는 비용이 더 적은 여행을 찾아보거나 아예 이 여행을 포기할 수도 있다고 생각했다. 고작 사흘간의 여행에 그렇게 큰돈을 쓰는 것은 너무 무책임한 일이 아니겠는가.

언뜻 보기에는 리처즈가 처음에 생각한 것이 미래의 자아가 바라는 것과 일맥상통하는 것 같다. 돈을 쓰지 않고 저축하면 훗날 연로한 리처즈가 재정적으로 좀 더 안정적인 삶을 누릴 수 있으니 말이다. 하지만 그렇게 하는 것이 정답이 아니라면 어떨까? 미래의 자아에게 가장 도움이 될 거라고 여겨지는 방식으로 행동하는 것이 사실 미래에 전혀 도움이 되지 않는다면 어떻게 해야 할까?

리처즈처럼 우리도 종종 어떤 경험을 포기하거나 나중에 하려고 미룰지 모른다. 자신은 그렇지 않다고 생각한다면 지금 사는 곳에 있는 관광지를 몇 군데나 가보았는지 세어보라. 시카고에 산다면 시카고미술대학교, 필드자연사박물관, 윌리스 타워를 빼놓을 수 없다. 뉴욕시에도 엠파이어스테이트빌딩, 자유의 여신상 등 관광 명소가 수두룩하다.

당신 역시 이런 곳에 아예 가보지 않았거나 최근에 가보지 않았을 확률이 높다. 공동연구자인 수잰 슈Suzanne Shu에 따르면, 시카고와 뉴욕을 찾는 관광객은 몇 주간 머물면서 평균 여섯 개의 관광 명소를 찾는다고 한다. 하지만 정작 시카고와 뉴욕에 사는 주민은 어떨까? 그들은 이사온 첫해에 고작 세 군데 정도 돌아보고 그만둔다.[30] 가까이 있음에도 다음으로 미루다 끝내 가보지 못한다.

우리는 종종 적기가 될 때까지 그런 경험을 아껴둔다. 어떤 장소를 일부러 찾아간 그때가 바로 적기다. 또 언제 기회가 생겨서 그곳에 다시 가겠는가. 하지만 그 지역에 살면, 원할 때 언제든 박물관, 기념비, 역사적 명소 등을 찾을 수 있다. 그래서 사람들은 미래의 자아가 즐거운 시간을 보내도록 방문 경험을 아껴둔다. 하지만 다이어트를 하거나 다락을 청소할 때는 내일이 절대 오지 않을 것처럼 느껴지지 않는가. 마찬가지로 유명한 박물관에 가거나 유명 레스토랑을 예약하거나 특별한 날을 기념하기 위해 아주 좋은 포도주를 사는 것처럼 인생에서 더 재미있는 일도 절대 오지 않을 것 같다는 생각이 들 수 있다.

그리고 경험을 너무 오래 미루다 보면 경험의 가치를 평가절하하게 된다. 내가 좋아하는 밈 하나가 이 점을 잘 보여준다. 그 밈에는 베네치아 곤돌라처럼 생긴 것이 등장하는데 운전사는 함박웃음을 짓고 있다. 하지만 두 명의 연로한 승객은 쓰러져서 세상모르고 잠들어 있다. 어느 X 사용자는 "세계 여행을 떠날 거라면 이 정도로 나이가 들 때까지 기다리지 마세요."라는 댓글을 남겼다.[31]

항공사 마일리지가 사라질까 봐 서둘러 사용한 경우라면 평소 꿈꾸던 여행과는 다소 거리가 멀 것이다. 이런 여행을 떠나는 것도 근본적으로 다를 게 없다. 또한 음식점 상품권이 있는데도 가장 좋은 기회를 기다리다가 해당 음식점이 문을 닫아버리는 불상사가 생기기도 한다.

이런 사례는 그래도 비교적 심각하지 않다. 하지만 이런 식으로 일을 미루다 보면 아무리 의도가 좋다고 해도 훨씬 더 심각한 결과가 초래될지 모른다.

'파이어'FIRE, financial independence retire early라는 운동을 잠깐 생각해보자. 이 운동에 참여하는 젊은이는 20대나 30대 초반에 일찍 은퇴하기 위해서 재정적 독립을 목표로 열심히 살아간다. 얼핏 듣기에는 불가능한 목표일지 모르나 그들은 뼈를 깎는 노력으로 허리띠를 졸라매고 소득의 절반 이상을 저축한다.

이런 금욕적인 생활 방식을 잘 소화하는 사람도 있다. 또한 파이어 운동의 몇 가지 원칙에서 배울 점이 많다는 것도 간과할 수 없다. 미래에 더 많은 자원을 갖고 싶다면 지금 어떤 비용을 절감하면 좋은지 알아보는 것은 매우 현명한 일이다.

하지만 이 방식을 시도해보고 미래에 일을 안 하고 편하게 지내기 위해 현재에 너무나 큰 희생을 치러야 한다는 점을 깨달은 사람도 있다. 리사 해리슨Lisa Harrison은 2년간 허리띠를 졸라맸다. 그전에는 자기 전에 HGTV(미국의 주택 관련 유료 텔레비전 채널–옮긴이)를 보고, 금요일에 피자를 사 먹었다. 일요일마다 시내에 위치한, 자기가 좋아하는 카페에서 커피를 마셨다. 당연히 그런 일에는 돈이 들었다. 리사는 남편과 함께 조기 은퇴를 목표로 돈을 모으기 위해 이런 것을 예산에서 모두 빼버렸다. 그런데 이런 비용을 제외하고 나니 일상의 소소한 행복이 사라졌다.[32] 순소득은 늘었지만 그녀의 웰빙은 급속히 악화했고, 이를 깨달은 리사는 파이어 운동을 그만두었다.

이 사례는 지나치게 미래를 중시하는 삶의 태도가 얼마나 위험한지 잘 보여준다. 전문가들은 이런 행동을 '원시'hyperopic, 遠視라고 한다. 너무 먼 미래를 내다보다가 결국 후회할 선택을 한다는 뜻이다.[33]

이 책의 상당 부분은 미래의 자아를 알고 그와 친해지는 것이 매우 중요하다는 점을 강조하고 있다. 그런데 갑자기 현재를 희생하지 말고 현재의 즐거움을 즐기라고 하다니, 이상하게 들릴지 모른다. 하지만 이것은 절대 이상한 말이 아니다. 미래에만 너무 치중된 생활을 추구하면 결국 현재와 미래의 자아 둘 다 불행해진다. 이것은 매우 중요한 문제다.

리사는 가족의 생활이 균형을 이루도록 조정함으로써 이러한 긴장감을 헤쳐나갔다. 부부로서 조기 은퇴의 꿈을 버렸지만, 파이어 운동의 한 가지 특성을 시간 관리에 계속 적용하고 있다. 그들은 지금도 돈을 지출할 때 얼마나 가치 있는 소비인지 신중하게 고려한다. 텔레비전 채널 구독, 금요일에 먹는 피자, 밖에서 마시는 커피도 다시 즐겨볼 생각이다. 하지만 돈 문제를 결정할 때 이전보다 훨씬 더 꼼꼼하게 따지는 습관이 생겼다.

결국 리사는 행복을 찾으려고 아주 먼 길을 돌아온 셈이다.[34] 덕분에 이제 지출에 대해 더욱 균형 잡힌 관점을 갖게 되었으며, '지금도 미래에도 자신이 원하는 옵션들로 채워진 삶'을 누리게 되었다.

안타깝지만 지금으로서는 현재와 미래의 적절한 균형을 찾게 도와주는 가이드북이 없다. 리사 부부에게 효과가 있었던 방법이라고 해서 반드시 내게도 좋을 거라는 보장은 없다. 하지만 언제 현재의 즐거움을 누리고 언제 참는 것이 좋은지, 매 순간 현재와 미래의 자아 중 누구를 우선시하는 것이 더 나은지 곰곰이 따져보자. 그런 결정 하나하나가 모여서 인생 전반의 균형을 잡을 수 있게 만들어줄 것이다.

미래만큼 현재도 중요하다는 사실을 기억할 것
—

결국 칼 리처즈는 그 돈을 내고 아내와 함께 카약 여행을 떠났다. 약 30분 정도 노를 저어 바다로 나가서 작은 만에 도달했다. 거기에는 불가사리, 가오리, 성게 등이 지천으로 널려 있었다. 부부는 서로를 바라보며 지금까지 왜 한 번도 이런 여행을 오지 않았느냐며 탄식했다.

우리는 내일을 위해 저축하라는 말을 자주 듣는다. 어찌 보면 이 책의 주요 교훈 중 하나라고 할 수 있다. 하지만 리처즈의 말처럼 그것은 동전의 한 단면일 뿐이다.[35] "동전의 뒷면도 잊지 마세요. 내일을 위해 돈을 쓰세요. 아주 먼 미래에 필요한 건 돈뿐이라고 할 수 없으니까요." 미래만 생각하고 살면 다양한 경험을 하거나 가족 및 친구와 즐거운 시간을 보내며 쌓은 추억이 없다. 그런 추억은 인생을 살아가는 데 필요한 가치를 좌우할 만큼 중요한 것이며 미래의 자아에게 큰 힘을 줄 수 있다. 현재를 다 희생하면 미래의 자아는 추억거리가 하나도 없을 것이다.

리처즈가 배운 점은 비단 돈을 아끼는 문제에만 적용되지 않는다. 작년에 나는 업무용 프로젝트에 아주 많은 시간을 투자했다. 다들 그랬겠지만 팬데믹 때문에 업무 효율이 크게 떨어졌고, 기존과 같은 성과를 내려면 더 열심히 일하는 것밖에 없다고 생각했다. 그렇게 하면 미래의 나에게도 유익할 거라고 믿었다.

그러던 중 몇 달 전 오전에 반차를 쓰고 아들을 유치원까지 데려다준 일이 있다. 좀 오래 걷긴 했지만 그렇게 아들과 단둘이서 시간을 보낸 것은 거의 처음이었다. 집을 나선 지 20분쯤 되었을 때 작은 소동이 벌어졌다. 차 두 대가 천천히 멈추더니 유기 동물 통제 트럭이 나타났다. 가까이 가서 보니 작은 병아리 한 마리가 어찌할 바를 모르고 도로 위를 뛰어다니고 있었다.

로스앤젤레스에 살았기에 집 근처에서 살아 있는 가금류를 볼 가능성은 거의 0퍼센트였다. 나는 싱긋 웃었고, 아들은 너무 신나서 "길에 병아리가 진짜 있어."라며 소리를 질렀다. 그 후로 유치원에 가는 내내 아들은 병아리 이야기만 늘어놓았으며 선생님을 보자마자 병아리를 봤다고 말했다. 6개월이나 지났지만, 아직도 병아리 이야기는 우리 가족의 대화에서 큰 부분을 차지한다. 아들은 처음 보는 사람에게나 친구를 만날 때나 병아리 이야기를 신나게 늘어놓는다.

그날 아침에 평소대로 출근했다면 프로젝트는 진도를 나갔겠지만, 그날의 즐거운 경험은 분명 놓쳤을 것이다.

현재를 쉽게 만드는 마지막 방법은 가끔 포기나 양보를 하는 것이다. 희생하지 않고 좋아하는 것에 돈과 시간을 쓰면 다른 종류의 풍요로움을 얻는다. 그렇게 할 때 더 나은 미래가 보장되는 것은 아니지만, 현재는 훨씬 더 행복해진다. 때론 그럴 필요가 있다.

요점 정리

- 현재 자아가 미래 자아의 복지를 위해 희생해야 할 때는 긴장감이 고조된다. 하지만 현재의 희생을 좀 더 수월하게 만들면 미래의 결과도 더 나아진다.
- 한 가지 방법은 '나쁜 것과 함께 좋은 것을 받아들이는' 것이다. 힘든 일에 직면한 상태에서 긍정적인 감정을 경험하는 것은 일종의 완충 장치와 같다. 크고 작은 스트레스 요인을 더 객관적이고 지혜롭게 판단하게 도와준다. '유혹 묶음'이란 희생처럼 느껴지는 힘든 일과 유혹이 될 만한 긍정적인 활동을 하나의 세트로 묶는 것이다. '이탈적 몰입'은 지루한 일을 해야 할 때 조금 재미있는 일을 같이 해서 지루한 일을 끝까지 해낼 힘을 준다.
- '큰 것을 작게' 만드는 방법도 있다. 희생해야 하는 것을 더 작은 단위, 더 쉽게 실행할 수 있는 대상으로 나누거나 쪼개면 된다.
- 현재를 최대한 즐길 방법도 찾아야 한다. 미래만 생각하면서 살면 미래의 자아는 인생의 가치를 높여주는 소중한 경험이나 추억을 하나도 갖지 못한다.

현재가 불확실하다 해도
미래를 포기할 이유는 없다

이 책을 준비하고 집필할 때 전 세계는 심각한 재난과 재앙을 연이어 겪었다. 전쟁, 전 세계를 강타한 바이러스, 심각한 인플레이션, 사회정치적 격변, 기후 재앙 등 여름에 개봉하는 블록버스터 영화에나 나올법한 일이 꼬리에 꼬리를 물었다(다행히 소행성 충돌은 일어나지 않았다). 현재 상황을 놓고 많은 사람이 우려의 목소리를 내는 것도 어찌 보면 당연한 일이다. 세계보건기구에 따르면 2020년 한 해에만 우울증이나 불안 장애가 25퍼센트 이상 증가했다고 한다.[1]

　이렇게 불안하고 불확실한 시대를 살다 보니 미래를 위해 계획하는 것이 무의미하게 느껴질 수 있다. 그 예로 피델리티Fidelity의 최근 보고서에서는 18~35세 성인의 약 절반은 '상황이 정상으로 돌아오지 않는 한,

미래를 위해 저축하는 것을 무의미하게 여기는' 것으로 나타났다.[2]

스탠드업 코미디언인 스물일곱 살의 한나 존스의 말을 빌리자면 다음과 같다. "미래를 위해 지금 누릴 수 있는 삶의 안락함을 포기하지 않을 겁니다. 미래는 언제라도 뺏길지 모른다는 생각이 들거든요. … 은퇴 이후의 삶을 위해 저축하지 않습니다. 공급망이 여전히 운영되고 있으니 일단 지금 돈을 쓸 거예요."[3]

이런 이야기를 들으면 사람들이 전반적으로 많이 지쳐 있다는 생각이 든다. 하지만 이렇게 암울하고 힘든 와중에도 희망을 품을 이유가 있다. 미래를 계획하는 일을 아예 중단해서는 안 되지만, 잠깐 멈춰 서서 정말 중요한 것이 무엇인지 더 깊이 고민해봐야 한다. 비유하자면 이런 식이다. 18세, 21세, 40세를 맞이하는 생일은 다른 생일보다 특별하지만 오히려 삶에서 특별한 휴식을 누리는 시간은 되지 못한다.[4] 왜 그럴까?

많은 사람이 그러한 생일을 그동안 이룩하거나 이룩하지 못한 일과 향후 10년간 해결해야 할 문제를 평가할 기회로 사용하기 때문이다. 마찬가지로 팬데믹 때문에 전 세계가 잠시 마비되는 듯했지만 많은 사람이 이를 계기로 자신이 정말 가치 있게 여기는 것에 집중하게 되었을 것이다. 나의 공동연구자인 애덤 갤린스키Adam Galinsky와 로라 크레이Laura Kray는 팬데믹이 '전 세계적인 중년의 위기'를 초래했다고 말한다.[5] 그 말인즉슨 우리가 시간과 돈이라는 소중한 자원을 어떻게 사용할지 다시 생각해봐야 한다는 뜻이다.

그렇다 해도 현재 상황이 먼 미래나 아주 먼 미래를 완벽히 외면할 정도로 심각한 것은 아니다. 현재 어떤 고충을 겪고 어떤 투쟁이 벌어지든 관계없이 시간은 빠르게 흐른다. 우리가 미래를 계획하든 안 하든 미래는 반드시 온다.

사실 어디를 둘러봐도 모든 것이 불확실해서 계획을 한들 무슨 소용이 있겠느냐고 생각하게 되는 상황은 이번이 처음은 아니다. 역사를 돌아보면 대공항, 쿠바 미사일 위기, 2008년 금융 위기처럼 불안이 극도로 높은 시기가 있었다. 그처럼 위기감이 높은 시기에는 불과 몇 년 뒤를 내다보기도 쉽지 않다. 그렇다고 해서 계획을 세우는 것조차 포기해야 할까? 만일 그랬다면 이 세상이 어떻게 되었겠는가?

장기적 사고를 집중 연구하는 비영리기관 롱나우 재단의 책임자 잰더 로즈Zander Rose는 이러한 긴장감을 우아하게 표현해냈다. "현재 우리가 안고 있는 많은 문제는 과거에 장기적 사고를 충분히 하지 않았기 때문에 생겼습니다." 물론 우리의 주된 관심은 현재의 문제에 집중될 필요가 있다. 하지만 현재의 문제에만 집중해선 안 된다. 그러면 같은 문제가 반복될 뿐이다. 게다가 앞으로 수십 년 또는 수백 년 후에는 더 치명적인 방식으로 악화할 수 있다.

스트레스가 넘치는 현재와 먼 미래를 계획하는 것은 둘 다 쉽지 않은 일이다. 이 두 가지를 한꺼번에 처리하려면 정신적 에너지를 어떻게 배분해야 할까? 상당히 어려운 질문이다. 게다가 미래에 대한 많은 계획은 우리의 인생을 훨씬 넘어서 아주 먼 미래를 고려해야 한다. 따라서 이보다 더 어려운 질문이 꼬리에 꼬리를 문다. 결국 우리가 죽고 나서 한참 후에 태어날 사람을 위해 지금 수많은 선택을 해야 하는 상황이다.

하지만 지구 환경을 생각하면 이 문제를 그저 외면할 수만은 없다. 온난화 때문에 해수면이 높아지면서 전 세계 곳곳에 기후 재앙이 현실로 나타나고 있다. 이제 기후 변화의 영향은 명확히 느낄 수 있을 정도로 심각하다. 이러한 변화는 심각한 결과를 초래할 것이며 미래 세대에 상당한 영향을 미칠 것이다. 사실 기후 변화의 심각한 결과는 이미 진행 중인지도 모른다.

우리는 미래 세대를 알지 못하며 그들이 어떤 삶을 살지 감히 상상조차 할 수 없다. 미래의 자아를 상상하거나 그들과 현재의 나를 관련짓는 것은 쉬운 일이 아니다. 따라서 아직 태어나지도 않은 먼 미래의 후손을 떠올리는 것은 훨씬 더 어렵다. 그들은 그냥 낯선 사람이 아니다. 아직 존재하지도 않는 대상이다.

그렇다면 우리가 어떻게 해야 위험하기 짝이 없는 미래를 바꿀 수 있을까? 생각만 해도 너무 힘들고 부담스러우니까, 그냥 다 포기하고 화석연료를 마음껏 써버려야 할까? 사실 우리는 운동하러 나가려고 자신을 설득하는 것조차 어려워하는 나약한 존재 아닌가. 그런 우리로서는 현대 경제를 바꾸는 것이 어렵고 부담스럽게 느껴지는 것이 당연하다.

하지만 아직 포기하기는 이르다. 우리가 미래의 지구에 살아볼 수 없고 미래의 후손을 만날 기회는 없다. 하지만 몇 가지 실용적인 단계를 통해 지구와 미래 후손을 위해 행동하는 것이 한층 수월하게 느껴지도록 할 수는 있다. 최근의 공동연구를 통해 나는 한 가지를 배웠다. 사람들이 먼 미래를 위해 행동하게 유도하려면 과거에 관심을 갖게 만들어야 한다는 것이다.

공동체의 뿌리를 깊이 파고들어서 우리가 모두 이 공동체의 일부로 살아왔으며 앞으로도 그러할 것이라는 점을 인지시키면 어떨까? 그러면 태양광 패널을 설치하는 등 미래를 위해 적극적으로 나설 것이다.[6] 또한 자기가 태어난 나라의 길고 풍부한 역사를 잘 알게 되면 먼 미래를

그려보기가 한결 수월해진다. 나아가 환경 보호에 투자할 마음도 커질 것이다.[7]

이런 일은 준비 단계에 불과하지만 흥미로운 가능성을 열어준다. 더 생생한 미래를 머릿속으로만 그려보는 것은 충분치 않다. 우리 후손이 온난화로 망가진 지구에서 고생하며 살기를 바라지 않는다면, 과거 세대가 우리를 위해 어떤 희생을 치렀는지 한 번쯤 생각해봐야 한다.

우리의 인생이 여러 개의 자아가 일렬로 연결되어 이루어지듯 더 크게 보면 우리는 수만 년 전에 살았던 사람들이 지금까지 이어져온 결과물이다. 고대인들은 우리가 누군지 모르고 요즘 세상이 어떤 모습인지 상상조차 못 했을 것이다. 하지만 그들이 아주 미약한 힘을 모아 미래를 생각해주었기에 우리가 존재할 수 있다. 그렇다면 우리에게도 같은 의무가 있지 않을까? 우리는 더 나은 미래를 맞이해야 한다. 그뿐 아니라 우리가 만나볼 수 없는 후손들이 잘 살도록 최선을 다해 도와주어야 한다.

이런 생각은 어디까지나 수박 겉핥기로 끝날 수 있다. 자세히 들여다보면 해야 할 일이 정말 많지만 한 가지 분명한 것이 있다. 우리가 15년을 내다보든 150년을 내다보든, 미래의 자아만 생각하든 먼 미래의 후손을 생각하든, 지금 내가 사는 환경만 좋으면 된다고 생각하든 그렇지 않든 간에 미래의 자아를 알고 이해하고 아껴주려는 마음을 갖는다면 우리의 삶은 분명 더 나아질 것이다.

감사의 말

이 프로젝트를 현실화하기 위해 쉬지 않고 나와 함께 달려와준 팀원 모두에게 고개 숙여 깊은 감사를 전한다. 트레이시 베하르는 나에게 매우 이상적인 편집자였다. 예전부터 트레이시처럼 예리한 시각을 가진 사람과 일하고 싶었기에 매우 고마웠고, 더 나아가 따뜻하고 친절하게 나를 대해주고 이해해준 점에도 감사드린다. 처음부터 확실한 방향을 제시하고 격려를 아끼지 않은 라프 사갈린에게도 감사 인사를 전한다.

카리나 레온, 탈리아 크론, 줄리아나 호르바체프스키, 캐서린 에이키, 벳시 어릭, 루시 킴, 팻 고드프로이, 트래비스 태트만, 데이브 누스바움의 아낌없는 지원과 노력 덕분에 많은 사람이 미래의 자아를 알게 되었고 미래의 자아가 더 나은 삶을 누리도록 노력하게 되었다.

이 책은 훌륭한 멘토의 지원을 받아 오랜 세월에 걸쳐 진행된 연구 결과를 담고 있다. 로라 카스텐슨은 내가 자유롭게 큰 그림을 그리도록 도와주었다. 또한 어려운 문제가 있어도 우리가 힘을 합쳐 노력하면 해결할 수 있다고 격려해주었다. 브라이언 넛슨은 내가 연구하거나 집중할 때 신중한 태도를 보이도록 격려해주었다. 마사 쉔튼은 바쁘고 힘든 연구 활동 중에 내가 숨 쉴 수 있는 여유를 찾도록 해주었다. 키스 매덕스는 사회심리학에 처음으로 관심을 갖게 유도해주었다. 애덤 갤린스키는 연구 과정이 그 자체로 즐거운 일이라는 점을 깨닫게 도와주었다.

오랜 집필 기간 동안 수많은 친구와 동료가 초고를 검토해 더 명확한 언어로 표현을 다듬어주었다. 예리한 눈으로 원고를 검토하고 실용적인 조언을 아끼지 않은 애덤 알터, 유진 카루소, J.D. 로페즈, 샘 마글리오, 캐슬린 보스에게 고개 숙여 인사를 전한다. 이들 한 사람 한 사람을 개인적으로 알게 된 것은 물론 함께 시간을 보낼 수 있어서 얼마나 다행인지 모른다. 특히 놀라운 편집 실력으로 나의 글을 탈바꿈시켜준 조나 레러에게 깊은 감사를 전한다.

또한 UCLA의 동료 교수들이 내 곁에 있어서 얼마나 든든했는지 모른다. 그들은 모두 나에게 둘도 없는 친한 벗이 되어주었다. 그리고 크레이그 폭스, 노아 골드스타인, 캐시 모길너 홈즈, 앨리 리버만, 수잰 슈를 비롯해 마케팅과 사업개발관리 부문의 모든 사람, 프랭클린 셰디, 산제이 수드, 스티븐 스필러 덕분에 의미 있는 연구를 하면서 매일 즐거운 기분을 유지할 수 있었다.

뉴욕대학교에서 처음으로 교단에 섰기에, 그곳에서 만난 동료 교수들과도 지금까지 가깝게 지내고 있다. 기타 메논, 톰 메이비스, 프리야

라구비르, 야코프 트로피, 러스 위너는 학계에 첫발을 내디딜 때 많은 도움을 준 이들이다.

헌신적으로 도와준 공동연구원이 이렇게 많지 않았다면 나의 연구는 모두 무산되었을지 모른다. 다들 내가 더 깊이, 더 멀리 내다보게 도와주었다. 또한 그들과 함께 연구한 시간은 생각 이상으로 즐겁고 유익했다. 특히 이 책에 언급된 연구를 이끌어준 많은 분에게 감사드린다. 제니퍼 아커, 존 애들러, 댄 바텔스, 슐로모 베나치, 데비 보시안, 브라이언 볼린저, 크리스 브라이언, 댄 골드스타인, 캐시 모길너 홈즈, 데릭 이사코위츠, 수 커벨, 제프 라슨, 샘 마글리오, 조 미켈스, 케이티 밀크먼, 로런 노드그런, 마이크 노스, 조르디 쿠아드박, 에이브 러치크, 그렉 사마네즈-라킨, 아누즈 샤, 아브니 샤, 마리사 샤리프, 빌 샤프, 스티브 슈, 애비 서스만, 다이아나 타미르, 장 루이스 반 겔더, 댄 월터스, 애덤 웨이츠는 소중한 시간을 나에게 아낌없이 내어주었다.

박사과정 및 박사후과정의 연구원들에게도 심심한 감사를 전한다. 스테판 툴리, 애덤 그린버그, 케이트 크리스텐센, 엘리시아 존, 조이 리프, 데이빗 짐머만, 말레나 데 라 푸엔테, 테일러 버그스트롬, 포루즈 캄바타, 메간 웨버, 일라나 브로디, 에이탄 루드는 내가 최신 과학 지식을 따라갈 수 있게 도와주었다. 덕분에 우리 연구팀은 실제 가족처럼 매우 끈끈한 사이가 되었다.

헌신적으로 도와준 연구보조원들에게도 고마운 마음이 크다. 그들 덕분에 세부적인 정보를 정확하게 다룰 수 있었다. 피아트 룩스Fiat Lux 수업에 등록한 학생들인 안몰 바이드, 조이 커란, 셀리아 글리슨, 오드리 고만, 헤일리 카치머, 엘리자베스 오브라이언, 한나 저우에게도 고마운 마음을 전한다. 다들 연구실에서 나와 함께 긴 시간 고생해주었다.

이들만이 아니다. 직접 만날 기회는 없었지만 흥미로운 이야기를 아낌없이 공유해준 수많은 동료 교수들과 친구들에게도 인사를 전하고 싶다. 그리고 이브 마리 블루인-후돈, 세사르 크루즈, 로디카 데이미언, 알렉산더 델루카, 우트팔 돌리키아, 마이클 듀카키스, 리즈 던, 에릭 에스킨, 알렉스 제네프스키, 댄 길버트, 데이브 크리펜도르프, 조지 로웬스타인, 메건 마이어, B. J. 밀러, 사라 몰루키, 존 몬테로소, 팀 퓰러, 앤 나폴리타노, 다프나 오이저만, 팀 피칠, 조르디 쿠아드박, 브렌트 로버츠, 마이클 슈레이지, 재닛 슈워츠, 마리사 샤리프, 푸시아 시로이스, 데버라 스몰, 니나 슈트로민저, 올레그 우르민스키, 갈 자우버만은 나의 수많은 질문에 성실히 대답해주고 중요한 연구 결과와 교훈을 나누어주었다.

팬데믹 기간에 이 책을 준비하면서 우여곡절이 있었다. 어느 정도는 예상 가능한 어려움이었다. 다행히 좋은 벗들이 내 곁을 든든하게 지켜주었으며, 그중 몇몇은 집필 기간 내내 피가 되고 살이 되는 조언을 아끼지 않았다. 마이크 애쉬튼, 사라 애쉬튼, 마이크 챔피언, 애니 콕스, 대니 콕스, 브래드 다카케, 다니엘 파라그, 페리 파라그, 토리 프램, 제임스 마이어스, 로렐 마이어스는 주기적으로 여러 가지 도움을 주었다. 특히 표지에 사용할 폰트, 느낌표 개수 등 아주 세세한 점에 관해 성의 있는 의견을 내주었다. 그리고 거의 매일같이 내 의견에 귀를 기울여주고 내가 미처 생각지 못한 점을 꿰뚫어보게 도와준 애덤 알터, 니콜라스 헤겐폭스에게 감사의 말을 전하고 싶다.

친구들과 동료 연구진에 더해 가족의 지원이 없었다면 이 책을 완성하지 못했을 것이다. 우선 부모님께 깊이 감사드린다. 나는 항상 우리 가족에게 심리학자가 한 명 더 필요하지 않다고 말했다. 하지만 이번 경우에는 그저 모방하는 것이 사실 가장 큰 칭찬이라는 점을 알게 되었다. 두 분이 나에게 물려주신 것을 생각하면 아무리 감사해도 모자라다. 부모님은 내가 아주 어렸을 때 배움에 대한 열정을 알려주셨고 이제 육아 문제도 적극적으로 도와주신다. 여러모로 두 분은 내가 미래에 어떤 모습일지 알려주는 역할을 하셨다. 덕분에 미래의 자아를 생각하면 희망적이 된다. 내가 이 책을 준비하기 시작할 때 90세가 되셨던 우리 할머니에게도 감사를 전한다. 지혜롭고 마음이 따스한 할머니가 내 곁에 계신 것은 내 인생에서 가장 감사한 일이다.

또한 친절하고 사랑 넘치는 아내의 가족에게도 고마움을 전하고 싶다. 우리 부부가 큰 기쁨을 느끼게 도와준 존 하일, 낸시 하일, 휘트니 아브라모, 존 아브라모에게 내 마음이 전달되기를 바란다.

자녀를 갖는 것이 부모의 웰빙에 미치는 이점에 대해 학계에서는 논란이 이어지고 있다. 하지만 많은 연구 결과는 아이가 태어난 이후의 행복 수준이 아이가 태어나기 전과 같지 않다는 점을 시사한다. 나는 첫아이가 태어나기 몇 달 전 야코프 트로프라는 멋진 동료를 알게 되었다. 곧 아이가 태어나는데 기대되는 마음도 크지만 연구 결과가 알려주듯이 내 인생이 어떻게 달라질지 몰라서 조금 걱정도 된다고 털어놓았다. 그때 트로프는 아무것도 걱정하지 말라면서 일단 자녀가 생기면 행복은 단색이 아니라 총천연색이 될 거라고 했다.

그의 말은 하나도 틀리지 않았다. 헤이즈와 스미스 덕분에 하루하루가 뜻깊은 나날이 되었다. 두 아이 덕분에 인생에서 좋은 교훈을 얻었고 더 많이 웃으며 살고 있다. 헤이즈는 유머 감각이 넘치고 친구들과 잘 지내는데 그 모습이 정말 보기 좋다. 스미스는 나보다 엄마를 훨씬 더 좋아하지만 섭섭하지 않다. 아이라면 누구나 엄마를 가장 좋아하기 마련이다. 스미스와 함께 보낸 시간은 나에게 보물과 같다. 앞으로도 스미스가 원하는 곳이라면 어디든 함께 가주고 싶다. 도로 위를 헤매고 다니는 병아리가 있는 곳이라도 말이다. 물론 '자식'처럼 키웠던 올리버도 결코 우리 인생에서 빼놓을 수 없다. 올리버가 짖는 소리 때문에 자주 방해받았지만, 그래도 우리 집을 잘 지켜준 공은 매우 크다.

마지막으로 제니퍼에게 고마움을 전하고 싶다. 우리가 처음 만났을 때 나는 미래의 내 모습을 '내 인생의 반려자는 누구일까?'라는 커다란 의문을 안고 있는 늙은이 정도로 상상했다. 제니퍼가 그 의문을 해결해주어 얼마나 행복한지 모른다. 제니퍼는 똑똑하고 재치가 넘치며 다른 사람을 돕는 일에 앞장서고 옳은 일이라면 절대 물러나지 않는다. 이런 사람과 함께 시간 여행을 하게 되어 그저 감사할 뿐이다.

아내는 가족이 지금처럼 편하고 만족스럽게 지낼 수 있도록 세심하게 신경 쓰고 있으며 앞으로도 그럴 것이다. 또한 언제나 내가 쓰는 모든 글을 읽어주고 최근 연구에 대해 열정적으로 이야기할 때 잘 들어준다. 부모로서도 내가 놓치는 부분이 없도록 잘 도와줄 것이다. 항상 넘치는 사랑을 주고 내조를 아끼지 않는 아내에게 진심을 담아 고마움을 전한다.

들어가며 · 미래의 나를 만나면 정말 지금의 내가 바뀔까?

1. T. Chiang, *The Merchant and the Alchemist's Gate* (Burton, MI: Subterranean Press, 2007).

2. M. E. Raichle, A. M. MacLeod, A. Z. Snyder, W. J. Powers, D. A. Gusnard, and G. L. Shulman, "A Default Mode of Brain Function," *Proceedings of the National Academy of Sciences of the United States of America* 98, no. 2 (2001): 676–682.

3. S. Johnson, "The Human Brain Is a Time Traveler," *New York Times*, November 15, 2018, https://www.nytimes.com/interactive/2018/11/15/magazine/tech-design-ai-prediction.html.

4. M. E. P. Seligman and J. Tierney, "We Aren't Built to Live in the Moment," *New York Times*, May 19, 2017, https://www.nytimes.com/2017/05/19/opinion/sunday/why-the-future-is-always-on-your-mind.html.

5. C. Yu, "A Simple Exercise for Coping with Pandemic Anxiety," *Rewire*, November 27, 2020, https://www.rewire.org/a-simple-exercise-for-coping-with-pandemic-anxiety/?fbclid= IwAR3jRvJFN98AXg998P3UCI3mRaO583uhUSf7 Pr-dXJENkD0n7ZUqXHiHzeI.

6. Anonymous, letter, May 5, 2017, FutureMe, https://www.futureme.org/letters/public/9115689-a-letter-from-may-5th-2017?offset=0.

7. Anonymous, letter, September 11, 2016, FutureMe, https://www.futureme.org/

letters/public/8565331-a-letter-from-september-11th-2016? offset=7.

8. Anonymous, "Read me," October 24, 2009, FutureMe, https://www.futureme.
org/letters/public/893193-read-me?offset=3.

9. 예전에 이를 연구한 학자들은 이 아이디어를 미래 자아에 대한 '가능성 있는 여러 가
지 정체성'이라고 하면서 긍정적인 것도 있고 부정적인 것도 있다고 했다. 부정적인
미래의 자아도 특정 상황에서는 동기를 부여한다. 하지만 이 책에서는 사람들이 원하
는 긍정적이고 이상적이며 현실적인 미래의 자아를 다룰 것이다. '가능성 있는 여러
가지 정체성'에 대해 더 깊이 알아보려면 다음을 참조하기 바란다. Daphna Oyserman
and her colleagues, especially D. Oyserman and L. James, "Possible Identities,"
in *Handbook of Identity Theory and Research*, ed. S. Schwartz, K. Luyckx, and V.
Vignoles (New York: Springer, 2011), 117-145; and D. Oyserman and E.
Horowitz, "Future Self and Current Action: Integrated Review and Identity-
Based Motivation Synthesis," *Advances in Motivation Science* (forthcoming),
https://psyarxiv.com/24wvd/.

10. H. E. Hershfield, D. G. Goldstein, W. F. Sharpe, et al., "Increasing Saving
Behavior Through Age-Progressed Renderings of the Future Self," *Journal of
Marketing Research* 48, special issue (2011): S23-S37.

11. J. D. Robalino, A. Fishbane, D. G. Goldstein, and H. E. Hershfield, "Saving for
Retirement: A Real-World Test of Whether Seeing Photos of One's Future Self
Encourages Contributions," *Behavioral Science and Policy* (forthcoming).

제1부 · 미래로 떠나는 여행 | 시간 여행 속의 우리는 누구인가?

제1장 · 세월이 흘러도 우리는 변하지 않을까?

1. 살인마 필류에 대해 더 알고 싶다면 다음을 참조하기 바란다. "Case 127: Killer Petey,"
Casefile, February 4, 2021, accessed July 13, 2022, https://casefilepodcast.com/
case--127-killer-petey/.

2. Plutarch, *Plutarch's Lives*, trans. B. Perrin (Cambridge, MA: Harvard University
Press, 1926).

3. D. Hevesi, "Jerzy Bielecki Dies at 90; Fell in Love in a Nazi Camp," *New York Times*, October 11, 2011, https://www .nytimes.com/2011/10/24/world/europe/jerzy-bielecki-dies-at-90-fell-in-love-in-a-nazi-camp.html. 나는 다음 자료에서 두 사람의 이야기를 처음 접했다. R. I. Damian, M. Spengler, A. Sutu, and B. W. Roberts, "Sixteen Going on Sixty-Six: A Longitudinal Study of Personality Stability and Change Across 50 Years," *Journal of Personality and Social Psychology* 117, no. 3 (2019): 674–695.

4. A. de Botton, "Why You Will Marry the Wrong Person," *New York Times*, May 28, 2016, https://www.nytimes.com/2016/05/29 /opinion/sunday/why-you-will-marry-the-wrong-person.html.

5. Damian et al., "Sixteen Going on Sixty-Six."

6. 결혼하거나 아이를 낳는다고 해서 성실성과 정서적 안정성이 저절로 생기는 것은 아니다. 이러한 특성은 시간이 지남에 따라 유기적으로 성장, 발전한다. 젊은 시절에 잠시 수감생활을 한 성인들도 형기를 마친 후에는 수감생활을 한 적이 없는 동년배와 비슷한 수준의 성장세를 보이기 때문이다. J. Morizot and M. Le Blanc, "Continuity and Change in Personality Traits from Adolescence to Midlife: A 25-Year Longitudinal Study Comparing Representative and Adjudicated Men," *Journal of Personality* 71 no. 5 (2003): 705–755.

7. 시간이 지나도 정체성이 달라지지 않는다는 점을 논할 때 철학자들은 종종 '질적'이고 '수치적'인 정체성을 언급한다. 질적 정체성이란 두 가지 사물의 모든 속성이 같다는 뜻이고, 수치적 정체성이란 두 가지 사물이 사실상 같은 것이라는 뜻이다. 예를 들어 두 사람이 식당에서 밥을 먹는데 둘 다 페퍼로니와 버섯이 들어간 피자 한 조각을 주문했다고 하자. 주문한 음식은 질적 정체성이 같다. 왜냐하면 음식 재료가 같기 때문이다. 그러나 엄연히 피자는 두 조각이므로 수치적 정체성은 같다고 할 수 없다. 둘 중 한 사람이 자기 몫의 피자를 먹어도 상대방의 피자에는 아무런 영향을 주지 않는다. 사람들에 관해서 '같음'이나 '정체성'을 논하는 것은 사실상 질적 정체성을 가리킨다. 과거의 자신과 미래의 자신은 수적으로 같다고 할 수 없다는 점을 인지하기 때문이다.

8. E. Olson, *The Human Animal: Personal Identity Without Psychology* (Oxford: Oxford University Press, 1997); B. A. Williams, "Personal Identity and Individuation," *Proceedings of the Aristotelian Society* 57 (1956): 229–252.

9. 정체성의 철학에 대해 간단한 개요를 살펴보려면 다음 자료를 참조하라. E. T. Olson, "Personal Identity," in *The Stanford Encyclopedia of Philosophy*, ed. Edward N. Zalta (Stanford University, summer 2022), https://plato.stanford.edu/archives/sum2022/entries/identity-personal/; and "Personal Identity: Crash Course Philosophy #19," CrashCourse, June 27, 2016, YouTube video, 8:32, accessed July 13, 2022, https://youtu.be/trqDnLNRuSc.

10. Williams, "Personal Identity."

11. P. F. Snowdon, *Persons, Animals, Ourselves* (Oxford: Oxford University Press, 2014).

12: J. Locke, *An Essay Concerning Human Understanding* (Philadelphia: Kay & Troutman, 1847).

13. S. Blok, G. Newman, J. Behr, and L. J. Rips, "Inferences About Personal Identity," in *Proceedings of the Annual Meeting of the Cognitive Science Society*, vol. 23 (Mahwah, NJ: Erlbaum, 2001), 80–85. 이 논문에 소개된 두 번째 실험에서 블록과 그의 동료들은 상황을 더 크게 변화시킨다. 연구에 참여한 사람들은 여전히 두뇌 이식을 받아야 하는 짐이라는 회계사에 관한 기사를 읽고 있다. 몇몇 사람이 읽는 내용에 따르면, 짐의 두뇌에 들어 있는 내용이 컴퓨터로 옮겨졌다가 다시 로봇으로 옮겨졌다고 한다. 하지만 다른 사람들이 읽은 내용에는 아예 두뇌를 로봇에 이식했다(본문에 소개한 첫 번째 실험처럼)고 나온다. 그다음 과정은 짐의 기억을 보존하느냐 삭제하느냐로 나뉜다. 이제 로봇은 짐의 실제 두뇌와 기억을 모두 갖고 있는 경우에만 짐과 같은 인물이라 여겨진다. 그런데 짐의 두뇌를 이식하는 것이 아니라 짐의 기억만 컴퓨터를 거쳐서 로봇에 이식한 경우에는 어떨까? 이때는 로봇 자체가 짐이라고 생각할 가능성이 낮아진다. 이처럼 일반인의 관점에서는 신체 이론과 기억 이론을 적절히 혼합한 것이 설득력 있게 느껴진다. 기억의 내용만 중요한 것이 아니라 그 기억을 담고 있는 두뇌도 중요하게 여겨지기 때문이다.

14. N. Strohminger and S. Nichols, "Neurodegeneration and Identity," *Psychological Science* 26, no. 9 (2015): 1469–1479.

15. 이러한 결과는 질병의 중등도 차이에 기인한 것이 아니다. 세 개 집단 모두 일상생활의 기능은 비슷한 수준이었다.

16. L. Heiphetz, N. Strohminger, S. A. Gelman, and L. L. Young, "Who Am I? The

Role of Moral Beliefs in Children's and Adults' Understanding of Identity," *Journal of Experimental Social Psychology* 78 (September 2018): 210–219.

제2장 · 미래의 나는 정말 나일까?

1. J. H. Ólafsson, B. Sigurgeirsson, and R. Pálsdóttir, "Psoriasis Treatment: Bathing in a Thermal Lagoon Combined with UVB, Versus UVB Treatment Only," Acta Derm Venereol (Stockh) 76 (1996): 228–230; S. Grether-Beck, K. Mühlberg, H. Brenden, et al., "Bioactive Molecules from the Blue Lagoon: In Vitro and In Vivo Assessment of Silica Mud and Microalgae Extracts for Their Effects on Skin Barrier Function and Prevention of Skin Ageing," *Experimental Dermatology* 17, no. 9 (2008): 771–779.

2. 뱀파이어 문제와 변형 경험에 대해 더 알아보려면 다음 자료를 참조하기 바란다. L. A. Paul, *Transformative Experience* (Oxford: Oxford University Press, 2014).

3. W. Damon and D. Hart, "The Development of Self-Understanding from Infancy Through Adolescence," *Child Development* 53, no. 4 (1982): 841–864.

4. D. Hume, *A Treatise of Human Nature*, ed. D. F. Norton and M. J. Norton (Oxford: Oxford University Press, 2007).

5. 파핏의 생애를 알아보려면 다음 자료를 참조하기 바란다. L. Mac-Farquhar, "How to Be Good," *The New Yorker*, September 5, 2011, https://www.newyorker.com/magazine/2011/09/05/how-to-be-good.

6. D. Parfit, *Reasons and Persons* (Oxford: Oxford University Press, 1984).

7. D. Parfit, "Personal Identity," *Philosophical Review* 80, no. 1 (1971): 3–27.

8. B. Wallace-Wells, "An Uncertain New Phase in the Pandemic, in Which Cases Surge but Deaths Do Not," *The New Yorker*, July 31, 2021, https://www.newyorker.com/news/annals-of-inquiry/an-uncertain-new-phase-of-the-pandemic-in-which-cases-surge-but-deaths-do-not. Vaccination statistics derived from https://data.cdc.gov/Vacci nations/Archive-COVID-19-Vaccination-and-Case-Trends-by-Ag/gxj9-t96f/data.

9. T. Lorenz, "To Fight Vaccine Lies, Authorities Recruit an 'Influencer Army,'" *New York Times*, August 1, 2021, https://www.nytimes.com/2021/08/01/technology/

vaccine-lies-influencer-army.html.

10. Parfit, *Reasons and Persons*, 319-320.

11. *Seinfeld*, season 5, episode 7, "The Glasses," written by T. Gammill and M. Pross, produced by J. Seinfeld, P. Melmanand, M. Gross, and S. Greenberg, directed by T. Cherones, aired September 30, 1993, on NBC.

12. E. Pronin and L. Ross, "Temporal Differences in Trait Self-Ascription: When the Self Is Seen as an Other," *Journal of Personality and Social Psychology* 90, no. 2 (2006): 197-209. 본문에 제시된 원래 연구에는 세 가지 추가 조건이 있었다. 실험 참가자들이 아주 먼 미래(어린 시절)와 어제 먹었던 음식 그리고 내일 먹었거나 먹을 한 끼 음식을 그림으로 묘사해야 했다. 어제와 내일의 그림에서는 1인칭 시점을 사용한 경우가 대부분이었다. 하지만 아주 먼 미래와 마찬가지로 아주 오래전에 먹은 음식을 그릴 때는 3인칭 시점이 많이 사용되었다. 이 연구는 조건당 약 20명 정도가 참여해 샘플의 크기가 비교적 적었다는 점을 밝혀둔다. 그런데 이 논문에는 다른 연구가 여섯 건 더 나오는데 여섯 건 모두 더 큰 샘플을 사용했으며, 이 연구들 모두 미래의 자아를 '타인'으로 인식한다는 결론을 지지한다.

13. E. Pronin, C. Y. Olivola, and K. A. Kennedy, "Doing unto Future Selves as You Would Do unto Others: Psychological Distance and Decision Making," *Personality and Social Psychology Bulletin* 34, no. 2 (2008): 224-236.

14. 그 밖의 연구에서도 간접적으로나마 미래의 자아가 타인처럼 여겨진다는 점을 알려준다. 타인을 묘사할 때는 '여성, 흑인'과 같이 광범위한 분류를 사용하거나 '제너럴모터스의 여성 임원, 흑인인권운동에 앞장선 흑인 운동가'와 같이 매우 구체적인 표현을 사용한다. 우리는 미래의 자아를 논할 때 매우 추상적인 분류를 사용한다. 이는 타인에 대해 언급할 때와 비슷한 양상이라 할 수 있다. 한편 현재의 자신을 가리킬 때는 구체적인 분류를 사용한다. C. J. Wakslak, S. Nussbaum, N. Liberman, and Y. Trope, "Representations of the Self in the Near and Distant Future," *Journal of Personality and Social Psychology* 95, no. 4 (2008): 757-773.

15. W. M. Kelley, C. N. Macrae, C. L. Wyland, S. Caglar, S. Inati, and T. F. Heatherton, "Finding the Self? An Event-Related fMRI Study," *Journal of Cognitive Neuroscience* 14, no. 5 (2002): 785-794.

16. H. Ersner-Hershfield, G. E. Wimmer, and B. Knutson, "Saving for the Future

Self: Neural Measures of Future Self-Continuity Predict Temporal Discounting," *Social Cognitive and Affective Neuroscience* 4, no. 1 (2009): 85 –92.

17. 다음 사례를 참조하기 바란다. K. M. Lempert, M. E. Speer, M. R. Delgado, and E. A. Phelps, "Positive Autobiographical Memory Retrieval Reduces Temporal Discounting," *Social Cognitive and Affective Neuroscience* 12, no. 10 (2017): 1584 –1593; and J. P. Mitchell, J. Schirmer, D. L. Ames, and D. T. Gilbert, "Medial Prefrontal Cortex Predicts Intertemporal Choice," *Journal of Cognitive Neuroscience* 23, no. 4 (2011): 857 –866.

18. L. L. Carpenter, P. G. Janicak, S. T. Aaronson, et al., "Transcranial Magnetic Stimulation (TMS) for Major Depression: A Multisite, Naturalistic, Observational Study of Acute Treatment Outcomes in Clinical Practice," *Depression and Anxiety* 29, no. 7 (2012): 587 –596.

19. A. Soutschek, C. C. Ruff, T. Strombach, T. Kalenscher, and P. N. Tobler, "Brain Stimulation Reveals Crucial Role of Overcoming Self-Centeredness in Self-Control," *Science Advances* 2, no. 10 (2016): e1600992.

20. S. Brietzke and M. L. Meyer, "Temporal Self-Compression: Behavioral and Neural Evidence That Past and Future Selves Are Compressed as They Move Away from the Present," *Proceedings of the National Academy of Sciences* 118, no. 49 (2021): e2101403118.

21. 사라 몰루키와 댄 바텔스는 연구 참가자들에게 미래의 자신이나 타인에게 돈을 나누어주라고 지시했다. 물론 이러한 활동은 가상이다. 이때 과연 사람들은 미래의 자신을 타인처럼 취급했을까? 중요한 의미에서 보면 그렇다고 할 수 있다. 돈을 분배하는 결정에 지대한 영향을 준 네 가지 요소는 필요, 자격, 호감, 유사성이었다. 네 가지 요소가 미치는 영향은 이 돈을 받는 사람이 미래의 자아냐 타인이냐에 관계없이 거의 비슷하게 나타났다. 그렇지만 돈을 기부하라고 하자 타인보다는 미래의 자신에게 더 많은 돈을 기부하려는 경향이 일관성 있게 나타났다. 이 점을 보면 '미래의 자아를 타인'으로 인식한다는 주장에 한계가 있음을 알 수 있다. 결론을 내리자면 미래의 자아는 타인처럼 취급하지만, 타인 중에서 좀 특별한 존재라서 더 많이 도와주려는 마음을 갖는 듯하다. S. Molouki and D. M. Bartels, "Are Future Selves Treated Like Others? Comparing Determinants and Levels of Intrapersonal and Interpersonal Allocations,"

Cognition 196 (2020): 104150.

22. 이러한 관점에 대해 제니퍼 파이팅이라는 철학자가 멋진 설명을 했다. 우리는 종종 자신과 매우 가까운 사람을 위해 희생하는데 '미래 자아'를 대할 때도 마찬가지다. "현재 자아가 친구를 아끼듯 미래의 자아를 소중히 여긴다면, 현재의 자아는 미래의 자아가 누릴 편의나 혜택을 생각하며 약간의 짐이나 부담을 기꺼이 받아들인다." J. Whiting, "Friends and Future Selves," *Philosophical Review* 95, no. 4 (1986): 547 – 580; quote, 560.

제3장 · 미래의 나와 현명한 관계 맺기

1. B. Franklin, Mr. Franklin: *A Selection from His Personal Letters*, ed. L. W. Labree and J. B. Whitfield Jr. (New Haven, CT: Yale University Press, 1956), 27 – 29.

2. B. M. Tausen, A. Csordas, and C. N. Macrae, "The Mental Landscape of Imagining Life Beyond the Current Life Span: Implications for Construal and Self-Continuity," *Innovation in Aging* 4, no. 3 (2020): 1 – 16.

3. 1점(미래의 자아가 전혀 마음에 들지 않는다)부터 7점(미래의 자아가 마음에 쏙 든다) 까지 점수를 매겨보라고 하자 평균 점수는 약 6점이 나왔다.

4. UC Berkeley, "The Science of Love with Arthur Aron, February 12, 2015, YouTube video, 3:17, https://youtu.be/gVff7TjzF3A.

5. A. Aron, E. Melinat, E. N. Aron, R. D. Vallone, and R. J. Bator, "The Experimental Generation of Interpersonal Closeness: A Procedure and Some Preliminary Findings," *Personality and Social Psychology Bulletin* 23, no. 4 (1997): 363 – 377.

6. A. Aron, E. N. Aron, M. Tudor, and G. Nelson, "Close Relationships as Including Other in the Self," *Journal of Personality and Social Psychology* 60, no. 2 (1991): 241 – 253. Other researchers have also talked about "self-expansiveness" in different contexts, such as H. L. Friedman, "The Self-Expansive Level Form: A Conceptualization and Measurement of a Transpersonal Construct," *Journal of Transpersonal Psychology* 15, no. 1 (1983): 37 – 50.

7. A. Aron, E. N. Aron, and D. Smollan, "Inclusion of Other in the Self Scale and the Structure of Interpersonal Closeness," *Journal of Personality and Social Psychology* 63, no. 4 (1992): 596 – 612.

8. H. Ersner-Hershfield, M. T. Garton, K. Ballard, G. R. Samanez-Larkin, and B. Knutson, "Don't Stop Thinking About Tomorrow: Individual Differences in Future Self-Continuity Account for Saving," *Judgment and Decision Making* 4, no. 4 (2009): 280 - 286. 과거의 연구에서도 미래 자아와의 유사성이, 연구실에서 돈과 관련된 문제에서 내리는 결정과 서로 관련되어 있는지 살펴보았다. 그러나 유의미한 관련성을 찾지 못했다. 그 논문에서 셰인 프레더릭이라는 연구원은 사람들에게 미래 자아에 대해 느끼는 유사성을 100점 만점 기준으로 평가하라고 했다. 그리고 현재 여러 개의 소액을 고를 수 있는 옵션과 후에 더 많은 금액을 고를 수 있는 옵션을 주고 선택하는 것이 아니라, 더욱 구체적인 선택지를 구성했다. 프레더릭은 1년, 5년, 10년, 20년, 30년, 40년 후에 각각 돈이 얼마가 필요할지 생각해볼 것을 권했다. 이렇게 하니 당장 내일 100달러를 받는 것에 대한 감각을 무디게 만들 수 있었다. 유사성을 판단하는 질문이나 금액을 고르게 하는 실험은 너무 추상적이라서 연구 참가자들에게서 유의미한 결과를 끌어내기가 어려웠다. 사실 내가 공동작업으로 이 연구를 진행할 무렵 댄 바텔스도 미래 자아와 의사결정의 연관성을 독자적으로 연구하고 있었다. 그는 여러 차례 심도 있는 연구를 진행했는데, 연구 참가자들에게 다른 사람의 현재 자아와 미래 자아의 연속성이 각기 어느 단계인지 물어보았다. 연속성이 높을수록 해당 인물이 관련된 금전적 결정을 내릴 때 참을성을 더 보이는 것으로 나타났다. D. M. Bartels and L. J. Rips, "Psychological Connectedness and Intertemporal Choice," *Journal of Experimental Psychology: General* 139, no. 1 (2010): 49 - 69.

9. D. Byrne, "Interpersonal Attraction and Attitude Similarity," *Journal of Abnormal and Social Psychology* 62, no. 3 (1961): 713 - 715.

10. 미래 자아에 관한 원형 척도는 타임프레임을 10년으로 설정한 반면, 금전적 결정을 하는 실험은 오늘 밤부터 향후 6개월까지 시간을 제한한다. 두 가지 실험이 각기 다른 타임라인을 사용하는 것이 이상하게 보일 수 있다. 그러나 타임프레임을 너무 짧게 잡으면 모든 사람이 아주 높은 점수를 선택하는 '천장 효과'가 발생할 우려가 있다. 반대로 10년이 지나도록 결과가 나오지 않는 상황을 주면 사람들이 적지만 더 빨리 보상을 받는 쪽을 택하는 '바닥 효과'가 생길 수 있다.

11. B. Jones and H. Rachlin, "Social Discounting," *Psychological Science* 17, no. 4 (2006): 283 - 286.

12. 다음 자료를 보면 숫자에 대한 느낌이 좀 더 분명해질 것이다. 밀레니얼 세대의 한 사

람으로서 연봉이 약 6만 달러라면, 미래의 자아에 대한 애착이 강한 사람은 금전적 안정에 대해 약 10퍼센트의 차이를 보일 것이다. 베이비붐 세대로서 연봉이 약 10만 달러인 사람이라면, 미래의 자아에 대한 애착이 강할 때 금전적 안정에 대해 약 7퍼센트의 차이가 발생할 수 있다. 이 점은 두 세대 사이에 존재하는 모든 사람에게 동일하게 적용된다. H. E. Hershfield, S. Kerbel, and D. Zimmerman, "Exploring the Distribution and Correlates of Future Self-Continuity in a Large, Nationally Representative Sample" (UCLA working paper, July 2022).

13. 우리가 도출한 결론은 계획을 세우는 성향이나 누군가가 일상생활에서 미래의 결과를 고려하는 정도와 같은 성격 특성을 참작하더라도 매우 강력한 것이었다. 그러나 이번 연구에서는 외향성, 신경증, 새로운 경험에 대한 개방성, 우호성, 성실성과 같은 고전적인 성격 관련 변수는 측정하지 않았다. 댄 바텔스와 올레크 우르민스키가 시행한 또 다른 연구를 보자. 거기에 따르면 '다섯 가지 주요 변수'에도 불구하고 미래 자아와의 연속성과 환자의 행동 사이의 연관성이 여전히 유지되는 것으로 나타났다. D. M. Bartels and O. Urminsky, "On Intertemporal Selfishness: How the Perceived Instability of Identity Underlies Impatient Consumption," *Journal of Consumer Research* 38, no. 1 (2011): 182 – 198.

14. J. P. Mitchell, C. N. Macrae, and M. R. Banaji, "Dissociable Medial Prefrontal Contributions to Judgments of Similar and Dissimilar Others," *Neuron* 50, no. 4 (2006): 655 – 663.

15. 한 가지 유의할 점이 있다. 거의 모든 실험 참가자가 실험실로 돌아와서 돈 문제를 결정했다. 돌아오지 않은 사람은 딱 두 명이었다. 우연인지 몰라도 두 사람은 현재 자아와 미래 자아에 대한 생각을 논하는 두뇌 활동에서 가장 큰 격차를 보였다. H. Ersner-Hershfield, G. E. Wimmer, and B. Knutson, "Saving for the Future Self: Neural Measures of Future Self-Continuity Predict Temporal Discounting," *Social Cognitive and Affective Neuroscience* 4, no. 1 (2009): 85 – 92.

16. 미래 자아와의 관계 및 윤리적 결정의 연관성을 알아보려면 다음 자료를 참조하기 바란다. H. E. Hershfield, T. R. Cohen, and L. Thompson, "Short Horizons and Tempting Situations: Lack of Continuity to Our Future Selves Leads to Unethical Decision Making and Behavior," *Organizational Behavior and Human Decision Processes* 117, no. 2 (2012): 298 – 310. For the link with exercise and health, see

A. M. Rutchick, M. L. Slepian, M. O. Reyes, L. N. Pleskus, and H. E. Hershfield, "Future Self-Continuity Is Associated with Improved Health and Increases Exercise Behavior," *Journal of Experimental Psychology: Applied* 24, no. 1 (2018): 72–80. For the link to high school GPA, see R. M. Adelman, S. D. Herrmann, J. E. Bodford, et al., "Feeling Closer to the Future Self and Doing Better: Temporal Psychological Mechanisms Underlying Academic Performance," *Journal of Personality* 85, no. 3 (2017): 398–408; and for college GPA, see M. T. Bixter, S. L. McMichael, C. J. Bunker, et al., "A Test of a Triadic Conceptualization of Future Self-Identification," *PLOS One* 15, no. 11 (2020): e0242504.

17. 오랫동안 많은 사람이 미래 자아와의 관계를 정의하고 측정하는 여러 가지 방법을 만들었다. 나도 공동연구원 및 학생들과 함께 진행한 연구에서 미래 자아와의 유사성을 어떻게 인식하는지에 초점을 맞추었다. 앞서 말했듯 어떤 사람이 자신과 비슷하다고 느끼면 그 사람에게 호감을 갖거나 그 사람을 위해 호의를 베풀 확률이 커지기 때문이다. 그뿐만이 아니다. 사람들이 미래의 자아에 대해 느끼는 '연속성'이라는 관련 요소도 연구해보았다. 이론적으로는 유사성과 연속성이 다르다. 하지만 현실에서는 미래 자아와의 관련성 및 거기서 비롯되는 중요한 결과(저축과 같은)를 살펴보면 비슷한 개념이라고 할 수 있다. 최근 일련의 연구자들이 '미래 자아의 식별'이라는 용어를 사용해서 미래 자아와의 관계를 더 정확히 정의하려고 시도했다. 미래 자아의 식별은 유사성과 연속성으로 구성된다. 이는 자신의 미래 모습을 생생하게 그려보고 미래 자아에 대해 긍정적인 생각을 갖는 것이다. 구체적인 결과의 하나로 대학교 학점을 조사해보니 유사성 및 연속성과 긍정적인 관련성이 있었다. 하지만 생생함이나 긍정성은 어떤 관련성도 발견되지 않았다. 미래의 자아가 현재 자기 모습과 얼마나 비슷하며 미래의 자아에 대해 얼마나 긍정적으로 생각하는지, 미래의 자아를 얼마나 생생하게 그려볼 수 있는지는 서로 중요한 관련성이 있을 것이다. 하지만 여기에서는 유사성과 연속성에만 초점을 맞추기로 한다. 이 두 가지 요소가 실험에 가장 많이 사용되고 있으며 가장 쉽게 이해할 수 있기 때문이다. 이러한 요소들 각각을 자세히 알아보거나 그들의 연관성을 이해하려면 다음의 자료를 참조할 수 있다. H. E. Hershfield, "Future Self-Continuity: How Conceptions of the Future Self Transform Intertemporal Choice," *Annals of the New York Academy of Sciences* 1235, no. 1 (2011): 30–43; and O. Urminsky, "The Role of Psychological Connectedness to the Future Self in

Decisions over Time," *Current Directions in Psychological Science* 26, no. 1 (2017): 34 – 39.

18. 1995년 실시한 '삶의 만족도'에 대한 초기 연구 결과와 표준 인구분포 요소 및 사회 경제적 지위를 모두 고려하더라도 이러한 결과는 여전히 큰 의미가 있다. J. S. Reiff, H. E. Hershfield, and J. Quoidbach, "Identity over Time: Perceived Similarity Between Selves Predicts Well-Being 10 Years Later," *Social Psychological and Personality Science* 11, no. 2 (2020): 160 – 167. For an accessible summary of this work, and an intriguing set of questions that it raises, see J. Ducharme, "Self-Improvement Might Sound Healthy, but There's a Downside to Wanting to Change," *Time*, May 3, 2019, https://time.com/5581864/self-improvement-happiness/.

19. S. Molouki and D. M. Bartels, "Personal Change and the Continuity of the Self," *Cognitive Psychology* 93 (2017): 1 – 17.

20. 엄밀히 말하자면 또 하나의 제3의 집단을 '통제' 조건에 두어야 한다. 그리고 아무런 개입 없이 장기간 이 집단을 추적해야 한다. 하지만 본문에서는 더 쉽게 이해할 수 있 도록 미친 과학자가 두 집단만 사용하도록 했다.

21. J. L. Rutt and C. E. Löckenhoff, "From Past to Future: Temporal Self-Continuity Across the Life Span," *Psychology and Aging* 31, no. 6 (2016): 631 – 639; and C. E. Löckenhoff and J. L. Rutt, "Age Differences in Self-Continuity: Converging Evidence and Directions for Future Research," *Gerontologist* 57, no. 3 (2017): 396 – 408.

22. E. Rude, J. S. Reiff, and H. E. Hershfield, "Life Shocks and Perceptions of Continuity" (UCLA working paper, July 2022).

23. Bartels and Urminsky, "On Intertemporal Selfishness."

24. V. S. Periyakoil, E. Neri, and H. Kraemer, "A Randomized Controlled Trial Comparing the Letter Project Advance Directive to Traditional Advance Directive," *Journal of Palliative Medicine* 20, no. 9 (2017): 954 – 965.

25. A. A. Wright, B. Zhang, A. Ray, et al., "Associations Between End-of-Life Discussions, Patient Mental Health, Medical Care Near Death, and Caregiver Bereavement Adjustment," *Journal of the American Medical Association* 300, no. 14

(2008): 1665–1673.

26. D. Parfit, *Reasons and Persons* (Oxford: Oxford University Press, 1984), 281–282.

제2부 · 격동 | 현재에서 미래로 이동할 때 저지르는 실수를 이해하려면

제4장 · 눈앞의 유혹에 한눈팔다가 비행기를 놓치다

1. 여기에 나오는 복권 이야기는 일시적인 할인과 충동의 연관성에 대한 매든과 존슨의 연구자료를 각색한 것이다. G. J. Madden and P. S. Johnson, "A Delay-Discounting Primer," in Impulsivity: *The Behavioral and Neurological Science of Discounting*, ed. G. J. Madden and W. K. Bickel (Washington, DC: American Psychological Association, 2010), 11–37.

2. 구체적으로 경제학자와 심리학자는 이러한 경향을 가리켜 '시점 할인'이라는 표현을 사용한다. 시점 할인의 특징을 명확히 설명하려는 논문이나 자료는 매우 많다. 물론 학술적인 이유도 있지만 다른 이유도 있다. 사람들은 인생을 살면서 여러 시기에 다양한 선택을 해야 한다. 그때마다 어떻게 행동할지 더 정확히 예측하려고 이런 연구를 하는 것이다. 지금까지 살펴본 예시를 도출하려면 현재 요구하는 돈을 더 줄여야 할지 모른다. 그보다 더 큰 보상이 아주 먼 미래에 주어진다는 조건이 있어야 한다. 다시 말해서 6개월 후가 아니라 1년 후에 1,000달러를 받을 수 있을 때 사람들은 지금 당장 990달러가 아니라 950달러를 받는 데 만족할지 모른다. 이와 같은 행동은 '지수형 할인'이라는 형태로 나타난다. 쉽게 설명하자면 미래에 보상이 발생할수록 일정한 비율로 그 보상을 평가절하한다는 뜻이다. 사실 여러 가지 형태의 할인을 논하자면 따로 책을 한 권 써야 할 정도다. 지난 50여 년간 사람은 물론이고 비둘기와 같은 동물을 대상으로 이 주제를 놓고 많은 연구가 진행되었다. 이 책에서는 현재의 자아 및 미래의 자아라는 주제와 가장 관련성이 높은 주요 사항들만 다룰 것이다. 그러다 보니 수많은 학자가 헌신적으로 연구해 밝혀낸 세부 사항은 생략할 수밖에 없다. '시간에 따른 행동'에 관한 요약본을 읽고 싶다면 다음의 자료를 참조하기 바란다. G. Zauberman and O. Urminsky, "Consumer Intertemporal Preferences," *Current Opinion in Psychology* 10 (August 2016): 136–141.

3. Josh Eels, "Night Club Royale," *The New Yorker*, September 23, 2013, https://www.

newyorker.com/magazine/2013/09/30/night-club-royale.

4. 더 자세히 설명하자면 지수 할인과 달리 쌍곡선 할인은 두 보상 사이의 지연이 짧을수록(본문에서 설명했듯이 두 가지 보상 중에서 더 작은 보상이 현재와 더 가까워질 때) 사람들이 미래의 보상을 훨씬 더 파격적인 비율로 평가절하한다는 뜻이다. 하지만 두 가지 보상 사이에 지연이 발생하면 할인율이 감소하므로 미래의 보상을 급격히 평가절하하지 않는다. 쌍곡선 할인 모델에 관한 점은 다음 자료에서 확인할 수 있다. R. H. Strotz, "Myopia and Inconsistency in Dynamic Utility Maximization," *Review of Economic Studies* 23, no. 3 (1955): 165–180.

5. 이번 연구는 실험 참가자가 매우 적다. 그런데도 이 연구를 강조한 이유는 쌍곡선 할인을 연구하는 데 사용되는 가장 직접적인 연구 패러다임 중 하나이기 때문이다(K. N. Kirby and R. J. Herrnstein, "Preference Reversals Due to Myopic Discounting of Delayed Reward," *Psychological Science* 6, no. 2 [1995]: 83–89). 또 다른 전형적인 연구에서는 26주 후에 더 작은 보상을 제공했다. 실험 참가자의 3분의 1 정도가 더 큰 보상보다 26주 이후에 더 작은 보상을 받겠다고 했다. 그런데 같은 보상을 당장 받을 수 있다고 하자, 다섯 명 중 네 명이 더 기렸다가 더 큰 보상을 받지 않고 당장 받는 쪽을 선택했다(G. Keren and P. Roelofsma, "Immediacy and Certainty in Intertemporal Choice," *Organizational Behavior and Human Decision Processes* 63, no. 3 [1995]: 287–297).

6. 쌍곡선 할인이라는 개념이 직관적으로는 좋아 보인다. 하지만 실험실 환경에서는 이를 정확하게 정의하기가 상대적으로 어렵다. 어떤 실험에서 이 개념을 엄격히 적용했다. 그런데 실험 참가자에게 짧거나 길게 지연된 보상을 제시한 것이 아니라 종단적 테스트를 실행했다. 쉽게 말하자면 특정 시점에 실제로 어떤 선택을 하고, 시간이 조금 흐른 뒤에 또다시 선택하는 방식이었다. 실험 참가자에게 하루 안에 특정 금액을 받을지, 아니면 1주 후에 더 큰 금액을 받을지 고르게 했다. 이를테면 1주일 뒤에는 20달러를 제시하고 2주 후에는 21달러를 제시하는 식이다. 1주가 지난 후에 기존의 선택을 바탕으로 새로운 선택지를 제시했다. 예를 들면 하루 안에 20달러를 받을지, 아니면 1주일 후에 21달러를 받을지 선택하는 것이었다. 이렇게 쌍곡선 할인 테스트를 시행했을 때는 선호도가 역전된다는 증거가 발견되지 않았다(D. Read, S. Frederick, and M. Airoldi, "Four Days Later in Cincinnati: Longitudinal Tests of Hyperbolic Discounting," *Acta Psychologica* 140, no. 2 [2012]: 177–185). 본 연구에서 알 수 있는 중요한 점은

주어지는 보상이 더 작다고 해서 사람들이 항상 선호도를 바꾸는 것은 아니라는 점이다. 제9장에서도 언급했듯이 종종 무조건 나중에 더 큰 보상을 받으려는 경향이 두드러지는데, 그러한 선택은 최적의 결과를 산출하지 못한다.

7. D. Read and B. Van Leeuwen, "Predicting Hunger: The Effects of Appetite and Delay on Choice," *Organizational Behavior and Human Decision Processes* 76, no. 2 (1998): 189 – 205.

8. J. M. Rung and G. J. Madden, "Experimental Reductions of Delay Discounting and Impulsive Choice: A Systematic Review and Meta-Analysis," *Journal of Experimental Psychology: General* 147, no. 9 (2018): 1349 – 1381.

9. L. Green, E. B. Fisher, S. Perlow, and L. Sherman, "Preference Reversal and Self Control: Choice as a Function of Reward Amount and Delay," *Behaviour Analysis Letters* 1, no. 1 (1981): 43 – 51.

10. 사람, 쥐, 비둘기를 비교할 때 할인 행동에 어떤 유사점과 차이점이 있는지 알아보려면 다음 자료를 참조하기 바란다. A. Vanderveldt, L. Oliveira, and L. Green, "Delay Discounting: Pigeon, Rat, Human – Does It Matter?," *Journal of Experimental Psychology: Animal Learning and Cognition* 42, no. 2 (2016): 141 – 162.

11. F. C. Conybeare, J. R. Harris, and A. S. Lewis, *The Story of Ahikar from the Syriac, Arabic, Armenian, Ethiopic, Greek and Slavonic Versions* (London: C. J. Clay and Sons, 1898), 6.

12. 서던캘리포니아대학교의 신경과학 교수이자 중독 및 자기 통제 연구의 전문가로 알려진 존 몬테로소 교수에 따르면, 지금 빠르게 선택하는 것이 합리적인 경우도 있다. 보상이 작지만 당장 보상받는 쪽을 택하려고 선호도를 바꾸는 것은 융통성이 있다는 뜻이다. 많은 종에게 융통성은 적응력을 보여주는 지표이며 앞으로도 그럴 것이다.

13. 쌍곡선 할인이 여러 요인에 의해 정해진다는 이 경고는 자우버만과 우르민스키의 〈소비자의 시점 간 선호도〉라는 연구에서 언급한 것이다. 내가 보기에 이 점은 특히 중요한 의미가 있다. 부적응 행동에 대해 쉬운 설명이 없듯이 쉬운 해결책도 없다. 긍정적인 면에서 보자면, 여러 가지 설명이 있다는 사실은 개입할 방법이 많다는 뜻으로 해석할 수 있다. 이 점은 책의 마지막 부분에서 다시 살펴볼 것이다.

14. E. W. Dunn, D. T. Gilbert, and T. D. Wilson, "If Money Doesn't Make You Happy, Then You Probably Aren't Spending It Right," *Journal of Consumer*

Psychology 21, no. 2 (2011): 115 – 125; quote, 121.

15. G. Loewenstein, "Out of Control: Visceral Influences on Behavior," *Organizational Behavior and Human Decision Processes* 65, no. 3 (1996): 272 – 292.

16. 이러한 시스템에 대해 더 자세히 알아보려면 다음 자료를 참조하기 바란다. S. M. McClure, D. I. Laibson, G. Loewenstein, and J. D. Cohen, "Separate Neural Systems Value Immediate and Delayed Monetary Rewards," *Science* 306, no. 5695 (2004): 503 – 507.

17. F. Lhermitte, "Human Autonomy and the Frontal Lobes. Part II: Patient Behavior in Complex and Social Situations: The 'Environmental Dependency Syndrome,'" *Annals of Neurology* 19, no. 4 (1986): 335 – 343. (I originally discovered this paper through watching lectures by Samuel McClure, a psychology professor at Arizona State University.)

18. B. Shiv and A. Fedorikhin, "Heart and Mind in Conflict: The Interplay of Affect and Cognition in Consumer Decision Making," *Journal of Consumer Research* 26, no. 3 (1999): 278 – 292.

19. 이러한 맥락과 일치하는 최근 연구도 있다. 이 연구는 휴대전화를 갖고 있기만 해도 사회적 상호작용에서 느끼는 즐거움이 줄어들 수 있다고 알려준다. 연구 참가자들 중 몇 사람을 무작위로 선정해 휴대전화를 눈앞에 놓게 하고 다른 사람은 휴대전화를 멀리 치우게 했다. 그러자 전자의 경우 주의가 쉽게 산만해져서 상대방과 사회적 상호작용을 하면서 느끼는 즐거움이 줄어들었다. R. J. Dwyer, K. Kushlev, and E. W. Dunn, "Smartphone Use Undermines Enjoyment of Face-to-Face Social Interactions," *Journal of Experimental Social Psychology* 78 (2018): 233 – 239.

20. S. Mirsky, "Einstein's Hot Time," *Scientific American* 287, no. 3 (2002): 102.

21. G. Zauberman, B. K. Kim, S. A. Malkoc, and J. R. Bettman, "Discounting Time and Time Discounting: Subjective Time Perception and Intertemporal Preferences," *Journal of Marketing Research* 46, no. 4 (2009): 543 – 556.

22. A. Alter, "Quirks in Time Perception," *Psychology Today*, April 13, 2010, https://www.psychologytoday.com/us/blog/alternative-truths/201004/quirks-in-time-perception.

23. B. K. Kim and G. Zauberman, "Perception of Anticipatory Time in Temporal

Discounting," *Journal of Neuroscience, Psychology, and Economics* 2, no. 2 (2009): 91–101.

24. 이전에 3개월 후의 미래 자아에 초점을 맞춘 연구를 언급한 적이 있다. 3개월은 미래의 자아를 논하기에 가장 적절한 기간이다. 하지만 현재를 논할 때, 현재를 어떻게 정의하느냐에 관해 다양한 관점이 있음을 생각해야 한다. 샘 맥리오와 나는 공동연구를 진행할 때 중립적이고 개방적으로 생각하게 하려고 실험 참가자들에게 '일반적인 현재'에 대해 말해보라고 했다. 하지만 이 책의 도입부에서 언급했듯이 장기적인 계획을 세울 때는 현재라는 기간이 여러 가지로 정의된다. 이 때문에 미래의 자아가 살아갈 미래도 여러 가지로 나뉜다는 점을 알 수 있다. 더 중요한 것은, 자신이 처해 있는 구체적인 의사결정 상황과 그에 관련된 '현재' 및 '미래'가 모두 다르다는 것이다. 언제 현재가 끝나는가에 관한 질문들을 뒷받침하는 연구를 더 알아보고 싶다면 다음 자료를 참조할 수 있다. H. E. Hershfield and S. J. Maglio, "When Does the Present End and the Future Begin?," *Journal of Experimental Psychology: General* 149, no. 4 (2020): 701–718; and S. J. Maglio and H. E. Hershfield, "Pleas for Patience from the Cumulative Future Self," *Behavioral and Brain Sciences* 44 (2021): 38–39.

25. 이 수치는 닐 베이지가 산출한 것이며 허시필드와 맥리오의 '현재가 끝나고 미래가 시작되는 시점은 언제인가?'라는 연구를 기반으로 한다. 반올림 때문에 모든 수치를 더하면 100이 넘을 수 있다.

제5장 · 허술한 여행 계획이 불러들이는 재앙

1. J. M'Diarmid, ed., *The Scrap Book: A Collection of Amusing and Striking Pieces, in Prose and Verse: With an Introduction, and Occasional Remarks and Contributions* (London: Oliver & Boyd, Tweeddale-Court, and G. & W. B. Whittaker, 1825).

2. 이 이야기는 공식적으로 확인된 것이 아니다. 어느 역사가에 따르면 〈돈 조반니〉에 대해 수많은 전설이 있지만 이 이야기가 가장 오래 살아남았다. "아마 전설이 아니라 사실이기 때문일 것이다." J. Rushton, *W. A. Mozart: Don Giovanni* (Cambridge: Cambridge University Press, 1981), 3. See also M. Solomon, *Mozart: A Life* (New York: HarperCollins, 1995). 이 점을 알려준 제인 번스타인에게 감사를 전한다.

3. J. R. Ferrari, J. O'Callaghan, and I. Newbegin, "Prevalence of Procrastination in the United States, United Kingdom, and Australia: Arousal and Avoidance

Delays Among Adults," *North American Journal of Psychology* 7, no. 1 (2005): 1 -6.

4. 이 통계수치는 팀 피칠 교수가 본인의 웹사이트를 통해 실시한 비공식적인 여론 조사에서 가져온 것이다.

5. F. Sirois and T. Pychyl, "Procrastination and the Priority of Short-Term Mood Regulation: Consequences for Future Self," *Social and Personality Psychology Compass* 7, no. 2 (2013): 115 -127.

6. 미루는 버릇은 여러 가지 약속을 연기하는 것과 관련이 있다. 이를테면 병원 진료 (F. M. Sirois, M. L. Melia-Gordon, and T. A. Pychyl, "'I'll Look After My Health, Later': An Investigation of Procrastination and Health," *Personality and Individual Differences* 35, no. 5 [2003]: 1167 -1184), 치과 진료(F. M. Sirois, "'I'll Look After My Health, Later': A Replication and Extension of the Procrastination -Health Model with Community-Dwelling Adults," *Personality and Individual Differences* 43, no. 1 [2007]: 15 -26), 정신과 진료(R. Stead, M. J. Shanahan, and R. W. Neufeld, "'I'll Go to Therapy, Eventually': Procrastination, Stress and Mental Health," *Personality and Individual Differences* 49, no. 3 [2010]: 175 -180)를 미루는 것도 포함된다.

7. C. Lieberman, "Why You Procrastinate (It Has Nothing to Do with Self-Control)," *New York Times*, March 25, 2019, https://www.nytimes.com/2019/03/25/smarter-living/why-you-procrastinate-it-has-nothing-to-do-with-self-control.html.

8. 더 나아가 블루인-후돈과 피칠 교수는 긍정적 감정과 부정적 감정의 상태에 초점을 맞추었다. 두 사람의 연구는 상관관계가 있다. 이 분야에서 여전히 더 많은 연구가 진행되고 있기에 나는 우선 중요한 교훈에 초점을 맞추고자 한다. 간단히 말해서 미래를 생생하게 떠올릴 수 있는 사람은 할 일을 뒤로 미루는 경향이 적다. 또한 미래의 자아와 연결된 느낌이 드는 사람도 할 일을 뒤로 미루지 않는 편이다. E. M. C. Blouin-Hudon and T. A. Pychyl, "Experiencing the Temporally Extended Self: Initial Support for the Role of Affective States, Vivid Mental Imagery, and Future Self-Continuity in the Prediction of Academic Procrastination," *Personality and Individual Differences* 86 (November 2015): 50 -56.

9. 중요한 점이 있다. 첫 번째 시험에서 우수한 성적을 거둔 학생이라고 해서 할 일을 뒤로 미룬 뒤에 자신을 쉽게 용서한 것은 아니라는 점이다. M. J. Wohl, T. A. Pychyl, and

S. H. Bennett, "I Forgive Myself, Now I Can Study: How Self-Forgiveness for Procrastinating Can Reduce Future Procrastination," *Personality and Individual Differences* 48, no. 7 (2010): 803–808. 자신을 용서하는 것과 할 일을 미루는 태도의 관련성을 연구한 다른 사례들도 있다(e.g., L. Martinč eková and R. D. Enright, "The Effects of Self-Forgiveness and Shame-Proneness on Procrastination: Exploring the Mediating Role of Affect," *Current Psychology* 39, no. 2 [2020]: 428–437). 누군가에게 자신을 용서하도록 가르치려면 단도직입적으로 해야 하는 것처럼 보인다. 사실 도박과 같은 문제행동을 제대로 교정하려면 그런 방법이 필요하다. 하지만 자신을 용서하고 할 일을 뒤로 미루는 행동을 교정하도록 가르칠 때 어떤 효과가 나타나는지를 겨냥한 제대로 된 통제연구는 거의 찾아보기 힘든 실정이다.

10. M. J. Wohl and K. J. McLaughlin, "Self-Forgiveness: The Good, the Bad, and the Ugly," *Social and Personality Psychology Compass* 8, no. 8 (2014): 422–435.

11. K. S. Kassam, D. T. Gilbert, A. Boston, and T. D. Wilson, "Future Anhedonia and Time Discounting," *Journal of Experimental Social Psychology* 44, no. 6 (2008): 1533–1537. 할 일을 내일로 미루는 것, 달리 말해서 '허술한 여행 계획'을 세우는 이유 중 하나는 미래의 감정이 미치는 영향을 과소평가하기 때문이다. 하지만 한 가지 유의할 점이 있다. 우리가 미래의 감정을 항상 과소평가하는 것은 아니라는 점이다. 현실에서는 실제 상황보다 미래의 감정을 더 강렬하게 예상할 때도 있다(예를 들면 연인과 이별한다고 상상할 때 느끼는 고통은 실제 헤어졌을 때보다 더 힘들고 아플 수 있다). P. W. Eastwick, E. J. Finkel, T. Krishnamurti, and G. Loewenstein, "Mispredicting Distress Following Romantic Breakup: Revealing the Time Course of the Affective Forecasting Error," *Journal of Experimental Social Psychology* 44, no. 23 [2008]: 800–807).

12. 모든 여성 참가자는 데이트가 얼마나 즐거울지 예상한 후에야 새로운 자료를 받았다. 상대 남자의 프로필을 이미 받은 사람은 대리인의 보고서를 받았고, 대리인의 보고서를 이미 받은 여성은 데이트할 남성의 프로필을 받았다. 이런 식으로 모든 여성 참가자가 데이트 전까지 같은 정보를 받았다.

13. D. T. Gilbert, M. A. Killingsworth, R. N. Eyre, and T. D. Wilson, "The Surprising Power of Neighborly Advice," *Science* 323, no. 5921 (2009): 1617–1619.

14. F. de La Rochefoucauld, *Collected Maxims and Other Reflections* (Oxford: Oxford

University Press, 2007).

15. P. Khambatta, S. Mariadassou, and S. C. Wheeler, "Computers Can Predict What Makes People Better Off Even More Accurately Than They Can Themselves" (UCLA working paper, 2021).

16. D. Wallace, *Yes Man* (New York: Simon & Schuster, 2005).

17. G. Zauberman and J. G. Lynch Jr., "Resource Slack and Propensity to Discount Delayed Investments of Time Versus Money," *Journal of Experimental Psychology: General* 134, no. 1 (2005): 23 –37. 논문을 보면 갈 자우버만과 존 린치는 미래를 더 '느슨하게' 인지하는 경향, 즉 주어진 자원의 과잉을 더 크게 인지하는 경향이 돈보다는 시간의 경우에 더 크게 나타난다고 지적한다. 물론 돈에 대해서도 느슨하게 인지하는 경향이 있긴 하다. 지금보다 미래의 자신에게 금전적 여유가 더 있을 거라고 막연히 생각하는 것이다. 하지만 시간에 대해 느슨하게 인지하는 경향이 이보다 훨씬 크다. 그 이유는 무엇일까? 어쩌면 우리가 돈과 같은 금전적 필요를 평가하는 데 더 익숙하기 때문일 것이다. 지금부터 일정 기간의 미래까지 우리가 금전적으로 부담할 것은 상대적으로 많지 않다. 이를테면 이번 달처럼 다음 달에도 각종 청구서가 나올 테니 말이다.

제6장 · 여행 가방에 엉뚱한 옷을 챙기는 실수

1. J. Bote, "In 1998, These Men Got a Tattoo to Snag Free Tacos for Life. Here's What Happened After," *SF Gate, September* 20, 2021, https://www.sfgate.com/food/article/casa-sanchez-tattoos-free-meal-promo-san-francisco-16465800.php.

2. L. Shannon-Missal, "Tattoo Take-over: Three in Ten Americans Have Tattoos, and Most Don't Stop at Just One," Harris Poll, February 2016, https://www.prnewswire.com/news-releases/tattoo-takeover-three-in-ten-americans-have-tattoos-and-most-dont-stop-at-just-one-300217862.html. 이 설문 조사는 미국 성인 2,225명을 상대로 시행했다. 사람들에게 여러 개의 문신이 있다면 그중 하나라도 후회한 적이 있는지 물어보았다. 거의 4분의 1(23퍼센트)이 후회한다고 말했다. 또 다른 설문 조사에서는 후회한다고 응답한 사람이 8퍼센트에 불과했는데, 이 설문 조사에서는 하나의 특정한 문신이 아니라 모든 문신에 대해 후회하느냐고 질문했다(Ipsos, "More Americans Have Tattoos Today Than Seven Years

Ago," press release, 2019, https://www.ipsos.com/sites/default/files /ct/news/ documents/2019-08/tattoo-topline-2019-08-29-v2_0.pdf).

3. WantStats Research and Media, "Tattoo Removal Market," Market Research Future, 2021, https://www.marketresearch future.com/reports/tattoo-removal-market-1701.

4. R. Morlock, "Tattoo Prevalence, Perception and Regret in U.S. Adults: A 2017 Cross-Sectional Study," *Value in Health* 22 (2019): S778.

5. R. Partington, "Nobel Prize in Economics Due to Be Announced," *Guardian*, October 9, 2017, https://www.the guardian.com/world/2017/oct/09/nobel-economics-prize-due-to-be-announced.

6. 로웬스타인은 '본능적인 요소'에 관한 논문에서 이러한 사상을 처음으로 제시했다. 이 내용은 제4장에 간략히 언급되어 있다. G. Loewenstein, "Out of Control: Visceral Influences on Behavior," *Organizational Behavior and Human Decision Processes* 65, no. 3 (1996): 272-292.

7. G. J. Badger, W. K. Bickel, L. A. Giordano, E. A. Jacobs, G. Loewenstein, and L. Marsch, "Altered States: The Impact of Immediate Craving on the Valuation of Current and Future Opioids," *Journal of Health Economics* 26, no. 5 (2007): 865-876.

8. G. Loewenstein, T. O'Donoghue, and M. Rabin, "Projection Bias in Predicting Future Utility," *Quarterly Journal of Economics* 118, no. 4 (2003): 1209-1248.

9. D. Read and B. Van Leeuwen, "Predicting Hunger: The Effects of Appetite and Delay on Choice," *Organizational Behavior and Human Decision Processes* 76, no. 2 (1998): 189-205. 이번 연구는 제4장에서 강조한 바 있다. 허기가 음식을 선택하는 데 미치는 영향을 보여줄 뿐만 아니라 시간이 흐르면 선호도가 달라진다는 점을 보여주기 때문이다.

10. M. R. Busse, D. G. Pope, J. C. Pope, and J. Silva-Risso, "The Psychological Effect of Weather on Car Purchases," *Quarterly Journal of Economics* 130, no. 1 (2015): 371-414. 이 논문의 이전 버전에서는 밝혀진 효과가 주택 시장에도 적용된다는 점을 알려준다. 수영장을 갖춘 주택의 경우 겨울보다 여름에 매물로 나올 때 가격을 0.4퍼센트 더 올릴 수 있다.

11. J. Lee, "The Impact of a Mandatory Cooling-Off Period on Divorce," *Journal of Law and Economics* 56, no. 1 (2013): 227 – 243.

12. K. Haggag, R. W. Patterson, N. G. Pope, and A. Feudo, "Attribution Bias in Major Decisions: Evidence from the United States Military Academy," *Journal of Public Economics* 200 (August 2021): 104445. 투사 편향에 관한 연구가 많지만 이 논문은 새롭고 흥미로운 점을 알려준다. 학생들은 전공 과목을 정할 때 해당 과목에 대해 생각해보게 된다. 과거에 그 과목을 수강할 때 어떤 느낌을 받았는지 말이다. 아마 힘들고 지친 기억 때문에 그 과목이 재미없거나 지루했다고 판단해 앞으로도 그럴 것이라고 오판하기 쉽다. 해개그가 이끄는 팀은 이렇게 투사 편향의 흥미로운 형태, 즉 미래를 생각할 때 과거 자신이 느낀 감정에 지나치게 큰 비중을 두는 실수를 저지를 수 있다고 지적했다.

13. 그의 주장을 뒷받침하는 연구 결과가 있다. 대학에서의 전공 과목이 웰빙에 미치는 영향을 알아보려면 다음의 자료를 참조하기 바란다. M. Wiswall and B. Zafar, "Determinants of College Major Choice: Identification Using an Information Experiment," *Review of Economic Studies* 82, no. 2 (2015): 791 – 824. As an example of the impact of college major on future earnings, see L. J. Kirkeboen, E. Leuven, and M. Mogstad, "Field of Study, Earnings, and Self-Selection," *Quarterly Journal of Economics* 131, no. 3 (2016): 1057 – 1111.

14. M. Kaufmann, "Projection Bias in Effort Choices," arXiv preprint arXiv:2104.04327, 2021, https://arxiv.org/abs/2104.04327.

15. L. F. Nordgren, F. V. Harreveld, and J. V. D. Pligt, "The Restraint Bias: How the Illusion of Self-Restraint Promotes Impulsive Behavior," *Psychological Science* 20, no. 12 (2009): 1523 – 1528.

16. J. Quoidbach, D. T. Gilbert, and T. D. Wilson, "The End of History Illusion," *Science* 339, no. 6115 (2013): 96 – 98.

17. J. Quoidbach, D. T. Gilbert, and T. D. Wilson, "Your Life Satisfaction Will Change More Than You Think: A Comment on Harris and Busseri (2019)," *Journal of Research in Personality* 86 (June 2020): 103937. 추가 연구도 이러한 결론을 뒷받침해준다. 약 4만 명의 브라질 사람을 대상으로 한 연구에 따르면 12세부터 65세까지 인생의 가치관이 급격히 달라졌다고 한다(V. V. Gouveia, K. C. Vione, T. L.

Milfont, and R. Fischer, "Patterns of Value Change During the Life Span: Some Evidence from a Functional Approach to Values," *Personality and Social Psychology Bulletin* 41, no. 9 [2015]: 1276–1290).

18. Quoidbach, Gilbert, and Wilson, "The End of History Illusion," 98.

19. E. O'Brien and M. Kardas, "The Implicit Meaning of (My) Change," *Journal of Personality and Social Psychology* 111, no. 6 (2016): 882–894.

20. R. F. Baumeister, D. M. Tice, and D. G. Hutton, "Self-Presentational Motivations and Personality Differences in Self-Esteem," *Journal of Personality* 57, no. 3 (1989): 547–579; and R. F. Baumeister, J. D. Campbell, J. I. Krueger, and K. D. Vohs, "Does High Self-Esteem Cause Better Performance, Interpersonal Success, Happiness, or Healthier Lifestyles?," *Psychological Science in the Public Interest* 4, no. 1 (2003): 1–44.

21. S. Vazire and E. N. Carlson, "Self-Knowledge of Personality: Do People Know Themselves?," *Social and Personality Psychology Compass* 4, no. 8 (2010): 605–620.

22. 쿠아드박 교수는 나와 대화를 나누던 중 또 다른 이유를 제시했다. 예전부터 해오던 프로젝트인데 최근에 그 이유를 발견했다는 것이다. 시간이 지나면서 점차 본모습을 드러내는 자신에 대해 생각할 때 사람은 두 가지 방향으로 변화할 수 있다. 예를 들면 더 양심적이 되거나 반대로 양심이 무뎌질 수 있다. 어느 방향으로 변화할지 모른다. 그렇기에 미래를 생각할 때 두 가지 가능성을 모두 접어버리고 그저 미래에는 변화가 전혀 없거나 거의 없을 것이라고 응답하는 것이다.

23. G. G. Van Ryzin, "Evidence of an 'End of History Illusion' in the Work Motivations of Public Service Professionals," *Public Administration* 94, no. 1 (2016): 263–275.

24. J. Mooallem, "One Man's Quest to Change the Way We Die," *New York Times*, January 3, 2017, https://www.nytimes.com/2017/01/03/magazine/one-mans-quest-to-change-the-way-we-die.html.

25. B. J. Miller, "What Really Matters at the End of Life," filmed March 2015 in Vancouver, BC, TED video, 18:59, https://www.ted.com/talks/bj_miller_what_really_matters_at_the_end_of_life.

26. M. S. North and S. T. Fiske, "Modern Attitudes Toward Older Adults in the

Aging World: A Cross-Cultural Meta-Analysis," *Psychological Bulletin* 141, no. 5 (2015): 993 – 1021.

27. K. N. Yadav, N. B. Gabler, E. Cooney, et al., "Approximately One in Three US Adults Completes Any Type of Advance Directive for End-of-Life Care," *Health Affairs* 36, no. 7 (2017): 1244 – 1251.

28. M. L. Slevin, H. Plant, D. A. Lynch, J. Drinkwater, and W. M. Gregory, "Who Should Measure Quality of Life, the Doctor or the Patient?," *British Journal of Cancer* 57, no. 1 (1988): 109 – 112.

29. D. J. Lamas, "When Faced with Death, People Often Change Their Minds," *New York Times*, January 3, 2022, https://www .nytimes.com/2022/01/03/opinion/advance-directives-death.html.

제3부 · 착륙 | 현재와 미래를 이어주는 경로를 매끄럽게 만드는 방법

제7장 · 미래를 더 가까이 다가오게 만드는 방법

1. P. Slovic, D. Västfjäll, A. Erlandsson, and R. Gregory, "Iconic Photographs and the Ebb and Flow of Empathic Response to Humanitarian Disasters," *Proceedings of the National Academy of Sciences* 114, no. 4 (2017): 640 – 644.

2. S. Slovic and P. Slovic, "The Arithmetic of Compassion," *New York Times*, December 4, 2015, https://www.nytimes.com/2015/12/06/opinion/the-arithmetic-of-compassion.html.

3. D. A. Small, "Sympathy Biases and Sympathy Appeals: Reducing Social Distance to Boost Charitable Contributions," in *Experimental Approaches to the Study of Charity*, ed. D. M. Oppenheimer and C. Y. Olivola (New York: Taylor & Francis, 2011), 149 – 160.

4. D. A. Small and G. Loewenstein, "Helping a Victim or Helping the Victim: Altruism and Identifiability," *Journal of Risk and Uncertainty* 26, no. 1 (2003): 5 – 16. See also D. A. Small, "On the Psychology of the Identifiable Victim Effect," in *Identified Versus Statistical Lives: An Interdisciplinary Perspective*, ed. I. G. Cohen, N.

Daniels, and N. Eyal(Oxford: Oxford University Press, 2015), 13–16.

5. J. Galak, D. Small, and A. T. Stephen, "Microfinance Decision Making: A Field Study of Prosocial Lending," *Journal of Marketing Research* 48, special issue (2011): S130–S137.

6. A. Genevsky, D. Västfjäll, P. Slovic, and B. Knutson, "Neural Underpinnings of the Identifiable Victim Effect: Affect Shifts Preferences for Giving," *Journal of Neuroscience* 33, no. 43 (2013): 17188–17196.

7. B. Jones and H. Rachlin, "Social Discounting," *Psychological Science* 17, no. 4 (2006): 283–286; T. Strombach, B. Weber, Z. Hangebrauk, et al., "Social Discounting Involves Modulation of Neural Value Signals by Temporoparietal Junction," *Proceedings of the National Academy of Sciences of the United States of America* 112, no. 5 (2015): 1619–1624.

8. H. E. Hershfield, D. G. Goldstein, W. F. Sharpe, et al., "Increasing Saving Behavior Through Age-Progressed Renderings of the Future Self," *Journal of Marketing Research* 48, special issue (2011): S23–S37.

9. Hunter (@Hunter-Mitchel14), "I signed up for my company's 401k, but I'm nervous because I've never run that far before," Twitter, July 9, 2019, 7:19 p.m., https://twitter.com/huntermitchel14/status/1148733329245528065?lang=en.

10. J. D. Robalino, A. Fishbane, D. G. Goldstein, and H. E. Hershfield, "Saving for Retirement: A Real-World Test of Whether Seeing Photos of One's Future Self Encourages Contributions," *Behavioral Science and Policy* (2022). 저축 행위의 증가 폭은 상대적으로 적었다. 먼 미래의 자아를 만난 고객 중 1.7퍼센트가 저축을 더 많이 했는데, 먼 미래의 자아를 만나지 않은 고객의 증가율이 1.5퍼센트인 것과 비교하면 큰 차이가 없다고 할 수 있다. 정확히 언급하자면, 이메일과 문자 메시지를 보내는 정도의 개입만으로도 16퍼센트가 증가한 것을 확인할 수 있었다. 사실 이메일과 문자 등으로 는 고객의 답신을 받아내기가 상당히 어렵다. 저축액의 증가는 상당히 큰 편이었다. 미 래의 자아와 상호작용을 한 사람은 54퍼센트(167만 5,974페소) 증가했고, 미래의 자 아와 상호작용을 하지 않은 고객의 저축액은 108만 7,422페소였다.

11. T. Sims, S. Raposo, J. N. Bailenson, and L. L. Carstensen, "The Future Is Now: Age-Progressed Images Motivate Community College Students to Prepare for

Their Financial Futures," *Journal of Experimental Psychology: Applied* 26, no. 4 (2020): 593 – 603.

12. A. John and K. Orkin, "Can Simple Psychological Interventions Increase Preventive Health Investment?" (NBER Working Paper 25731, 2021).

13. N. Chernyak, K. A. Leech, and M. L. Rowe, "Training Preschoolers' Prospective Abilities Through Conversation About the Extended Self," *Developmental Psychology* 53, no. 4 (2017): 652 – 661.

14. S. Raposo and L. L. Carstensen, "Can Envisioning Your Future Improve Your Health?," *Innovation in Aging* 2, supplement 1 (2018): 907.

15. J. L. van Gelder, H. E. Hershfield, and L. F. Nordgren, "Vividness of the Future Self Predicts Delinquency," *Psychological Science* 24, no. 6 (2013): 974 – 980.

16. J. L. van Gelder, E. C. Luciano, M. Weulen Kranenbarg, and H. E. Hershfield, "Friends with My Future Self: Longitudinal Vividness Intervention Reduces Delinquency," *Criminology* 53, no. 2 (2015): 158 – 179.

17. J. L. van Gelder, L. J. Cornet, N. P. Zwalua, E. C. Mertens, and J. van der Schalk, "Interaction with the Future Self in Virtual Reality Reduces Self-Defeating Behavior in a Sample of Convicted Offenders," *Scientific Reports* 12, no. 1 (2022): 1 – 9.

18. M. No, "18 FaceApp Tweets That Are as Funny as They Are Accurate," *BuzzFeed*, July 18, 2019, https://www.buzzfeed.com/michelleno/funny-faceapp-tweets?bftw&utm_term=4ldqpfp#4ldqpfp.

19. 나도 이 점을 언급한 적이 있다. H. E. Hershfield, "A Lesson from FaceApp: Learning to Relate to the Person We Will One Day Become," *Los Angeles Times*, July 26, 2019, https://www.latimes.com /opinion/story/2019-07-26/hershfield-faceapp- relating-to-our- future-selves.

20. D. M. Bartels and O. Urminsky, "To Know and to Care: How Awareness and Valuation of the Future Jointly Shape Consumer Spending," *Journal of Consumer Research* 41, no. 6 (2015): 1469 – 1485.

21. A. Napolitano, "'Dear Me': A Novelist Writes to Her Future Self," *New York Times*, January 24, 2020, https://www.nytimes .com/2020/01/24/books/review/emily-

of-new-moon-montgomery-letters-ann-napolitano.html.

22. A. M. Rutchick, M. L. Slepian, M. O. Reyes, L. N. Pleskus, and H. E. Hershfield, "Future Self-Continuity Is Associated with Improved Health and Increases Exercise Behavior," *Journal of Experimental Psychology: Applied* 24, no. 1 (2018): 72–80.

23. A. Shah, D. M. Munguia Gomez, A. Fishbane, and H. E. Hershfield, "Testing the Effectiveness of a Future Selves Intervention for Increasing Retirement Saving: Evidence from a Field Experiment in Mexico" (University of Toronto working paper, 2022).

24. Y. Chishima, I. T. Huai-Ching Liu, and A. E. Wilson, "Temporal Distancing During the COVID-19 Pandemic: Letter Writing with Future Self Can Mitigate Negative Affect," Applied Psychology: Health and Well-Being 13, no. 2 (2021): 406–418.

25. Y. Chishima and A. E. Wilson, "Conversation with a Future Self: A Letter-Exchange Exercise Enhances Student Self-Continuity, Career Planning, and Academic Thinking," *Self and Identity* 20, no. 5 (2021): 646–671.

26. K. L. Christensen, H. E. Hershfield, and S. J. Maglio, "Back to the Present: How Direction of Mental Time Travel Affects Thoughts and Behavior" (UCLA working paper, 2022).

27. P. Raghubir, V. G. Morwitz, and A. Chakravarti, "Spatial Categorization and Time Perception: Why Does It Take Less Time to Get Home?," *Journal of Consumer Psychology* 21, no. 2 (2011): 192–198.

28. N. A. Lewis Jr. and D. Oyserman, "When Does the Future Begin? Time Metrics Matter, Connecting Present and Future Selves," *Psychological Science* 26, no. 6 (2015): 816–825.

제8장 · 흔들림을 버텨내는 필승 전략

1. J. Cannon, "My Experience with Antabuse," Alexander DeLuca, MD, addiction, pain, and public health website, September 2004, https://doctordeluca.com/Library/AbstinenceHR/MyExperience With Antabuse04.htm. 이 사이트에 마지막

으로 접속한 날짜는 2021년 6월 25일인데, 지금은 사이트를 운영하지 않는 것 같다. 데루카 박사를 인터뷰하면서 이 이야기의 세부 사항을 확인했다.

2. J. Cannon, "My Experience with Antabuse."

3. J. Cannon, "My Experience with Antabuse."

4. Substance Abuse and Mental Health Services Administration, "2019 National Survey on Drug Use and Health," 2019, https://www.samhsa.gov/data/sites/default/files/reports/rpt29394/NSDUHDetailedTabs2019/NSDUHDetTabs Sect5pe2019.htm#tab5-4a.

5. T. C. Schelling, "An Essay on Bargaining," *American Economic Review* 46, no. 3 (1956): 281–306.

6. V. Postrel, "A Nobel Winner Can Help You Keep Your Resolutions," *New York Times*, December 29, 2005, https://www.nytimes.com/2005/12/29/business/a-nobel-winner-can-help-you-keep-your-resolutions.html.

7. W. A. Reynolds, "The Burning Ships of Hernán Cortés," *Hispania* 42, no. 3 (1959): 317–324.

8. R. A. Gabriel, The Great Armies of Antiquity (Westport, CT: Greenwood, 2002). I first came across this anecdote in S. J. Dubner and S. D. Levitt, "The Stomach-Surgery Conundrum," *New York Times*, November 18, 2007, http://www.nytimes.com/2007/11/18/magazine/18wwln-freakonomics-t.html?_r=1&ref=magazine&oref=slogin.

9. T. C. Schelling, "Self-Command in Practice, in Policy, and in a Theory of Rational Choice," *American Economic Review* 74, no. 2 (1984): 1–11.

10. J. Krasny, "The Creative Process of the Legendary Maya Angelou," *Inc.*, May 28, 2014, https://www.inc.com/jill-krasny/maya-angelou-creative-writing-process.html.

11. G. Bryan, D. Karlan, and S. Nelson, "Commitment Devices," *Annual Review of Economics* 2, no. 1 (2010): 671–698.

12. Bryan, Karlan, and Nelson, "Commitment Devices."

13. R. H. Thaler and S. Benartzi, "Save More Tomorrow™: Using Behavioral Economics to Increase Employee Saving," *Journal of Political Economy* 112,

supplement 1 (2004): S164 – S187.

14. A. Breman, "Give More Tomorrow: Two Field Experiments on Altruism and Intertemporal Choice," *Journal of Public Economics* 95, nos. 11 – 12 (2011): 1349 – 1357.

15. M. M. Savani, "Can Commitment Contracts Boost Participation in Public Health Programmes?," Journal of Behav–ioral and Experimental Economics 82 (2019): 101457.

16. J. Reiff, H. Dai, J. Beshears, and K. L. Milkman, "Save More Today or Tomorrow: The Role of Urgency and Present Bias in Nudging Pre–Commitment," *Journal of Marketing Research* (forthcoming), http://dx.doi.org/10.2139/ssrn.3625338.

17. F. Kast, S. Meier, and D. Pomeranz, "Under–Savers Anonymous: Evidence on Self–Help Groups and Peer Pressure as a Savings Commitment Device," National Bureau of Economic Research, no. w18417, 2012.

18. R. Bénabou and J. Tirole, "Willpower and Personal Rules," *Journal of Political Economy* 112, no. 4 (2004): 848 – 886.

19. Jhanic Manifold, "Extreme Precommitment: Towards a Solution to Akrasia," Reddit, September 5, 2020, https://www.reddit.com/r/TheMotte/comments/in0j6g/extreme_precommitment_towards_a_solutio n_to/.

20. W. Leith, "How I Let Drinking Take Over My Life," *Guardian*, January 5, 2018, https://www.the guardian.com/news/2018/jan/05/william–leith–alcohol–how–did–i–let–drinking–take–over–my–life.

21. M. Konnikova, "The Struggles of a Psychologist Studying Self–Control," *The New Yorker*, October 9, 2014, https://www.newyorker.com/science/maria-konnikova/struggles–psycho logist–studying–self–control.

22. N. Ashraf, D. Karlan, and W. Yin, "Tying Odysseus to the Mast: Evidence from a Commitment Savings Product in the Philippines," *Quarterly Journal of Economics* 121, no. 2 (2006): 635 – 672.

23. P. Dupas and J. Robinson, "Savings Constraints and Microenterprise Development: Evidence from a Field Experiment in Kenya," *American Economic Journal: Applied Economics* 5, no. 1 (2013): 163 – 192; L. Brune, X. Giné, J. Goldberg,

and D. Yang, "Commitments to Save: A Field Experiment in Rural Malawi" (World Bank Policy Research Working Paper 5748, 2011). 제한적인 저축 계좌가 정말 효과적인지 연구하려면 유의미한 결과를 사용해서 이를 테스트하는 것이 가장 좋다. 하지만 선진국에서 몇 달 치 수입을 놓고 실험하는 것은 매우 부담스러운 일이다. 그런 이유로 여기에 언급된 실험들은 주로 개발도상국에서 시행되었다. 액수는 적지만 실험 결과는 선진국에서 더 큰 금액을 사용할 때와 거의 같은 수준으로 유의미하다.

24. J. Schwartz, J. Riis, B. Elbel, and D. Ariely, "Inviting Consumers to Downsize Fast-Food Portions Significantly Reduces Calorie Consumption," *Health Affairs* 31, no. 2 (2012): 399 – 407.

25. A. Lobel, *Frog and Toad Together* (New York: Harper & Row, 1972), 41.

26. Schelling, "Self-Command in Practice."

27. A. L. Brown, T. Imai, F. Vieider, and C. F. Camerer, "Meta-Analysis of Empirical Estimates of Loss-Aversion" (CESifo Working Paper 8848, 2021), https://ssrn.com/abstract=3772089.

28. J. Schwartz, D. Mochon, L. Wyper, J. Maroba, D. Patel, and D. Ariely, "Healthier by Precommitment," *Psychological Science* 25, no. 2 (2014): 538 – 546.

29. X. Giné, D. Karlan, and J. Zinman, "Put Your Money Where Your Butt Is: A Commitment Contract for Smoking Cessation," *American Economic Journal: Applied Economics* 2, no. 4 (2010): 213 – 235.

30. J. Beshears, J. J. Choi, C. Harris, D. Laibson, B. C. Madrian, and J. Sakong, "Which Early Withdrawal Penalty Attracts the Most Deposits to a Commitment Savings Account?," *Journal of Public Economics* 183 (2020): 104144.

31. C. Brimhall, D. Tannenbaum, and E. M. Epps, "Choosing More Aggressive Commitment Contracts for Others Than for the Self" (University of Utah working paper, 2022).

32. Ashraf, Karlan, and Yin, "Tying Odysseus to the Mast."

33. S. Toussaert, "Eliciting Temptation and Self-Control Through Menu Choices: A Lab Experiment," *Econometrica* 86, no. 3 (2018): 859 – 889. See also H. Sjåstad and M. Ekström, "Ulyssean Self-Control: Pre-Commitment Is Effective, but Choosing It Freely Requires Good Self-Control" (Norwegian

School of Economics working paper, 2022), https://psyarxiv.com/w24eb/download?format=pdf.

제9장 · 충실한 현재를 통과해야만 열리는 미래

1. M. Hedberg, *Strategic Grill Locations* (Comedy Central Records, 2002).

2. Hedberg, *Strategic Grill Locations*.

3. C. Classen, L. D. Butler, C. Koopman, et al., "Supportive-Expressive Group Therapy and Distress in Patients with Metastatic Breast Cancer: A Randomized Clinical Intervention Trial," *Archives of General Psychiatry* 58, no. 5 (2001): 494 – 501.

4. D. Spiegel, H. Kraemer, J. Bloom, and E. Gottheil, "Effect of Psychosocial Treatment on Survival of Patients with Metastatic Breast Cancer," *Lancet* 334, no. 8668 (1989): 888 – 891.

5. D. Spiegel, L. D. Butler, J. Giese-Davis, et al., "Effects of Supportive-Expressive Group Therapy on Survival of Patients with Metastatic Breast Cancer: A Randomized Prospective Trial," *Cancer* 110, no. 5 (2007): 1130 – 1138.

6. 일례로 슈피겔과 동료들이 공동연구한 생존에 대한 메타분석을 살펴보기 바란다. 또한 이와 같은 치료법을 암 초기에 실시했을 때 기혼 여성과 50세 이상의 여성에게 훨씬 더 긍정적인 효과가 있었다는 점도 살펴볼 수 있다. S. Mirosevic, B. Jo, H. C. Kraemer, M. Ershadi, E. Neri, and D. Spiegel, "'Not Just Another Meta-Analysis': Sources of Heterogeneity in Psychosocial Treatment Effect on Cancer Survival," *Cancer Medicine* 8, no. 1 (2019): 363 – 373. 이 치료법의 사회·심리적 영향의 메타분석을 알아보려면 다음 자료를 참조하기 바란다. J. Lai, H. Song, Y. Ren, S. Li, and F. Xiao, "Effectiveness of Supportive-Expressive Group Therapy in Women with Breast Cancer: A Systematic Review and Meta-Analysis," *Oncology Research and Treatment* 44, no. 5 (2021): 252 – 260.

7. D. Spiegel, "Getting There Is Half the Fun: Relating Happiness to Health," *Psychological Inquiry* 9, no. 1 (1998): 66 – 68.

8. Spiegel, "Getting There Is Half the Fun."

9. J. T. Larsen, A. P. McGraw, and J. T. Cacioppo, "Can People Feel Happy and Sad

at the Same Time?," *Journal of Personality and Social Psychology* 81, no. 4 (2001): 684 – 696; J. T. Larsen and A. P. McGraw, "The Case for Mixed Emotions," *Social and Personality Psychology Compass* 8, no. 6 (2014): 263 – 274; J. T. Larsen and A. P. McGraw, "Further Evidence for Mixed Emotions," *Journal of Personality and Social Psychology* 100, no. 6 (2011): 1095 – 1110.

10. J. M. Adler and H. E. Hershfield, "Mixed Emotional Experience Is Associated with and Precedes Improvements in Psychological Well-Being," *PLOS One* 7, no. 4 (2012): e35633, 3.

11. Adler and Hershfield, "Mixed Emotional Experience."

12. G. A. Bonanno and D. Keltner, "Facial Expressions of Emotion and the Course of Conjugal Bereavement," *Journal of Abnormal Psychology* 106, no. 1 (1997): 126 – 137.

13. S. Folkman and J. T. Moskowitz, "Positive Affect and the Other Side of Coping," *American Psychologist* 55, no. 6 (2000): 647 – 654.

14. R. Berrios, P. Totterdell, and S. Kellett, "Silver Linings in the Face of Temptations: How Mixed Emotions Promote Self-Control Efforts in Response to Goal Conflict," *Motivation and Emotion* 42, no. 6 (2018): 909 – 919.

15. S. Cole, B. Iverson, and P. Tufano, "Can Gambling Increase Savings? Empirical Evidence on Prize-Linked Savings Accounts," *Management Science* 68, no. 5 (2022): 3282 – 3308.

16. K. Milkman, *How to Change: The Science of Getting from Where You Are to Where You Want to Be* (New York: Penguin Random House, 2021).

17. K. L. Milkman, J. A. Minson, and K. G. Volpp, "Holding the Hunger Games Hostage at the Gym: An Evaluation of Temptation Bundling," *Management Science* 60, no. 2 (2014): 283 – 299.

18. E. L. Kirgios, G. H. Mandel, Y. Park, et al., "Teaching Temptation Bundling to Boost Exercise: A Field Experiment," *Organizational Behavior and Human Decision Processes* 161 (2020): 20 – 35.

19. A. Lieberman, A. C. Morales, and O. Amir, "Tangential Immersion: Increasing Persistence in Boring Consumer Behaviors," *Journal of Consumer Research* 49, no.

3 (2022): 450–472.

20. A. Lieberman, "How to Power Through Boring Tasks," *Harvard Business Review*, April 28, 2022, https://hbr.org/2022/04/research-how-to-power-through-boring-tasks.

21. H. Tan, "McDonald's Has Installed Exercise Bikes in Some of Its Restaurants in China So Customers Can Work Out and Charge Their Phones While Eating," *Insider*, December 22, 2021, https://www.businessinsider.com/mcdonalds-china-installed-exercise-bikes-in-some-restaurants-2021-12.

22. J. T. Gourville, "Pennies-a-Day: The Effect of Temporal Reframing on Transaction Evaluation," *Journal of Consumer Research* 24, no. 4 (1998): 395–408.

23. B. C. Madrian and D. F. Shea, "The Power of Suggestion: Inertia in 401(k) Participation and Savings Behavior," *Quarterly Journal of Economics* 116, no. 4 (2001): 1149–1187.

24. H. E. Hershfield, S. Shu, and S. Benartzi, "Temporal Reframing and Participation in a Savings Program: A Field Experiment," *Marketing Science* 39, no. 6 (2020): 1039–1051. 흥미롭게도 몇몇 사용자는 매일 5달러씩 모으면 나중에 꽤 큰 돈이 된다는 것을 결국 알아차렸다. 우리는 3개월간 이들을 추적했다. 약 4주 정도 지나자 하루 5달러씩 모은 집단의 25퍼센트가 포기했다. 주 단위로 돈을 모은 집단과 월 단위로 돈을 모은 집단의 탈락률은 각각 15퍼센트와 14퍼센트였다. 하지만 최초에 등록한 인원수에 큰 차이가 있었기 때문에 첫 번째 집단의 탈락률이 가장 높았다. 그런데도 매일 5달러씩 모으는 집단이 여전히 가장 컸다. 게다가 처음에 개입한 이후로 2개월 및 3개월이 지난 후에 확인하니 탈락률이 매우 미미했고, 세 집단 모두 비슷한 상태를 보였다.

25. S. A. Atlas and D. M. Bartels, "Periodic Pricing and Perceived Contract Benefits," *Journal of Consumer Research* 45, no. 2 (2018): 350–364.

26. J. Dickler, "Buy Now, Pay Later Is Not a Boom, It's a Bubble, Harvard Researcher Says," CNBC, May 13, 2022, https://www.cnbc.com/2022/05/13/buy-now-pay-later-is-not-a-boom-its-a-bubble-harvard-fellow-says-.html.

27. D. Gal and B. B. McShane, "Can Small Victories Help Win the War? Evidence from Consumer Debt Management," *Journal of Marketing Research* 49, no. 4 (2012):

487 – 501.

28. A. Rai, M. A. Sharif, E. Chang, K. Milkman, and A. Duckworth, "A Field Experiment on Goal Framing to Boost Volunteering: The Tradeoff Between Goal Granularity and Flexibility," *Journal of Applied Psychology* (2022), https://psycnet.apa.org/record/2023-01062-001.

29. S. C. Huang, L. Jin, and Y. Zhang, "Step by Step: Sub-Goals as a Source of Motivation," *Organizational Behavior and Human Decision Processes* 141 (July 2017): 1 – 15.

30. S. B. Shu and A. Gneezy, "Procrastination of Enjoyable Experiences," *Journal of Marketing Research* 47, no. 5 (2010): 933 – 944.

31. Danny Baldus-Strauss (@BackpackerFI), "Don't wait till you're this old to retire and travel the world," Twitter, September 20, 2021, 11:31 a.m., https://twitter.com/BackpackerFI/status/143997557874 9345797?s=20.

32. L. Harrison, "Why We Ditched the FIRE Movement and Couldn't Be Happier," *MarketWatch*, October 1, 2019, https://www.marketwatch.com/story/why-we-ditched-the-fire-movement-and-couldnt-be-happier-2019-09-30.

33. R. Kivetz and A. Keinan, "Repenting Hyperopia: An Analysis of Self-Control Regrets," *Journal of Consumer Research* 33, no. 2 (2006): 273 – 282.

34. Harrison, "Why We Ditched the FIRE Movement."

35. C. Richards (@behaviorgap), "Spend the money··· life experiences give you an incalculable return on investment," Twitter, May 15, 2020, 8:04 a.m., https://twitter.com/behaviorgap/status/1261266163931262976.《애틀랜틱》이라는 잡지의 칼럼니스트인 데릭 톰슨도 최근에 비슷한 결과를 제시했다. "당장 만족을 추구하지 않고 미루면서 평생을 살아온 사람들은 저축액은 많을지 몰라도 추억은 별로 없을 것이다. 복리이자를 받기 위해 많은 기쁨을 희생했기 때문이다."(D. Thompson, "All the Personal-Finance Books Are Wrong," *The Atlantic*, September 1, 2022, https://www.theatlantic.com/ideas/archive/2022/09/personal-finance-books-wrong/671298/). 최근 학계의 연구도 이러한 주장을 뒷받침해준다. 관련된 또 다른 연구에 따르면(실험실에서 주어진 작업에서) 만족을 지연하는 경향과 행복감 사이에 'U자형 관계'가 성립한다. 적당한 인내심은 행복을 추구하는 데 매우 적절하지만, 지나

치게 인내심을 가져야 하는 상황은 웰빙에 저해 요소로 작용한다. P. Giuliano and P. Sapienza, "The Cost of Being Too Patient," AEA Papers and Proceedings 110 (2020): 314–318.

나오며 · 현재가 불확실하다 해도 미래를 포기할 이유는 없다

1. World Health Organization, "Mental Health and COVID-19: Early Evidence of the Pandemic's Impact; Scientific Brief," March 2, 2022, https://www.who.int/publications/i/item/WHO-2019-nCoV-Sci_Brief-Mental_health-2022.1.

2. Fidelity Investments, "2022 State of Retirement Planning," 2022, https://www.fidelity.com/bin-public/060_www_fidelity_com/documents/about-fidelity/FID-SORP-DataSheet.pdf.

3. A. P. Kambhampaty, "The World's a Mess. So They've Stopped Saving for Tomorrow," *New York Times*, May 13, 2022, https://www.nytimes.com/2022/05/13/style/saving-less-money.html.

4. A. L. Alter and H. E. Hershfield, "People Search for Meaning When They Approach a New Decade in Chronological Age," *Proceedings of the National Academy of Sciences of the United States of America* 111, no. 48 (2014): 17066–17070; and T. Miron-Shatz, R. Bhargave, and G. M. Doniger, "Milestone Age Affects the Role of Health and Emotions in Life Satisfaction: A Preliminary Inquiry," *PLOS One* 10, no. 8 (2015): e0133254.

5. A. Galinsky and L. Kray, "How COVID Created a Universal Midlife Crisis," *Los Angeles Times*, May 15, 2022, https://www.latimes.com/opinion/story/2022-05-15/covid-universal-midlife-crisis.

6. C. J. Corbett, H. E. Hershfield, H. Kim, T. F. Malloy, B. Nyblade, and A. Partie, "The Role of Place Attachment and Environmental Attitudes in Adoption of Rooftop Solar," *Energy Policy* 162 (2022): 112764.

7. H. E. Hershfield, H. M. Bang, and E. U. Weber, "National Differences in Environmental Concern and Performance Are Predicted by Country Age," *Psychological Science* 25, no. 1 (2014): 152–160.

YOUR
FUTURE
SELF